行政参与权及政府保障义务研究

邓佑文／著

国家社会科学基金一般项目（项目编号：13BFX050）

Study on Administrative Participation Rights and Government Guarantee Obligations

法律出版社 LAW PRESS · CHINA

序

佑文教授在中南财经政法大学攻读博士学位时就对行政法学中的公众参与问题有浓厚兴趣，毕业任教后多年一直深耕这一研究领域，与此相关的选题已获得两项国家社科基金项目资助。其在 CSSCI 来源期刊发表十余篇较有影响的相关论文，出版专著一部，取得了较丰硕的研究成果。近日我阅读了他寄来的新作《行政参与权及政府保障义务研究》书稿，作为他曾经的博士研究生导师深感欣慰，也有了写几句阅后感受的冲动。

公众参与是公共行政发展的世界性趋势，它具有保障行政的合法正当性、弥补高权行政的天然“民主赤字”以及通过政社合作增进行政效率等重要功能。公众参与行政在我国已有了丰富实践，但目前仍存在公众行政参与权保障不足的困境，其应有功能未能充分得以发挥。

公众参与的兴起与发展催生了一种新型行政法权利义务关系，这就是“公众行政参与权与政府保障义务”的构造形态。行政参与权作为行政相对人的一种新型权利，其内容与体系以及政府与之对应的具体保障义务是值得深入、系统研究的，这对于发展丰富行政法律关系理论、完备行政法中的公众参与制度都具有重要意义。学界目前对此问题的研究尚很薄弱，因此，加强对“行政参与权及政府保障义务”的研究很有价值。

佑文教授这一选题获得了国家社科基金课题资助，他以科学严谨的态度，围绕行政参与权保障的中心命题，对行政参与权的基本理论、保障制度、特别是政府保障义务的履行机制等进行较系统、深入的研究，写出了《行政参与权及政府保障义务研究》这一作品。全面阐述了行政参与权的正当性、内涵、性质、权能内容、功能及保障问题，构建了行政参与权的基本理论体系；进而系统论证了政府保障义务的正当性、内涵、构造、履行等基本问题；在此基础上，立足我国行政参与实践，运用行政参与权和政府保障义务理论，分析了我国目前政府保障义务履行存在的问题及原因，提出了“突破政府保障义务履行困境的路径”和“完善政府保障义务履行机制的思路”。

在我看来，该作品有自己的特色：

1. 在视角和方法上，跳出了现有研究成果主要从行政程序法角度思考的局限，立足于法理学、宪法学、人权法学和行政实体法的多重维度，对行政参与权做了全面审视与阐释，深入揭示了行政参与权的内涵。同时，对政府保障义务的研究在承继传统“义务三层次论”的基础上，以行政参与权的保障要求为逻辑进路，以宪法基本权利与行政法权利双重维度、权利与义务的关系等为逻辑工具，对政府保障义务问题进行了系统分析和论证。

2. 对行政参与权有一些正本清源。填漏补缺和深化拓展的贡献。一是对行政参与权性质正本清源。其阐述了行政参与权既具有宪法维度的基本权利性质，更是公众具体的参与公共行政活动的行政法权利，从而具有人权性、公权利性、程序性、实体性、依附性和权力性等综合属性。二是对行政参与权内容填漏补缺。其阐释了行政参与权包含广义的行政参与权和狭义行政参与权，前者包含行政知情权和参与监督权，后者包含基本权能和加强权能，其中，基本权能涵括行政介入权、行政意见表达权、行政意见获合理回应权、合法合理意见获采纳权，加强权能则指参与行政决定权和参与行政决定实施权。三是对行政参与权功能及其保障进行深化拓展。其论证了行政参与权能够塑造公众行政参与的主体人格和公共品格，保护和实现其他权利，监督制约行政权滥用，使行政权作用得到优化，促进行政目标的实现以及强化行政惠民。阐明了行政参与权保障涵摄权利的赋予配置保障、权利的行使实现保障和权利受侵害后的救济保障三个方面，行政参与权的保障制度是由行政参与权各种权能内容和政府各种保障义务的法律确认共同构成的规范体系，行政参与权的保障机制则由保障主体、保障进路与运行机理构成，行政参与权保障的关键在于政府保障义务的履行。

3. 对政府保障义务有填补空白点的研究。对于行政参与权的政府保障义务学界很少见专门性研究。本书较系统地讨论了其正当性、内涵、构造和履行等问题，提出了政府保障义务的正当性基于宪法、行政法两个层面的原理和规范要求；分析了作为基本权利维度的政府保障义务和作为行政法权利维度的政府保障义务；揭示了基本权利维度的政府保障义务具体包含行政立法确认义务、行政执法实现义务和行政救济保护义务，行政法权利维度的政府保障义务涵括公开行政义务（前提性义务）、民主行政义务（本体性义务）、责任行政义务（补救性义务）和服务行政义务（促进性义务）等不同类型义务的构造；设计了"立法确认→行政实现→救济保护"的政府保障义务履行机制。

4. 该项研究立足中国现实，强调理论与实践的结合，文风朴实，着力观察我国行政参与权保障的实践状况，重点剖析行政参与实践中政府保障义务履行的问题，注重落实政府保障义务，提出了一些有针对性的完善和优化履行机制的见解。

本书在学界称得上是一部专门、系统研究行政参与权及政府保障义务的力作，我期待他在这一领域有更深入的开掘，产出更多有价值的学术成果。

有感而发，权作序。

方世荣

2021 年 3 月 19 日于中南财经政法大学

目　　录

导　言

一、问题缘起

我们的时代是一个权利的时代，人权是我们时代的观念，是已经得到普遍接受的唯一的政治与道德观念。

——[美]路易斯·亨金

真正公法上的权利是从授予个人参与权开始的。

——[德]奥托·迈耶

行政参与权是这个时代新兴的公法权利，是政治参与权在公共行政领域的体现与具体化，应当得到政府和社会的普遍认可和接受。同时，公众行政参与权的实现所倚重的政府保障义务更不应该被忽视。正如学者所言，“生活的全部高尚寓于对义务的重视，生活的耻辱在于对义务的疏忽”，[1]而“政治参与的权利获得法律承认并已受到某些法定责任保护这一事实，就是经过授权的机构（议会或法院）把这种义务强加于政府官员的理由”。[2] 可见，“行政参与权及政府保障义务”这一学术命题融贯了上述法学名家的法理思想，具有法哲学的正当性基础：权利话题与义务表达共生于学术命题之中。亦即研究权利应同时探讨对应的义务，而对于义务主体指向政府的公众行政参与权之研究尤其如此。具体而言，该学术命题的生成有其实践吁求、制度变由和理论应因。

---

〔1〕［古希腊］西塞罗：《论义务》，王焕生译，中国政法大学出版社1999年版，第9页。

〔2〕［美］约瑟夫·拉兹：《自由的道德》，孙晓春等译，吉林人民出版社2006年版，第175页。

(一)行政参与权保障实践的吁求

20世纪70年代以来,一场以公众参与为核心的行政民主化浪潮席卷了全球,公众参与已经成为现代公共行政发展的世界性趋势。[3] 这股行政参与的浪潮于20世纪末涌入我国,并于21世纪10年代达到高潮。自2000年党的十五届五中全会明确倡导公民参与以来,公众参与一直被写入党和政府一系列纲领性文件中,这种强有力的政策宣示,激起了公共意识觉醒的社会公众参与公共行政的热情,公众参与广泛展开于行政执法、行政立法和行政决策等各行政领域,展现出一幅颇为壮观的公众参与行政图景。就场面而言,作为行政参与主要标志的听证会在各个行政领域时常出现,网络征求意见覆盖大部分行政立法和决策,市民问政常在电视直播,民众和专家纷纷在政府举行的各种座谈会、论证会上登场。就效果而言,公众参与制约行政权滥用和提高行政合法性、科学性、效率性等价值和功能也得到一定彰显,涌现了诸如"《国有土地上房屋征收与补偿条例》立法参与"[4]"《珠海市斗门区文化产业发展战略规划(2016—2035)》听证会"[5]"厦门PX模式"[6]"江苏太仓模式"[7]"南京城市治理委员会"[8]等较为成功的行政参与典范。可见,我国行政参与实践已有较大发展。

但深入观察并仔细剖析我国行政参与实况可以发现,这幅丰富的公

---

〔3〕 参见江必新、李春燕:《公众参与趋势对行政法和行政法学的挑战》,载《中国法学》2005年第6期。

〔4〕 沈岿:《新拆迁条例解决城市化利益平衡问题》,载《法制日报》2012年11月1日,第4版。

〔5〕 参见《关于〈珠海市斗门区文化产业发展战略规划(2016—2035)〉听证会情况的公告》,载珠海市斗门区人民政府门户网2017年12月29日,http://www.doumen.gov.cn/wqx/0400/201712/lefo2762796f4e3。

〔6〕 王锡锌主编:《公众参与和中国新公共运动的兴起》,中国法制出版社2008年版,第162~170页。

〔7〕 桂萍:《重大行政决策中的公众参与制度研究》,苏州大学出版社2016年版,第187~189页。

〔8〕 丁国锋、罗莎莎:《公众全程参与治理让南京更美好》,载法制网2018年11月13日,http://www.legaldaily.com.cn/index/content/2018-11/13/content_7691832.htm。

众参与图景中，取得应然实效、实现期待功能的行政参与并非普遍现象。诸多行政参与还存在形式有余而实效不足的问题。也正因如此，当下这幅行政参与图景虽仍在展开，但参与的广度、密度和深度并未呈逐年增长之态势，主要困境体现有：[9]官方吸纳公众参与动力仍显不足，参与热度并未呈现持续发酵状态，尤其是参与效度受到质疑。这些现象似乎都在表明我国行政参与进入了发展“瓶颈”，遭遇了实效困境。其缘由何在？

首先，就政府而言，公众参与并未完全成为一种约束性义务。易言之，政府吸纳公众参与行政常为自身裁量，且具有强烈的工具主义色彩。进入20世纪后，随着社会的高速发展，行政任务日益多元化、复杂化和风险化，因应这种变化，行政方式必须改革，传统管制式行政亟须向参与式行政[10]转向，行政机关才可能既合法又高效地完成行政目标。多数行政机关顺应行政方式转向要求，主动开门行政，广纳公众参与各种行政活动，以期了解社会舆情和诉求，获取丰富的行政信息和建设性行政意见，力图使各种行政决定具有科学性、正当性，且能有效执行。于是，行政参与广泛兴起。然而，行政参与实际既存在公众与政府的合作，也存在二者的博弈和制衡；既可能提高行政效率，产生正效应，也可能增加行政成本，造成负影响。而且，行政机关常常会听到公众批评的声音，该声音甚至是否决行政机关预案的意见，并非完全带来行政机关所希望的信息和建议。此时，如果行政领导不够理性和开明，则不会真正采纳公众的意见和诉求，只是把公众参与作为获得合法性的背书。而少数专权思想根深蒂固的行政领导则直接排斥公众参与。在现有行政法制度框

[9] 比如，查阅政府门户网或法制信息网的立法意见征集系统，发现不少规章的意见征集结果显示为“无公众提出意见和建议”；就听证会而言，曾出现政府部门发布行政决策听证公告，竟然无人报名的现象，在各级政府门户网站查阅，发现部分公开的听证信息较少，而坊间仍然存在听到价格听证会就是听涨会的情况。

[10] 参与式行政，又称参与型行政，是当代公共行政兴起的新行政模式，指社会公众以各种形式平等地参与国家行政管理、表达利益诉求、提出意见和建议，行政机关在考量公众的诉求和建议的基础上作出行政决定的公共行政模式。

架下，这些行政领导所为，多数情况属其裁量权范畴之内，并无制度压力和法律责任。

其次，对公众来说，行政参与并未完全成为能主张的权利。申言之，公众缺乏主动参与的权能，较难主动获得参与的信息、机会和途径，即使可以参与，也难以制约和影响行政机关的决定。行政参与刚刚兴起之际，在党和政府倡导下，很多公众充满参与的热情，饶有兴致地参加行政活动，积极表达行政意见，以期能使行政结果体现自己的建议和诉求。但实际上公众意见能否采纳，取决于行政机关的自觉和开明，而不在于公众意见本身的正当性和约束力。而且，当行政机关通过体验公众参与，发觉很多情况下并不能达到如其所愿的效果时，就开始不愿打开参与的大门。此时，社会公众缺乏主动请求介入行政、平等表达、获得回应、采纳意见、提出异议和救济等权利。即使法律规定有些行政活动必须吸纳公众参与，行政机关也多是通过该种途径使行政行为获得合法性。而获得参与机会的公众因所提意见没有受到应有的尊重，则感觉自己的参与只是一种形式，没有实际意义。久而久之，那些有参与欲求的公众或失去信任与热情，或走向非理性参与。而本就有"搭便车"心理的公众，在这种程式化参与的影响下，更加不想参与，从而导致公众参与行政经过一段时期的繁荣后开始归于平淡。例如，2002 年第一次全国性铁路春运价格听证会涨价结果就受到质疑〔11〕，时至 2014 年北京公共交通价格听证会仍难以摆脱"涨价会"窠臼。〔12〕这些未能真实反映民意的听证会，导致一度兴起的行政决策听证会热潮有所回落。

可见，实践中，行政参与尚未完全成为公众的权利，公众未充分获得有效参与行政所需的权能。不少情况下，行政机关没有必须接纳公众并有效开展行政参与的义务、责任和压力，当然也就缺乏致力开展有效公众参与的动力。更多时候，公众参与只是行政机关一种征集有关信息或

〔11〕 参见王慧玲：《我国立法型听证的现状及对策》，载《法律科学》2006 年第 5 期。

〔12〕 参见胡斌：《行政决策公众参与的名与实——检视北京市公共交通票价改革的听证历程》，载《行政法学研究》2017 年第 1 期；李晓果：《价格决策中公众参与机制的反思与重构》，载《行政论坛》2015 年第 4 期。

补强行政合法性的手段，而作为手段，行政机关可以裁量选择。故而，公众参与实效不足在所难免，其功能自然也很难充分发挥，行政参与实践陷入实效“瓶颈”。

倘若公众具有充分的行政参与权的权能，则意味着：当行政机关欲关门行政不吸纳公众参与时，公众能依法主动要求行政公开并参与行政过程，行政机关则必须公开行政，组织公众参与；当行政机关虽公开行政但没有给予参与人充分表达意见和诉求的机会时，参与人能要求行政机关提供可充分表达意见和诉求的场所、时间、途径和方式，行政机关则必须为之；当行政机关对表达的民意不加回应，参与人正确意见和合理诉求无法得到吸纳时，有权请求行政机关给予及时回应，并采纳其正确合理的意见，行政机关的决定则应当体现民意；倘若行政机关未应公众的权利请求履行相应义务时，公众可以通过法定方式和途径追究相关责任人的法律责任。若如此，公众的行政参与权便能约束行政机关负责任地、有效地开展公众参与。然而，实践中，上述情形更多时候还只是一种理想的假设，并未成为行政参与实践中的真实场景，公众行政参与权尚未得到充分的保障。参与式行政的发展趋势要求赋予公众行政参与权，行政实践中公众参与权保障的不足无疑与这种实践吁求产生了抵牾。

（二）行政参与权保障法律制度的疏漏

行政参与唯有权利化，才能给公众充权〔13〕，使公众获得行政参与的权能；同时也能使政府限权，接受公众监督并与之合作行政，从而实现科学、合理、合法、有效的行政目标。这需要制度规范和保障，参与式行政才可能朝着实现应然价值目标的方向发展。

综观现有公众行政参与权的制度安排，政策层面上，党和政府的纲领性文件中，对有关参与权内容都有所规定和确认。首先，在党的纲领性文件方面，2000 年党的十五届五中全会通过的中共中央《关于制定国

---

〔13〕 “公众充权”这一概念是后现代主义在批判实证主义和技术化路线的公共决策失败时，所提出的一个核心概念，其主要意涵是强调公民的行动能力，强调在政策制定过程中使公民“有权利作出决定”。参见王锡锌：《公众参与：参与式民主的理论想象与制度实践》，载《政治与法律》2008 年第 6 期。

民经济和社会发展第十个五年计划的建议》首次倡导公民参与；十六大报告开始将公民参与视为权利；十七大报告则明确提出保障人民的参与权；十八大报告已强调保障人民参与权是权力正确运行的重要保证；十八届四中全会则把公众参与正式确定为行政决策的必经程序；十九大报告进一步强调坚持人民当家作主，保证人民当家作主落实到国家政治生活和社会生活之中；十九届五中全会明确提出充分保障人民平等参与权利。其次，在政府政策层面上，2004 年国务院《全面推进依法行政实施纲要》中规定，重要决策事项广泛听取意见；2007 年两会政府工作报告也明确指出，依法保障公民的参与权；2009 年国务院新闻办公室发布了《国家人权行动计划（2009—2010 年）》，在导言部分提出，着力保障人民的参与权，计划第二部分详细规定了从各个层次、各个领域扩大公民有序政治参与，保障公民参与权的计划；2010 年国务院《关于加强法治政府建设的意见》明确提出把公众参与作为重大行政决策的必经程序〔14〕，并进一步要求广泛听取、充分吸收各方面意见，意见采纳情况要以适当形式反馈或者公布〔15〕；2015 年《法治政府建设实施纲要（2015—2020 年）》则明确要求增强公众参与实效。

党和政府对公众参与需求在政策上的积极回应，表达了对参与权的认同和重视，是参与权的政策保障，对公众参与行政起到了激励和指导作用。然而，这些政策具有宏观性和原则性，不属于参与式行政中政府和公众权利义务层面的具体法律规范指引。要使公众行政参与权在实践中得到切实保障，使行政参与产生应有的实效和功能，这些宣示参与权的政策还应具体化为法律制度。

观察我国有关规定行政参与权的现行法律制度可以发现，在国家层面的法律中，虽然较少明文表述行政参与权概念，但作为表征行政民主的行政参与权内容已有大量体现。我国《宪法》有关条款规定了公民参

〔14〕 参见王万华：《重大行政决策中的公众参与制度构建》，载《中共浙江省委党校学报》2014 年第 5 期。

〔15〕 参见桂萍：《重大行政决策之公众参与制度》，苏州大学 2016 年博士学位论文，第 1 页。

政权以及对国家机关及其工作人员的建议权、监督权等内容，同时也确立了国家机关和工作人员必须倾听建议与接受监督的义务，这是行政参与权的宪法法源。在行政立法、行政决策、行政执法等领域的法律和行政法规中也都已规定行政参与权的一些内容。如《立法法》《行政法规制定程序条例》《规章制定程序条例》等都对公众在行政立法过程中的建议权及政府相应保障义务有所表述；《价格法》《城乡规划法》《环境影响评价法》等对公众参与价格决策、城市规划决策、环评决策等意见表达权也进行了确认，且确立了政府应当征求意见和回应意见的义务；《行政处罚法》《行政许可法》《行政强制法》等赋予了公众陈述权、申辩权和听证权等，同时也确立了行政机关听取和采纳相对人意见的义务。而《环境保护公众参与办法》中已开始出现参与权的明确表达。

在地方性法规、规章中，则已较多出现了"行政参与权"的明确表达。如《烟台市政府立法公众参与规定》第1条明文规定"保障公众立法参与权"[16]；《安徽省价格条例》第3条明确表述"保障政府定价行为参与权"[17]；《辽宁省行政执法程序规定》第6条明文表达"保障行政执法参与权"[18]。

不可否认，行政参与权在我国法律制度中已有一定确立，面对公众参与的行政变革，行政参与的制度化有所推进。但是，从行政参与的权利义务视角观察，公众行政参与权和政府保障义务的法规范指引还不够明确、全面和具体。国家层面的行政法制度对行政参与的规范，主要是作为行政手段的制度设计，多数情况下未将其明示为权利，个别国家立法和一些地方性法规、规章虽然明文表达了公众参与权，但权利内容还

〔16〕《烟台市政府立法公众参与规定》第1条规定："为了促进和规范公众参与政府立法工作，保障公众立法参与权……"

〔17〕《安徽省价格条例》第3条第2款规定："政府的定价行为，应当遵循公平、公正、公开和效率原则，保障公民、法人和其他组织的知情权、参与权和监督权。"

〔18〕《辽宁省行政执法程序规定》第6条规定："行政执法机关及其行政执法人员在行政执法活动中，应当保障与行政执法活动有利害关系的公民、法人或者其他组织的参与权。"

不够清晰，配置也不够全面和充分，公众有介入权、知情权和意见表达权，却缺少获合理回应权、合法合理意见获采纳权，参与行政决定权和参与行政决定实施权更是鲜有触及。即使是已确认的行政参与权内容，也缺乏对应的政府保障义务之规定，公众参与行政缺乏刚性约束力和实效保障。

这种政府与公众权利义务关系的配置，反映出现行行政法制度还存在以下疏漏：没有充分体现行政参与所要求的政府与公众权利义务关系，更没有建立完善的公众行政参与权行使和政府保障义务履行机制。这种制度机制上的疏漏，导致了行政参与实践中，公众参与的启动权、参与方式的确定权、参与人的选择权、公众意见回应和采纳的裁量权、行政结果的完全单方决定权等大都掌握在行政机关手中，且缺乏严格的法律义务约束和法律责任制约，行政参与陷入实效困境在所难免。

（三）行政参与权理论供给的不足

制度改进与完善，需要正确的理论供给和指导。面对行政参与的兴起，学界也作出了回应，曾一度掀起研究行政参与的热潮。但遗憾的是，学界主要聚焦对行政参与行为和制度的研究，而把行政参与作为权利的研究明显不足。虽有一些学者探讨了行政参与权，但系统深入研究者不多，至今学界尚无一部由纯粹行政法学者出版的专门研究行政参与权的学术专著。[19] 总体上，缺乏全面、系统、深入的讨论与阐释，不少理论问题也远远没有达成共识。具体表现为：视野较为狭窄，理论论证较为浅显，性质定位不够准确，内涵阐释不够具体，观点比较片面，尤其对行政参与权的实现至关重要的政府保障义务更是少有关注。可见，迄今为止，行政参与权理论研究实质性进展不大，尚未形成成熟的行政参与权理论。这种行政参与权理论的现状与目前行政参与的发展趋势及要求不相适应，更不能为破解行政参与实践困境和健全参与式行政法律制度提供有益的理论指导。

---

〔19〕 目前只有南开大学管理学博士蒋润婷出版了《行政法视阈下的参与权解析》（南开大学出版社 2017 年版）这一部专门研究行政参与权的著作。

参与式行政实践催生出一种不同于传统行政法制模式的新型政府与公众的权利义务关系，这种新型关系的核心构造为“公众行政参与权与政府保障义务”。这要求改进相关行政法制度加以适应，需要科学的行政参与权理论加以指导。正是行政参与实践困境突破以及行政法制度完善的需求，使“行政参与权及政府保障义务”成为一个重要的学术课题。在这一课题研究中，首先，需分别证成公众行政参与权及政府保障义务的正当性；其次，需全面而准确地阐释行政参与权的内涵、性质、权能内容和价值功能，以及政府保障义务的主体、构造、内容和履行等理论；最后，根据上述理论，观察并分析我国行政参与权保障实践中存在的问题，拓补合理配置行政参与权与政府保障义务的行政法律制度，优化政府保障义务的履行机制，从而实现参与式行政的价值功能目标。这是突破行政参与实践困境的强烈吁求，是创新和发展行政参与权理论的迫切需要，也是改革行政法制度的必然要求。

总之，应然上，行政参与能提高公共行政的合法性、正当性、科学性和效率，但实然上，行政参与的功能实现却遭遇一定困境。要实现行政参与的功能目标，行政参与应当成为一种法律权利，且公众能够实际享有行政参与权。而当公众参与行政获得法律权利时，其功能实现的关键则在于政府负有法律义务保障它。因此，我们以保障公众行政参与权的有效行使为目的，对“行政参与权及政府保障义务”这一课题进行研究，拟综合运用宪法学、人权法学、行政法学及法理学的原理与方法，探讨行政参与权的基本理论及政府保障义务问题，并以此为基础观察和分析我国行政参与权保障之现状，针对存在的问题与不足，以落实政府保障义务为核心，探寻行政参与权实现的有效机制。

二、文献综述

行政参与权是源于参政权的公众参与公共行政的民主性权利，其实现表现为行政参与行为的正当、理性及有效行使，并倚重政府保障义务的履行。因而要对行政参与权进行全面、系统、深入地研究，并建构成熟的行政参与权及政府保障义务理论，除需对专门探讨“行政参与权及政府保障义务"的文献进行全面阐述、分析和总结外，还有必要对有关参政权（政治参与权）、行政参与以及国家义务的相关重要文献进行针对性爬梳和归纳，发掘有助于正确阐释行政参与权的性质、内涵、权能内容及政府保障义务的逻辑思路和理论观点，为本研究提供有益借鉴。

（一）参政权（政治参与权）研究的简要评述

国内外学者对参政权的研究主要涵盖其内涵、性质、源流及保障，相关理论观点对阐释和解读行政参与权具有启发作用。

德国法学家杰列内克在《主观公权之体系》（1892）中将参政权内涵解读为"请求国家承认能为国家活动"之权利。[20] 日本宪法学者认为，参政权是国民参加国家政治的权利，又称为参与国家的自由，服务于自由权之确保。[21]

我国著名公法学家郭道晖先生对参政权的性质、源流及内涵进行了精准论述。他认为，政治参与权既是公民的宪法权利，又是天赋人权，作为天赋人权源于人天生的政治动物本质，是原始的政治人权，作为公民宪法权利源于公民身份，内容包括社会用权、公众参权和民众监权。[22] 我国还有学者指出，参政权包含三层含义：（1）公民有依法享受国家政治生活的权利；（2）公民有依法参与国家管理的权利；（3）公民有依法监督国家机关及其工作人员活动的权利。[23]

公民参与权的法律保障也是我国学者着重探讨的问题。有学者主张通过进一步加强公民参与权的宪法保障、完善立法、增强制度刚性、推进社会组织发展、构建适合中国国情的司法审查制度等措施，保障公民

〔20〕 参见叶必丰：《人权、参政权与国家主权》，载《法学》2005 年第 3 期。

〔21〕 参见［日］芦部信喜、高桥和之：《宪法》，林来梵、凌维慈、龙绚丽译，北京大学出版社 2006 年版，第 72 页。转引自杨炼：《从参政权的视角看社会弱势群体的利益表达》，载《黑龙江社会科学》2009 年第 1 期。

〔22〕 参见郭道晖：《公民政治参与权与政治防卫权》，载《广州大学学报（社会科学版）》2008 年第 5 期。

〔23〕 参见林喆：《公民基本人权法律制度研究》，北京大学出版社 2006 年版，第 42 页。

充分行使参与权。[24] 有学者从权利主体自身因素考量，提出了“培养公民参与意识、提高公民参与能力、完善公民参与途径”的保障路径。[25]

还有学者对参与权的价值进行了探究，认为公民拥有参与权，体现了人民主权，是政治文明的应有之义，是监督国家权力的有效手段等。[26]

以上国内外学者在关于参政权的讨论中基本达成以下共识：参政权是公民参与国家事务的基本政治权利，既包括宏观领域的政治参与权，又蕴含微观领域的公共事务参与权，公民享有参政权对民主政治发展和公权力监督具有重要价值，应当采取各种措施加强公民参政权的法律保障。这些观点有助于论证和阐释行政参与权的正当性、内涵、性质、功能和保障等问题。

（二）行政参与研究的重点爬梳

行政参与权表现为正当化和规范化的行政参与行为，行政参与是行政参与权的权能行为表现。因而，对行政参与研究文献的了解和把握，有助于揭示和阐释行政参与权的内涵、具体权能和实现机制。行政参与实践的兴起引发了学者探讨行政参与的热潮，有关研究文献数以千计，但与本课题密切相关的研究内容集中于行政参与基本理论、制度建构等方面，现择其重点进行梳理。

1. 行政参与的基本理论

（1）行政参与的理论基础。西方学者较早探讨了行政参与的理论基础。在 1975 年，英美法系中产生了“利益代表理论”（interest representation theory），代表人物是美国哈佛大学法学院教授斯图尔特。“利益代表理论”强调行政活动的正当性依赖于代表不同利益的个体和团体、

〔24〕 参见黄学贤、齐建东：《试论公民参与权是法律保障》，载《甘肃行政学院学报》2009 年第 5 期。

〔25〕 参见王雅琴：《公民参与权及其保障思路》，载《理论探索》2011 年第 6 期；陈怡竹等：《论公民城乡规划参与权及实现》，载《城市规划》2015 年第 7 期。

〔26〕 参见闫桂芳、张慧平：《公民参与权剖析》，载《理论探索》2004 年第 2 期；黄学贤、齐建东：《试论公民参与权是法律保障》，载《甘肃行政学院学报》2009 年第 5 期。

大众和专家有效的、富有意义的、多种形式的参与。在大陆法系中，德国在行政活动过程中引入“公私伙伴关系”（public private partnership，PPP）理论，特别强调行政过程中的公众参与和对话具有合作、效率、公平、理性等价值。

（2）行政参与的内涵。对行政参与的内涵学者大致有两种解读：一是行政方式层面的理解，认为行政参与是公众参与行政过程，影响行政主体形成行政决定的行政活动方式[27]；二是制度层面的理解，认为行政参与是私人参与行政活动过程，明确私人参与权利与行政机关的责任与义务，共同创造互动行政的程序与制度。[28] 不管学者将行政参与理解为一种行政方式还是行政法制度，基本上都认同其构成要素包含参与主体、参与对象、参与目的、参与方式和参与效力等。[29]

（3）行政参与的性质。有学者从行为的维度阐述行政参与，认为是公民或组织在行政过程中实施的影响行政决定的行为的总称。[30] 有学者将其理解为是行政相对人在行政程序中的权利。[31] 也有学者将行政

---

〔27〕 参见方洁：《参与行政的意义：对行政程序内核的法理解析》，载《行政法学研究》2001年第1期。

〔28〕 参见杨建顺：《政务公开和参与型行政》，载杨解君主编：《2001年海峡两岸行政法学学术研讨会实录》，东南大学出版社2002年版，第221页。莫于川教授、王锡锌教授等也把行政参与作为行政法制度理解。

〔29〕 参见叶平：《论行政参与》，载《河北法学》2003年第4期；刘福元：《行政参与的度量衡——开放式行政的规则治理》，法律出版社2012年版，第1~8页。

〔30〕 参见江必新、李春燕：《公众参与趋势对行政法和行政法学的挑战》，载《中国法学》2005年第6期；方洁：《参与行政的意义：对行政程序内核的法理解析》，载《行政法学研究》2001年第1期；等等。

〔31〕 参见张晓光：《行政相对人在行政程序中的参与权》，载《行政法学研究》2000年第3期；章剑生：《论行政相对人在行政程序中的参与权》，载《公法研究》2004年第2辑；程琥：《关于服务相对人公共服务程序参与权研究》，载《行政法学研究》2011年第1期；等等。

参与理解为行政程序原则。[32]

(4)行政参与的功能。学者一般认为有两个方面的功能:一是对行政相对人(公众一方)的意义,参与式行政有利于保护相对人的合法权益,有利于提高相对人的主体地位,推动行政权力向社会回归[33];二是对行政主体(政府一方)而言,参与式行政有利于监督行政主体和行政权力[34],有利于提高行政活动的合法性、正当性、可行性和效率。[35]

(5)行政参与的策略、途径及方式。美国著名学者约翰·克莱顿·托马斯对政府决策过程中发展公民参与的策略、途径与方式进行了系统阐明与分析,主张建立"与公众分享公共决策权力"的公民参与完整有效决策的模式,倡导构建"政府与公民间强有力的合作关系",提出了丰富的公民参与方式。[36] 我国也有不少学者对此进行了探讨。有学者认为,公众参与行政的方式涵括"市民评审团、市民调查群、侦查小组、公民论坛、公共调查以及公共辩论等"。[37] 还有学者认为,公民参与行政的

〔32〕 参见王万华:《行政程序法研究》,中国法制出版社2000年版,第186页;杨海坤、黄学贤:《中国行政程序法典化——从比较法角度研究》,法律出版社1999年版,第122页;夏云娇、龙朝双:《行政参与原则探讨》,载《理论月刊》2005年第12期;王仙芳:《论行政参与原则》,载《湖北社会科学》2007年第5期;等等。

〔33〕 参见姜明安:《公众参与与行政法治》,载《中国法学》2004年第2期;江必新、李春燕:《公众参与趋势对行政法和行政法学的挑战》,载《中国法学》2005年第6期;等等。

〔34〕 参见叶平:《论行政参与》,载《河北法学》2003年第4期;姜明安:《公众参与与行政法治》,载《中国法学》2004年第2期;江必新、李春燕:《公众参与趋势对行政法和行政法学的挑战》,载《中国法学》2005年第6期;等等。

〔35〕 参见姜明安:《公众参与与行政法治》,载《中国法学》2004年第2期;江必新、李春燕:《公众参与趋势对行政法和行政法学的挑战》,载《中国法学》2005年第6期;孙兵:《公众参与:服务行政的合法性证成与动力供给》,载《河北法学》2010年第7期;王锡锌:《公众参与和行政过程——一个理念和制度分析的框架》,中国民主法制出版社2007年版,第32~47页。

〔36〕 参见[美]约翰·克莱顿·托马斯:《公共决策中的公民参与》,孙柏英等译,中国人民大学出版社2010年版,第五章、第八章。

〔37〕 参见蔡定剑:《中国公众参与的问题与前景》,载《民主与科学》2010年第5期。

方式包括听证、评论、协商、表决等。[38]

(6)行政参与的效力。关于行政参与的效力问题,学者们一般认为行政参与应当约束行政活动(行政权),并能影响行政结果,但在效力大小亦即影响行政决定的程度上又有不同的主张。有学者认为,行政参与的效力体现为参与人意见受到行政主体考量或政府对于公众意见的回应。[39] 多数学者认为是行政参与对行政决定具有实质性影响力。[40] 有学者甚至认为,有关公民和公众切身利益的政府行为不经过公民,特别是利益相关人参与则无效。[41] 还有的学者倡导行政参与效力的平衡论,既防止参与效力过低,又避免参与效力过高,从而使参与效力居于平衡。[42] 英国学者谢里·安斯坦(Sherry Arnstein)1969 年在《市民参与的阶梯》中提出了行政参与效力的阶梯论,将行政参与的效力划分为低度(无参与)、中度(象征性参与)和高度(完全型参与)三个等级。[43]

2. 行政参与制度的建构

部分学者对我国行政参与制度进行了充分地关注。他们通过对公众参与行政实践进行观察与分析,发现其得与失,并由此落实到制度的建构与完善上。其中,王锡锌教授对我国公众参与的制度实践进行了概览与评估,并撷取了我国参与式行政实践中的大量案例,分析了我国行政立法、行政决策、政府绩效评价等领域的公众参与制度实践,总结一些

---

〔38〕 参见蒋剑云:《试论行政参与的理论基础、功能与制度建构》,载《行政与法》2003 年第 6 期。

〔39〕 参见金国坤:《行政程序法论》,中国检察出版社 2002 年版,第 45 页;陈振宇:《城市规划的公众参与程序研究》,法律出版社 2009 年版,第 80 页。

〔40〕 参见王万华:《行政程序法研究》,中国法制出版社 2000 年版,第 186 页;骆梅英、赵高旭:《公众参与在行政决策生成中的角色重考》,载《行政法学研究》2016 年第 1 期;李卫华:《行政参与主体研究》,法律出版社 2012 年版,第 23 ~ 24 页;等等。

〔41〕 参见郭道晖:《公民的政治参与权与政治防卫权》,载《广州大学学报(社会科学版)》2008 年第 5 期。

〔42〕 参见刘福元:《行政参与的度量衡——开放式行政的规则治理》,法律出版社 2012 年版,第五章“行政参与的效力平衡”。

〔43〕 See Sherry Arnstein, *A Ladder of Participation*, Journal of American Institute of Planners, Vol. 35, p. 216 – 224(1969).

成功经验，反思存在的问题，如利益组织化的缺失、信息不对称与不公开、公众参与的随意性与运动化、参与保障机制和责任机制的残缺等，并提出了改进与完善的建议，如保障信息的对称与公开、提高利益相关者的组织化程度、引入公众参与激励机制、增强政府对公众意见的回应性、明确政府责任等。〔44〕现有不少学者一般从参与主体、参与范围、参与程序、参与方式、参与途径等方面提出了建构思考。〔45〕还有研究者对行政参与制度的完善与保障提出了思路，内容包括建立健全信息公开制度、保障公民结社权利、推进公民社会的发展、促进利益组织化、建立行政主体违反程序义务的法律责任、加强侵害行政参与权的法律救济等。〔46〕

另外，一些学者对行政立法、行政决策以及行政执法公众参与制度的建构进行了探索。在行政立法方面，有学者提出，必须清楚公众参与行政立法的目标定位，健全包括信息公开、公开征求意见、公众参与意见评价、反馈制度在内的行政立法公众参与制度体系，完善行政立法公众参与核心制度——听证制度。〔47〕有的学者提出公众参与行政立法的权利保障路径，亦即保障信息公开、全程参与、平等参与和受动反馈。〔48〕还有研究者专门对地方公众参与立法制度实践进行了探析，总结了相关经验，认为贯彻公开原则、授民以权、让公众成为立法的主体、开放式听

〔44〕 参见王锡锌主编：《行政过程中公众参与的制度实践》，中国法制出版社2008年版，“前言”，第1～4页。

〔45〕 参见叶平：《论行政参与》，载《河北法学》2003年第4期；黄凤兰：《公众行政参与的法律应对及完善》，载《行政法学研究》2009年第2期；方洁：《参与行政的意义：对行政程序内核的法理解析》，载《行政法学研究》2001年第1期；等等。

〔46〕 参见姜明安：《公众参与与行政法治》，载《中国法学》2004年第2期；叶平：《论行政参与》，载《河北法学》2003年第4期；黄凤兰：《公众行政参与的法律应对及完善》，载《行政法学研究》2009年第2期；等等。

〔47〕 参见崔浩：《行政立法公众参与制度研究》，光明日报出版社2015年版，第182～193页。

〔48〕 参见赵晓光：《公众参与行政立法有效性的保障与完善》，载袁曙宏主编：《公众参与行政立法：中国的实践与创新》，中国法制出版社2012年版，第302～304页。

取意见、建立意见反馈制度等都是公众参与行政立法的必然选择。[49] 在行政决策方面，有学者阐明了行政决策由管理主义模式向参与式治理模式转化的必然性，指出其制度要素由基础性制度、支持性制度和六大核心程序技术性制度构成。[50] 也有学者认为应该通过增加决策的透明度，加强政府与公众的沟通与互动，完善公开、告知、听证、回应等程序制度，保障公众参与的实效等措施完善公众参与行政决策制度。[51] 此外，随着国家有关重大行政决策公众参与政策的出台以及地方立法的推进，有学者对重大行政决策公众参与基本理论、实践困境和制度建构进行了系统深入地研究，并提出了法治化的具体路径。[52] 还有学者提出通过建立利益相关者规则，扩大参与者范围，完善反馈机制，使重大行政决策公众参与制度走向实质化。[53] 行政执法制度方面的研究相对比较薄弱，只有少数学者有较具体的研究，主要涉及行政执法公众参与的实现路径与制度完善等问题。[54] 上述研究成果对探讨各种行政领域中的行政参与权有一定参考价值。

（三）行政参与权研究的全面分析

就行政参与权的国内外研究现状而言，研究内容主要集中在行政参与权的基本理论、制度保障等方面。

---

〔49〕 参见陈里程主编：《广州公众参与行政立法实践探索》，中国法制出版社 2006 年版，第217～221 页。

〔50〕 参见王锡锌、章永乐：《我国行政决策模式之转型——从管理主义模式到参与式治理模式》，载《法商研究》2010 年第 5 期。

〔51〕 参见李志强：《试论我国行政决策公众参与制度的具体建构》，载《福建法学》2009 年第 4 期。

〔52〕 参见桂萍：《重大行政决策中的公众参与》，苏州大学出版社 2016 年版，第 8～12 页。

〔53〕 参见江国华、梅扬：《重大行政决策公众参与制度的构建和完善——基于文本考察与个案分析的视角》，载《学习与实践》2017 年第 1 期。

〔54〕 参见曾鹏：《我国行政执法中公民参与的现状及其完善》，载《三峡大学学报（人文社会科学版）》2005 年第 5 期；《行政执法中公民参与的现实基础及实现路径》，载《公民与法（法学版）》2009 年第 9 期。

1.行政参与权的基本理论

(1)行政参与权的正当性

行政参与权的正当性问题,是西方学者首先关注的理论问题,在英美行政法中产生了"利益代表理论",其代表人物是美国哈佛大学法学院教授斯图尔特。国内目前系统研究行政参与权的管理学博士蒋润婷从"国家与社会的二元化的政治学理论、人民主权的宪法学理论、行政权与公民权平衡的行政法学理论、治理和行政民主化的行政学理论"等多学科视角阐述了行政参与权的正当性。[55]

(2)行政参与权的性质

国内学者对行政参与权的性质进行了探讨,一般是从正当行政程序的视角解析其性质,认为行政参与权是公众参与行政活动的程序权利。[56] 也有学者认为其既是程序权利,又具有实体内容。[57] 还有学者认为其是一种集知情权、参与权、表达权、监督权四权于一体的复合性权利。[58] 可见,学者对行政参与权性质的认识存在争议,有的认为是程序权利,有的则认为兼有程序与实体内容,还有的认为是涵盖"民主四权"的复合性权利。但一般只是提出观点,未能展开充分的论证。

(3)行政参与权的内容

我国学者还对行政参与权的内容进行了阐述,但观点不一。有的学

---

〔55〕 参见蒋润婷:《行政法视阈下的参与权解析》,南开大学出版社 2017 年版,第 48 ~ 68 页。

〔56〕 参见章剑生:《论行政相对人在行政程序中的参与权》,载《公法研究》2004 年第 2 辑;程琥:《关于服务相对人公共服务程序参与权研究》,载《行政法学研究》2011 年第 1 期;王雅琴:《公民参与权及其保障思路》,载《理论探索》2011 年第 6 期;李卫华:《行政参与主体研究》,法律出版社 2012 年版,第 139 页;等等。

〔57〕 参见江必新、肖国平:《论公民的预算参与权及其实现》,载《湖南大学学报(社会科学版)》2012 年第 3 期;徐以祥:《公众参与权利的二元性区分》,载《中南大学学报》2018 年第 2 期;李国旗:《论行政决策中的公众参与权》,载《理论与现代化》2012 年第 5 期;蒋润婷:《行政法视阈下的参与权解析》,南开大学出版社 2017 年版,第 35 页。

〔58〕 参见吴克强:《论行政决策中的公众参与权及其实现》,载《佛山科学技术学院学报(社会科学版)》2012 年第 6 期。

者认为行政参与权包括获得通知权、陈述权、抗辩权、申请权等。[59] 有的学者认为其包括直接参与管理权、了解权、听证权、行政监督权、行政协助权等。[60] 也有的学者认为行政参与权涵括发起权、知情权、表达权、获平等对待权和防御权。[61] 还有的学者通过对环境公众参与权的制度分析，将行政参与权分为知情权、狭义参与权和监督权，且认为这种公众参与权的三分法应当作为解释公众参与权利的基本构架。[62] 如此可见，对于行政参与权的内容构成学者也是各持己见，各不相同。

（4）行政参与权的功能

国内外学者都进行了较系统的研究。美国政府间关系咨询委员会在 1980 年进行的美国公众参与目标调查中确立了行政参与权的以下八大功能：向公民提供信息；从公民手中获得有关公民的信息；改进公共决策和程序；增强公共决策的可接受性并达成共识；补充公共部门的工作；改变政治权力行使方式与配置；保护个人和少数群体的权益；延迟或避免作出困难的公共决策。Cary Coglianese，Heather Kilmartin 和 Evan Mendelson 则指出，公众参与是提高规制者规则制定能力的重要政策工具，公众参与通过创造规则制定中的公平意识来保障规则的合法性。[63] 我国学者在“行政参与权的权能促进行政民主和制约行政权”上基本趋于共识，但是有学者还强调了行政参与权对社会公众主体地位的彰显[64]，还有学者认为能提高行政效率。[65]

---

〔59〕 参见章剑生：《论行政相对人在行政程序中的参与权》，载《公法研究》2004 年第 2 辑。

〔60〕 参见周佑勇：《行政法原论》，中国方正出版社 2005 年版，第 16 页。

〔61〕 参见李卫华：《行政参与主体研究》，法律出版社 2012 年版，第 139 页。

〔62〕 参见徐以祥：《公众参与权利的二元性区分——以环境行政公众参与法律规范为分析对象》，载《中南大学学报》2018 年第 2 期。

〔63〕 See Coglianese C.，Kilmartin H. & Mendelson E.，*Transparency and Public Participation in the Rulemaking Process：Recommendations for the New Administration*，Social Science Electronic Publishing，Vol. 77：4，p. 924（2008）.

〔64〕 参见石佑启：《论平等参与权及其行政法制保障》，载《湖北社会科学》2008 年第 8 期。

〔65〕 参见杨庆华：《论行政参与权》，中共江苏省委党校 2008 年硕士学位论文，第 2 页。

2. 行政参与权的制度保障问题

为保障行政参与权的实现，西方学者对行政参与权保障的信息公开制度、利益代表制度、技术保障制度等进行了充分研究，具体涉及信息公开与处理，利益团体组织，利益代表界定，公众参与的技术、资源、专家等要素和问题。国内学者对此也进行了探讨，有的提出加强落实行政责任和救济制度等保障行政参与权[66]，有的强调加强行政程序立法等保障行政参与权。[67]

3. 特定行政领域的行政参与权探析

虽然学界缺乏整体上对行政参与权的全面系统深入研究，但是不少学者对特定行政领域的行政参与权进行了较深入地探析，范围涵盖行政立法、行政决策、环境行政、预算、不动产征收等行政场域的参与权。具有代表性的是：有学者专门论述了行政立法参与权的权能问题，阐明了行政立法参与权应当具备的权能内容。[68] 有学者对公民预算参与权及其实现进行了具体探究，内容涉及预算参与权的内涵、功能、实现存在的不足及克服路径等。[69] 还有学者对不动产被征收人参与权进行了特别探讨，阐释了权利价值定位，提出了重构权利实现机制，确保参与权的权能落到实处。[70] 此外，一些学者对行政决策参与权、环境行政参与权进行了一定的探讨，内容涉及概念、性质、内容构成、实现与保护等。[71]

---

〔66〕 参见石佑启：《论平等参与权及其行政法制保障》，载《湖北社会科学》2008 年第 8 期。

〔67〕 参见程琥：《关于服务相对人公共服务程序参与权研究》，载《行政法学研究》2011 年第 1 期。

〔68〕 参见方世荣：《论行政立法参与权的权能》，载《中国法学》2014 年第 3 期。

〔69〕 参见江必新、肖国平：《论公民的预算参与权及其实现》，载《湖南大学学报（社会科学版）》2012 年第 3 期。

〔70〕 参见渠滢：《不动产被征收人参与权的价值定位与制度重构》，载《中国法学》2018 年第 1 期。

〔71〕 参见李国旗：《论行政决策中的公众参与权》，载《理论与现代化》2012 年第 5 期；吴克强：《论行政决策中的公众参与权及其实现》，载《佛山科学技术学院学报（社会科学版）》2012 年第 6 期；蒋红彬、方慧：《浅论环境法中的公众参与权》，载《经济与社会发展》2008 年第 3 期。

总览对行政参与权问题的研究,学界在行政参与权的理论基础、行政参与权的权能内容、影响行政参与权实现的因素和实现行政参与权的若干基本制度等多个方面都有一定建树。这些成果对于系统探究行政参与权具有较大指导意义。然而,尽管学者对公民行政参与权已经有了较多探讨,但这并不表明已经就这一问题形成了一套系统完整的理论体系。实际上,学者们在行政参与权的内涵与外延、功能等基本理论问题上还远未达成共识,许多研究还只是个案式的,对于行政参与权的性质、权能体系、保障等基本问题尚未全面深入探讨。

(四)国家义务研究的概览

1. 基本权利的国家义务构成理论

关于基本权利保障的国家义务构成,学界已有的代表性理论主要有"二分法""三分法""四分法"等学说。"二分法"是根据传统基本权利的"二分法",把基本权利划分为自由权和社会权两种权利类型后,分别对应的国家不得侵犯的消极义务和国家给付的积极义务。"二分法"是最为传统经典、也是最常用的国家义务分类方法。[72] "三分法"理论主要有:荷兰著名人权法学者艾德教授提出的"尊重、保护和实现"说,[73]我国宪法学者张翔教授提出的"消极、给付和保护"说,[74]以及龚向和教授提出的"尊重、保护和给付"说。[75] "四分法"的代表性学者有荷兰人权法学家范·霍夫、日本学者大沼保昭教授以及我国人权法学家郭道晖先生等。荷兰人权法学家范·霍夫认为,国家对公民基本权利负有四个

---

〔72〕 参见徐钢:《论宪法上国家义务的序列与范围——以劳动权为例的规范分析》,载《浙江社会科学》2009 年第 3 期。

〔73〕 参见莫静:《论受教育权的国家义务》,载《现代法学》2014 年第 3 期。

〔74〕 参见张翔:《基本权利的受益功能与国家的给付义务——从基本权利分析框架的革新开始》,载《中国法学》2006 年第 1 期。

〔75〕 参见龚向和、刘耀辉:《基本权利的国家义务体系》,载《云南师范大学学报(哲学社会科学版)》2010 年第 1 期。

层次的义务，即尊重的义务、保护的义务、确保的义务和促进的义务。[76] 日本学者大沼保昭教授则认为人权的国家保障义务包括尊重、保护、满足和促进四个方面，[77] 亦即把范·霍夫"四分法"中的"确保"改成了"满足"。我国郭道晖先生也赞同大沼保昭教授的观点，认为人权的国家保障义务包括尊重、保护、满足和促进四个方面，但还把国家义务按国家行为的性质划分为消极义务与积极义务，按社会主体的权利性质划分为对私权利和公权力的保护义务等。[78]

学界这些已有的基本权利保障的国家义务构成理论，揭示了国家义务的基本内容，即尊重、实现、给付、保护等义务，提供了基本权利保障的国家义务构成的大致框架。

2. 各种基本权利的国家义务探讨

有的学者对健康权的国家义务进行了专门探究，主要运用经典的国家义务构成理论，对健康权国家义务的产生、主体、内容、履行和监督等基本问题进行了阐释，并分析了我国健康权保障的国家义务现状，且从国家义务视角提出了我国公民健康权实现的路径。[79] 一些学者对环境权（环境保护）的国家义务进行研究，其中有的运用经典的国家义务构造理论，对公民环境权益的国家义务之保障模式、规范功能及履行保障等问题进行了系统深入的探讨，较为成功地证成和阐释了"国家环境义务"理论，提出了"国家环境义务是公民环境权益的反向证明方式、强化国家环境义务并使之成为公民环境权益保障的有效法律机制"等观点。[80] 有的则基于对环境权益宪法规范含义的质疑，在对"环境基本权利—国家环境保护义务"研究进路进行反思的基础上，运用基于归纳法

---

〔76〕 See G. J. Van Hoot, *The Legal Nature of Economic, Social and Culture Rights: A Rebuttal of Some Traditional Views*, in Philip Alston, and Katarina Tomasvski eds., The Right to Food 97, 1993, p. 106 - 107.

〔77〕 参见［日］大沼保昭：《人权：国家与文明》，王志安译，三联书店2003年版，第220页。

〔78〕 参见郭道晖：《人权的国家保障义务》，载《河北法学》2009年第8期。

〔79〕 参见邓海娟：《健康权的国家义务研究》，法律出版社2014年版，第10～15页。

〔80〕 参见陈真亮：《环境保护的国家义务研究》，法律出版社2015年版，第19、87～88页。

的"国家目标条款"的研究进路展开对国家环境保护义务的探析，提出以宪法上国家目标条款为规范依据，将国家环境保护义务分为现状保持义务、危险防御义务和风险预防义务三部分，这些义务实现的基本路径是"立法+行政"，并通过生态红线制度确立、公权力制度结构优化、政府风险规制能力提升等方面加以落实。[81] 还有学者对与行政参与权较为接近的请愿权的国家义务进行了阐释，主要通过对美国与我国宪法文本有关请愿权的比较分析，解读国家机关针对请愿权的义务内容，厘清立法机关(权力机关)、司法机关与行政机关在不限制、受理、考量并答复、保护等义务方面的不同要求。[82] 上述相关论断对行政参与权的政府保障义务研究提供了一定启示。

此外，国内有些学者对国家义务基础理论进行了较为全面地探讨，内容涵括国家义务的正当性、概念、基本内涵、价值基础、理论渊源等。[83] 这些理论对本课题研究也具有一定的借鉴意义。

(五)行政参与权之政府保障义务研究的检视

学界对行政参与权政府保障义务的研究总体上比较薄弱，缺乏专门系统的讨论。

国外学者对此有一定的探讨，主要关注行政参与权的政府义务范围。最具代表性的有：Walter C. Farrell, Jr. 和 James H. Johnson, Jr. 论述了政府在保障少数民族群体的行政参与权方面的义务[84]；Stacy R. San-

[81] 参见陈海嵩：《国家环境保护义务论》，北京大学出版社2015年版，第三章、第四章、第五章。

[82] 参见刘连泰：《针对请愿权的国家义务》，载《法商研究》2011年第4期。

[83] 参见蒋银华：《国家义务论》，中国政法大学出版社2012年版，第一章、第三章；刘志强：《人权法国家义务研究》，法律出版社2015年版，第36~43页。

[84] See Walter C. Farrell, Jr. & James H. Johnson, Jr., *Minority Political Participation in the New Millennium: The New Demographics and the Voting Rights Act*, North Carolina Law Review, Vol. 79, No. 5 (2001).

dusky 研究了津巴布韦妇女的行政参与权及政府义务问题[85];David Wilkins 和 Maia Sophia Campbell 分别论证了土著人享有的行政参与权及政府义务[86];Rainer Baubock 论述了跨国公民的行政参与权及政府义务问题。[87] 美国学者 Lea Shaver、Caterina Sganga Lisa 认为,政府有义务保障和实现公民参与文化管理活动的权利。[88]

国内对行政参与权之政府保障义务尚无专门探讨,一般散见于一些研究行政参与制度或行政参与权的论述中。有学者在探讨公众参与行政决策问题时,谈及公众行使行政参与权需要政府履行相应义务。[89] 有学者在研究公众参与对行政法制度的挑战时,分别论及知情权必须转化规定为行政主体的告知义务,表达权必须转化规定为行政主体的听证义务。[90] 也有学者在专门研究行政立法参与权时,对行政立法机关的保障义务进行了阐述。[91] 另有学者在研究不动产被征收人参与权时,对政府保障义务的履行情况进行了简略分析,认为存在轻视问题。[92]

---

〔85〕 See Sandusky S. R. , *Women's Political Participation in Developing and Democratizing Countries: Focus on Zimbabwe*, Buffalo Human Rights Law Review, Vol. 5(1999), Article 7:253.

〔86〕 See Wilkins, D. E. , *An Inquiry into Indigenous Political Participation: Implications for Tribal Sovereignty*, Kansas Journal of Law & Public Policy, Vol. 9, p. 732(2000); Maia Sophia Campbell, *The Right of Indigenous Peoples to Political Participation and the Case of Yatama v. Nicaragua*, Arizona Journal of International & Comparative Law, Vol. 24:2, p. 499 - 540(2007).

〔87〕 See Baubock R. , *Stakeholder Citizenship and Transnational Political Participation: A Normative Evaluation of External Voting*, Fordham Law Review, Vol. 75:5, p. 2393 - 2447(2007).

〔88〕 See Shaver L. & Sganga C. , *The Right to Take Part in Cultural Life: On Copyright and Human Rights*, Social Science Electronic Publishing, 2011, p. 27.

〔89〕 参见魏建新:《论利益相关方参与行政决策》,载《河北法学》2014 年第 6 期。

〔90〕 参见李卫华:《公众参与对行政法的挑战与影响》,上海人民出版社 2014 年版,第 76 ~ 78、83 ~ 84 页。

〔91〕 参见方世荣:《论行政立法参与权的权能》,载《中国法学》2014 年第 3 期。

〔92〕 参见渠滢:《不动产被征收人参与权的价值定位与制度重构》,载《中国法学》2018 年第 1 期。

还有学者对公民表达的政府回应义务进行了论述。[93] 这些研究，或者在探讨行政参与制度时提出"政府有义务保障公众行政参与权"的观点；或者在论述某方面的行政参与权时，论及行政参与权政府保障义务的特定内容及履行概况。但都没有深入论证政府保障义务的正当性，阐明具体的义务主体，展开详细的义务内容，更没有系统论述政府保障义务如何履行。

（六）结论

综观以上与本课题相关的文献分析，可以得出如下结论：

国内外学者对与本课题研究相关的参政权（参与权）、行政参与、国家义务等问题有了较全面深入的研究，其中一些研究成果对研究"行政参与权及政府保障义务"有较重要的启示和借鉴作用。而对行政参与权的研究也有了一个良好的开端，并取得了一定研究成果，为本课题的研究奠定了较好的理论基础。

但综观行政参与权的研究文献，学界对行政参与权的内涵、性质、具体内容及保障都还缺乏全面、清晰和精准的认识，而且也未达成共识。可见，行政参与权的研究方兴未艾，还有很大的研究空间和研究价值，涉及行政参与权的权能内容、功能与保障等诸多问题还亟须深入探讨。而对本课题特别关注的重要主题——行政参与权之政府保障义务的研究尤显不足，国外学者虽有一定研究，但思考路径有限，主要探讨了政府义务的范围问题，而国内学者只是稍有论及，尚无专门系统的研究。但这是研究行政参与权必须解决的重要理论问题，也是行政实践中公众参与实效不佳需要解决的实际问题。因此，加强对"行政参与权及政府保障义务"的研究成为参与式行政兴起的时代背景下之必然趋势与要求。

三、研究意义

（一）理论意义

本课题对行政参与权及政府保障义务问题进行具体、深入地探讨，

〔93〕 参见侯健：《论对公民表达的政府回应义务》，载《法学》2013 年第 11 期。

力图丰富和发展行政参与权理论，推进对行政参与权的内涵、性质、权能、功能和保障等理论问题的全面认知。同时特别关注且力求建构已有研究相对薄弱的行政参与权保障的政府义务理论体系，为政府保障义务的制度化与履行提供理论依据。

（二）实际意义

本课题研究将力求为参与式行政实践提供行政参与权保障的政府义务的理论和制度支持，具体提出“突破政府保障义务履行困境的路径”及“完善行政参与权政府保障义务履行制度机制的构想”，以保障公众行政参与权。这将有利于破解当下行政实践中公众参与实效弱的难题，同时又将有利于公众民主参政的实践，推动行政民主的发展，促进行政参与目标的实现。

四、研究思路和研究方法

（一）研究思路

研究思路可概括为“一个中心目的，两大理论板块，三条技术路线”。

1. 一个中心目的：行政参与权的保障。

2. 两大理论板块：(1)阐释和发展行政参与权的基本理论；(2)建构行政参与权政府保障义务理论体系。

3. 三条技术路线：(1)通过分析国内外文献资料、法律文本、行政参与实例、行政参与权保障案例，探讨“行政参与权及政府保障义务”的系列理论问题；(2)以上述理论为参照，分析我国行政参与权保障的现状，发现在政府保障义务确立与履行上存在的问题；(3)以落实政府保障义务为核心，探寻解决行政参与权保障问题的路径，健全行政参与权保障的有效机制。

（二）研究方法

1. 法学学科综合分析方法

运用宪法学、人权法学、行政法学及法理学的原理和方法对行政参与权进行综合分析，力求正确地认识与把握行政参与权的内涵、性质、权能内容、功能和保障等基本理论,同时从宪法与行政法的关系视角,以权利与权力的关系、权利与义务的关系为逻辑工具,分析、阐述和论证政府保障义务的正当性、内容和履行等理论问题。

2. 实证分析方法

对于行政参与权的政府保障义务履行之研究主要采用实证分析方法,选取行政立法、行政决策和行政执法三大领域的法规范样本、公众参与典型事件、行政参与(权)行政复议与行政诉讼典型案例等进行分析,总结政府在履行"立法确认、行政实现、救济保护行政参与权"等义务方面的成功之处,发现存在的问题与不足,为完善行政参与权的政府保障义务履行制度和机制提供实证依据。

3. 比较分析方法

对国内外行政参与权的相关理论进行归纳、阐释与比较,为正确认识和发展行政参与权理论提供参考,对国外行政参与权政府保障义务的相关制度与国内相应的法律制度加以比较分析,总结成功经验,为完善和优化以落实政府保障义务为核心的行政参与权保障制度提供借鉴。

五、创新之处

(一)研究视角和方法的创新

现有对行政参与权的研究大多是从行政程序法的视角进行探讨,而本书则从宪法学、人权法学、行政法学及法理学的综合视野对行政参与权进行全面地审视与阐释;同时对基本权利的政府义务的传统研究方法一般是以"义务三层次论"(尊重、保护与实现)为分析框架,而本书则是在承继传统方法的基础上,主要根据行政参与权的权利性质、保障的内涵与逻辑进路,对政府保障义务问题进行分析、阐述和论证。因而,在研究视角和方法上体现多元性和创新性。

(二)研究内容的创新

现有对行政参与权保障的研究一般限于宏观制度的架构,而对关键且具体的问题——政府保障义务的确立与履行等缺乏专门系统的研究,国内学者更是鲜有论及。本课题则重点研究行政参与权的政府保障义务问题，力图解决政府保障义务的正当性、内容、履行等问题，达到切实保障公众行政参与权的目的。另外，对行政参与权性质、权能内容及功能等的研究也有较大推进。因此，本研究内容上有所创新。

六、内容框架

（一）行政参与权的正当性基础

这是本书课题研究的立论基础。

首先，立基于行政参与兴起与发展的社会现实，分析行政参与发展困境及缘由，发掘行政参与权利化的现实吁求及内涵，从而证成行政参与权的现实基础。

其次，根据人民主权、基本人权（参政权）、参与式民主、利益代表、正当程序等理论，阐释行政参与权的价值基础、利益基础、资格基础和权能基础，从而证成行政参与权的法理基础。

（二）行政参与权的基本理论

这是本书课题研究的重要基础理论，也决定政府保障义务的生成与内容，具体涵盖行政参与权的内涵、性质、权能内容、功能和保障。

首先，从宪法学、人权法学、行政法学以及法理学的综合视角审视与阐释行政参与权的内涵与性质。主要阐明：行政参与权源于公民的参政权，是公民参政权在公共行政中的具体化，是指公众参与行政活动，通过表达意见和利益诉求，跟政府形成博弈与合作，并能影响行政决定的民主性权利；行政参与权既具有宪法意义上的基本权利性质，更是公众具体的参与公共行政活动的权利，亦即行政法上的具体权利；行政参与权既具有程序性质，又包含实体内容。概言之，行政参与权具有人权性、公权利性、程序性、实体性、依附性和权力性等属性。

其次，对行政参与权的权能内容与功能进行全面论证与阐述。以学界已有相关研究成果和行政参与权实践为论证基础，分析国内外学者有关行政参与权内容、功能的各种理论观点，并引入权能概念阐释行政参与权的内容，且对行政参与权在公共行政实践中的各种功能体现进行分析，全面揭示其功能。具体而言，行政参与权的权能包含广义的行政参与权权能和狭义的行政参与权权能。前者包含行政知情权和参与监督权，后者包含基本权能和加强权能。其中，狭义行政参与权的基本权能涵括行政活动介入权、行政意见表达权、意见获合理回应权、合法合理意见获采纳权；加强权能则指参与行政决定权和参与行政决定实施权。行政参与权的功能则主要包括：塑造公众行政参与的主体人格和公共品格；保护和实现其他权利；监督制约行政权滥用；使行政权的作用得到优化；促进行政目标的实现；强化行政惠民等。

最后，阐述行政参与权的保障理论，内容涉及保障内涵、保障制度、保障机制及关键要素。行政参与权的保障是指公众的行政参与权得到国家法律的确认，并通过法律的实施，确保行政参与权的有效行使。根据行政参与权实现的逻辑进路，行政参与权保障涵摄权利的赋予配置保障、权利的行使运用保障和权利受侵害后的救济保障三个方面，这三个方面从保护过程看分别属于事前保障、事中保障和事后保障。行政参与的保障制度主要是指公众行政参与权和政府保障义务的法制化，行政参与权的保障需要构建完备的法律规范体系。行政参与权的保障机制由保障主体、保障进路与机理构成，根据行政参与权实现进路，由不同的国家机关在行政参与权不同实现阶段承担相应的义务，共同保障公众行政参与权的享有、行使和实效。而行政参与权保障的关键在于政府保障义务的履行，也需要立法机关和司法机关承担一定保障义务，但行政机关是主要的保障义务主体。

(三)行政参与权的政府保障义务之证成

本章论证政府保障义务确立与履行的正当性。

从宪法与行政法的关系视角，以权利与权力的关系、权利与义务的关系为逻辑工具，分析、阐释和论证政府保障义务的正当性。从法理而言，行政参与权政府保障义务是基于宪法、行政法两个层面的原理和规范要求。从宪法层面来说，一方面，政府保障义务源于基本权利的双重属性、民主国原则和正当程序原则等宪法原理；另一方面，包含行政参与权的参政权也在国际人权宪章和各国宪法的具体规范中得到落实。就行政法层面而论，宪法义务的行政法转化、行政相对人权利之义务主体的恒定性决定行政机关亦即政府负有保障行政参与权之义务，同时，各国行政法制度对行政机关保障公众行政参与权的义务都有一定确立。

(四)行政参与权的政府保障义务之构造

本章展开分析政府保障义务的具体内容。

首先，通过对基本权利国家保障义务构成理论的梳理与反思，阐明蕴含行政参与权的参政权国家保障义务之构成，但不能完全采纳这些理论的构成逻辑与内容，而应当依据参政权的基本公权利性质及基本权利保障的内涵和逻辑进路来进行构造。由此，参政权国家保障义务的基本构成为国家的确认义务、实现义务和救济保护义务。

其次，根据行政参与权和参政权的逻辑关系导出行政参与权政府保障义务的构造框架。行政参与权的政府保障义务涵括基本权利维度行政参与权的政府保障义务和行政法权利维度行政参与权的政府保障义务。基本权利维度的政府保障义务是基于行政参与权基本权利性质所要求的政府保障义务。行政法权利维度的政府保障义务是行政参与权作为具体的行政法权利在公共行政实践中所对应的行政机关义务。二者共同组成行政参与权政府保障义务的构造框架。

最后，根据行政参与权的保障内涵和实现的逻辑进路，结合政府保障义务的分工，对行政参与权基本权利维度的政府保障义务和行政法权利维度的政府保障义务进行展开。前者具体包含行政立法确认义务、行政执法实现义务和行政救济保护义务；后者涵括公开行政义务、民主行政义务、责任行政义务和服务行政义务，并贯穿于行政立法、行政决策和行政执法等行政领域之中。根据行政法权利维度、四种政府保障义务与行政参与权实现的逻辑关系，又可分别称为前提性义务、本体性义务、补救性义务和促进性义务。

通过上述分析，可勾勒出行政参与权政府保障义务构造的整体框架，其中行政法权利维度的政府保障义务是主要构成内容。其整体构造如图 0－1 所示：

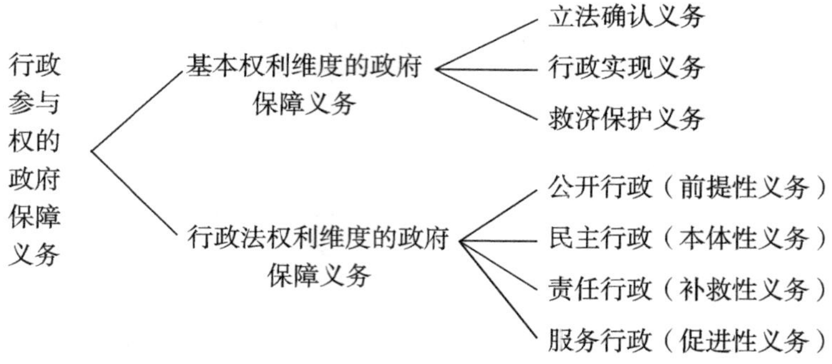

图0－1　行政参与权政府保障义务的体系构造

（五）行政参与权的政府保障义务之履行机制与要求

本章阐述政府保障义务如何履行及具体要求，为最终落实我国政府保障行政参与权的义务，促进行政参与权功能的实现提供路径和标准。

首先，阐述行政参与权政府保障义务履行机制。其形成路径可概括为“立法确认—行政实现—救济保护”，其中“立法确认”是事前保障，“行政实现”是事中保障，“救济保护”是事后保障。三者形成完备的保障义务机制，也是行政参与权完整的保障体系。其构成要素包含义务主体、义务分工、运行目标、运行机理、履行原则和制度保障。

其次，阐明政府保障机制中各种义务的履行要求。基本要求是：立法确认全面，行政实现有效，救济保护可靠。具体要求贯穿于行政立法、行政决策、行政执法与行政救济保护实践之中，尤其要求行政机关公开行政、民主行政、责任行政和服务行政。

（六）我国行政参与权的政府保障义务之履行现状、困境及突破

本章是本课题研究的落脚点——如何落实我国公众行政参与权的政府保障义务，促进行政参与权功能的有效实现。

首先，根据政府保障义务的履行要求观察我国政府保障义务履行现状，总结经验，分析困境及其缘由。通过对政府保障义务在立法确认、行政实现、救济保护等方面的多维透视，得出一个基本结论：我国行政参与权尚未得到全面保障，而其倚重的政府保障义务履行遭遇一定困境。主

要表现为:行政参与权尚未得到全面确立而难以形成完整的权利保障体系,政府保障义务的设定不够刚性、全面且难以落实,行政参与权受侵犯未能得到充分可靠的救济。其缘由主要有三方面:行政参与的正确理念尚未完全形成,行政参与权保障规范有所缺漏,行政参与权保障机制不够健全有效。

其次,探寻突破我国公众行政参与权的政府保障义务履行困境之进路。通过对我国行政参与权的政府保障义务履行的全景式观察,发现我国公众行政参与权的政府保障义务履行困境之原因主要包括理念偏颇、规范缺漏和机制障碍三方面,因而需要从理念、制度、机制三条进路进行突破,即矫正行政参与理念、完善行政参与权保障规范、优化行政参与权保障机制,尤其是健全政府保障义务履行机制,从而充分保障公众行政参与权,实现参与式行政目标。

(七)余论:走向"参与式行政"的新行政法

该部分主要总结行政参与的发展及公众行政参与权的保障对行政法发展可能产生的影响,初步展望走向"参与式行政"的新行政法之理想图景:(1)行政法理念——民主、正当、合作、共赢理念的塑造;(2)行政法目标——合法行政基础上的最佳行政;(3)行政法原则——行政参与应成为行政法的基本原则;(4)行政法主体——确立行政参与主体的行政法地位;(5)行政法制度模式——嵌入公众行政参与权与政府保障义务;(6)行政参与权救济制度——参与式行政法律制度的必要构成。这些新理论及其指导下建构的参与式行政法律制度形成了新行政法的大体框架。

七、有关概念限定与说明

本书涉及的一些重要概念比较复杂,故而,有必要在导言中进行特别限定与说明。

(一)行政参与权的含义

行政参与权有广义与狭义之分。广义行政参与权是指行政参与的所有权利手段,包括行政知情权、狭义行政参与权和监督权。[94] 当然,笔者认为监督权应限定为行政参与监督权。狭义行政参与权是指行政参与行为本身蕴含的权能,包括行政活动介入权、行政意见表达权、意见获合理回应权、合法合理意见获采纳权等。本书中的"行政参与权"表示狭义行政参与权,当需要区分狭义与广义时,则专门用"狭义行政参与权"与"广义行政参与权"表述。本书探讨的核心主题是"狭义行政参与权的保障",但涉及"广义行政参与权的保障",因为狭义行政参与权的保障需以广义行政参与权的保障为前提和后盾。

(二)行政参与权和政治参与权(参与权、参政权)的关系

首先,需要说明的是,政治参与权、参与权和参政权的含义基本相同。其次,政治参与权蕴含行政参与权,行政参与权是政治参与权在行政领域的体现和具体化,而且随着行政过程愈加政治化趋向,突破了传统意义上政治与行政的完全区隔,行政参与权也具有更多政治参与权的性质与功能。

(三)政府保障义务之意指

本书中的政府保障义务主要是指行政机关保障义务——狭义政府保障义务,但也涉及国家保障义务——广义政府保障义务。因此,本书即探讨行政机关的保障义务,还论及立法机关和司法机关的部分保障义务。

(四)公众、行政相对人和行政参与主体的关系

本书的公众是与公权力机关(主要是行政机关)相对应的概念,即非行使公权力的公民和组织。具有行政参与权的公众参与行政活动后则称为行政参与主体。基于保护自身利益目的参与行政活动的公众,属于行政相对人身份的参与主体;基于维护公共利益目的参与行政活动的公众,属于普通公众身份的行政参与主体。因此,公众包括行政相对人

[94] 参见徐一祥:《公众参与权利的二元区分——以环境行政公众参与法律规范为分析对象》,载《中南大学学报(社会科学版)》2018年第2期。另从我国一些关于公众参与的法律制度中也可以解释广义行政参与权涵括行政知情权和监督权。

和普通公众,行政参与主体则包括作为行政相对人身份和作为普通公众身份两种主体类型。而行政相对人是主要的公众,也是主要的行政参与主体。此外,专家如果是自己主动参与行政活动,也属于公众,若受行政机关委托论证行政专门性问题,则相当于行政助手,而不是具有公众身份的行政参与主体。

第一章　行政参与权的正当性基础

探讨一种新型权利及其保障问题，首先需要回答这种新型权利为何成立，有何值得保障的正当性基础。行政参与权及其保障研究也概莫能外。行政参与权命题的正当性基础包含现实基础和法理基础。

第一节　行政参与权的现实基础
——行政参与的权利化要求

一、行政参与的兴起与发展

行政参与即公众参与行政，是指公众为了保护自身利益或维护公共利益，以权利主体身份，参加行政活动，表达行政意见和利益诉求，形成与行政机关的互动、博弈与合作，从而提高行政合法性、正当性与效率的活动。[1]

应然上，公众参与行政已成为实现行政合法性与正当性的必然要求。正如有学者所言，"公众参与是行政法治走出'合法性困境'的必由之路"[2]。更有论者认为，"公众参与是当今公共行政领域不可逆转和

---

〔1〕 有学者认为对公众参与进行概念的界定是一项不可能完成的任务。See Langton, S., *What is Citizen Participation*?, in Stuart Langton ed., Citizen Participation in American, Lexington Books, 1978, p. 13. 同样，对行政参与进行概念的界定也是很难的。因此，本文对行政参与的解释也不是界定性的，而是描述性的。

〔2〕 王锡锌主编：《公众参与和中国新公共运动的兴起》，中国法制出版社2008年版，第11页。

回避的基本方向和主题"[3]。就实然而言,20 世纪 70 年代以来,一场以公众参与为核心的行政民主化浪潮已席卷全球。这股浪潮也于 20 世纪 90 年代中期开始涌入我国,近年来,行政参与不仅成为学界探讨的核心话题,更是公共行政实践中的一道亮丽景观,诸如公告评论、网络征求意见、座谈会、论证会、听证会等行政参与活动逐步展开。

民主政治使国家和政府获得正当性。从世界范围来看,20 世纪是民主精神主宰的时代。20 世纪前半叶,代议制民主能基本承载民主政治功能,展现了宏观政治民主的价值,行政则与政治截然分离,政府一方负责执行代议制机关传送的行政规则。20 世纪 60 年代以来,随着行政任务的复杂化、专业化和技术化,代议制民主传送规则的缺陷逐步放大,政府获得了规则制定权和更大的行政裁决权,但面对复杂的行政情事和多元的利益诉求,政府自身也感到难以应付,于是一场突破传统行政模式并以"公民参与"为中心的公共行政改革风靡全球。"二十世纪六七十年代以来,世界范围内的公民参与运动不断走强,'强势民主'、'公民治理'的要求和呼声与日俱增。"[4]从欧美发达国家到亚非拉发展中国家,各国政府积极进行行政变革,重塑政府,转换政府职能,向社会下放行政权力,再造公共部门,推行社会合作治理,一些国家非营利组织、非政府组织等第三部门大量涌现,积极参与公共治理,公众参与迅速兴起,行政民主成为世界潮流。而且,这些国家将行政民主(公众参与行政)加以法制化,如美国颁布《协商制定规章法》,日本确立了行政立法的审议会制度,澳大利亚在委任立法和制定行政决策、计划、规划中采用咨询论证程序等。[5]

行政参与实质就是行动中和具体化的行政民主,在我国,也是党的

---

〔3〕 王霁霞:《公众参与与行政主体理论之变迁》,载《河北法学》2009 年第 12 期。

〔4〕 [美]约翰·克莱顿·托马斯:《公共决策中的公民参与》,孙柏英等译,中国人民大学出版社 2010 年版,"译者前言",第 2 页。

〔5〕 参见李卫华:《公众参与对行政法的挑战和影响》,上海人民出版社 2014 年版,第 10 页;李卫华:《法治视阈下的行政参与》,载《中共福建省委党校学报》2011 年第 12 期。

群众路线在行政领域的规范化体现。因此,若单从行政方式上而言,中华人民共和国成立伊始,就存在群众参与行政的活动,但这种依靠群众的政府办事方式不是规范化和系统性的行政参与。规范意涵的行政参与,从20世纪90年代末期开始出现,21世纪初广泛兴起,至21世纪10年代蓬勃发展。其原因有三:公众参与世界潮流的影响,党和国家政策法规的倡导,公众参与意识的提高。

自改革开放以来,我国确立了一手抓民主、一手抓法制的政治体制改革路线图。民主建设方面,党和政府既重视宏观政治领域的公民参与,又重视微观公共生活领域的公众参与。2000年党的十五届五中全会首次倡导公民参与,十六大报告提出了加强民主政治建设的要求,开始将公民参与视为权利,重视公民和社会组织在社会公共事务管理中的作用。2006年10月,中共十六届六中全会提出推进决策科学化、民主化,深化政务公开,依法保障公民的知情权、参与权、表达权、监督权,这是党在国家治理层面首次提出"公民四权"。之后,这种旨意一直体现在党和政府的纲领性文件中,"四种权利"一直成为党的最高会议和两会政府工作报告强调的核心内容。这些都是党和政府对行政民主的政策倡导。法制建设方面,《行政诉讼法》确立依法行政的正当程序观念,为公众行政参与提供了行政程序的正当性保障。《政府信息公开条例》则为行政参与提供了行政公开的法制条件。《行政处罚法》《行政许可法》《行政强制法》提供了一些行政执法参与的规范依据。《行政法规制定程序条例》《规章制定程序条例》确立了不少行政立法参与的程序规则。《环境影响评价公众参与办法》、《环境保护法》、《价格法》、《城乡规划法》、《重大行政决策程序暂行规定》及地方人大和政府有关行政决策公众参与法规范的陆续出台,则使行政决策的公众参与有了一定的法律遵循。这些行政法律规范的颁布实施推动了法治政府的发展,也使公众行政参与有了一定的法制保障。

随着民主政治的发展以及法治政府建设的推进,人权保障得以不断加强,公民的主体地位不断提升,民主与权利意识不断提高,公民参与国家管理的热情不断高涨。在党和政府政策法规的鼓励下,这种意识与热情转化为公众参与公共事务管理的行动,形成中国社会公众参与公共行政活动的热闹图景,公众参与的射程几乎涉及公共行政各个领域。

在行政执法中,1996 年开始实施的《行政处罚法》首次将听证制度引入中国。1998 年 9 月 29 日上午,在浙江嘉兴举行的"毛某某偷税案"听证会,引起了社会的广泛关注,颠覆了人们对于行政处罚的传统认识。2006 年中国证监会对"科龙门案"举行了系列处罚听证会,也引起了社会强烈反响。2008 年 8 月 28 日长沙市工商行政处罚案件听证会更具有开创性。长沙市泉州商会会长李天赐和长沙市工商业联合会秘书长周承能以"人民听证员"的身份首次参加听证会。他们的出席,使此次听证会拥有两层"全国首次"的意义:全国首批工商行政听证员正式行使听证权,全国首例有人民听证员参加的工商行政处罚案件听证会正式举行。2003 年颁布实施的《行政许可法》明确规定了行政许可中的听证制度,而且比《行政处罚法》(1996)中规定的听证制度更加具体,也更具有刚性。在行政许可领域中,自县级政府到国务院部门的听证会逐渐开展。[6] 另外,其他行政执法中,也开展了听证活动。例如,2010 年 1 月 7 日,江苏省泰州市征收集体所有土地房屋拆迁管理办公室在泰州市高港区口岸镇蔡滩社区居委会三楼会议室,就该社区城中村动迁(蔡滩)工程项目拆迁范围内的蔡滩村北西组 1 号被拆迁人丁某的房屋,依法举行行政强制拆迁前的公开听证会。2009 年 7 月 17 日,四川省万源市人民政府对太平镇状元社区二组居民张某权位于国道 210 线万源城区段改道工程路段内的房屋等进行行政征收听证会。而获得 2018 年第五届中国法治政府奖的"南京城市治理委员会"公众参与模式更是城市管理执法公众参与成功的典范。可见,行政执法听证也已较广泛地开展。

行政立法中的公众参与也相当活跃,从国务院到地方政府广泛开展了行政立法领域中的民意调查、民意征集活动,其形式有公告评论、网络

---

[6] 2005 年 8 月 10 日,湖北省五峰土家族自治县工商局就李士超在五峰镇沿河东路 20 号经营水产品的行政许可申请,举行了全县首起行政许可听证会;2004 年 8 月,国家环保总局在江苏省南京市就《排污许可证条例(草案)》举行了行政许可立法听证会。

意见征求、论证会、座谈会、听证会等。地方行政立法中较有代表性的是《广州市商品交易市场管理规定》的制定。该规定于2008年1月8日公布,在制定过程中,信息公开较为彻底,尝试了多种公众参与规章制定的方式,尤其是对公众意见进行了及时处理与回应,大部分意见得到吸纳,比较充分地体现了民意,提高了立法的合理性、科学性和可行性。中央行政立法中较有典型意义的是《城市房屋拆迁管理条例》的修改。2010年1月29日《国有土地上房屋征收与补偿条例(征求意见稿)》第一次向社会公开征求意见,国务院法制办在其网站上公布征求意见稿的全文,公众可以通过网络、信函和电子邮件等方式提出意见和建议,截至3月3日,共收到意见和建议65,601条。时隔近11个月后,2010年12月15日,国务院法制办再次发布通知,公布《国有土地上房屋征收与补偿条例(第二次公开征求意见稿)》全文,并从当日起至12月30日前征求社会意见,共有10,426人通过法制办草案意见征集系统提交意见,共计收到意见和建议37,898条。同一个立法项目,两次公开征求意见在行政法规立法中极为少见,这无疑彰显了政府高度重视民主立法的态度。经过一年多的努力,在充分吸取公众意见的基础上,2011年1月21日,国务院正式公布了《国有土地上房屋征收与补偿条例》《城市房屋拆迁管理条例》同时废止。之后,国务院制定的每一部行政法规都经过中国政府法制信息网的意见征集系统面向社会广泛征求意见,如2019年4月3日,经过充分征求公众意见后,国务院颁布了新修改的《政府信息公开条例》。

在行政决策中,公众参与的意义也越来越被政府机关意识到,并在决策过程中积极引入公众参与,以期提高决策的科学化和民主化,其中尤以环保、城市规划、政府财政预算、公共产品供给等决策活动中的公众参与具有代表性。在环保领域,公众参与的实践主要在重大工程项目建设的环境影响评价阶段,其中影响力较大、较有代表性的有2005年4月13日举行的"圆明园湖底防渗工程公众听证会",被舆论称为"我国第一次真正公开的听证会”。[7] 2005年4月13日，在原国家环保总局办公楼2楼多功能厅举行圆明园整治工程听证会，听取各方面的意见和建议，并由人民网和新华网进行网上直播。听证会共有来自各个阶层和领域的73名代表参加，各代表主要围绕“圆明园防渗工程对圆明园生态环境是否造成影响，影响的程度和范围如何，有没有其他影响足够小的替代办法”等问题进行了陈述和辩论。之后，原国家环保总局作出的《关于圆明园东部湖底防渗工程环境影响报告书的批复》对听证会的意见和建议进行了一定的回应，要求圆明园管理处进行整改，圆明园管理处按要求进行了整改，并经验收合格。[8] 此次听证会总体上是一个多元声音的开放的听证会，对政府行政决策产生了一定影响，对行政决策中的听证具有一定的示范性意义。在城市规划领域，早在20世纪90年代末就有地方性法规确立了公众参与城市规划的制度。2006年4月1日起正式实施的《城市规划编制办法》中，明确了公众参与城市规划编制的权利。而2008年1月1日起实施的《城乡规划法》第26条明确了城市规划听证制度的“应当”模式。该领域较有代表性的公众参与案例有2008年的“厦门‘PX’事件”，因为其特殊的制度和实践意义被学者总结为我国公众参与的时代标本——“PX模式”。厦门PX是化工项目，投资逾百亿元，但距离人口密集区过近，有环境污染风险。从2004年2月国务院批准立项，到2007年3月105名政协委员建议项目迁址，厦门PX事件进入公众视野；从2007年6月1日市民集体“散步”，表达反对在厦门市建设PX化工项目的心愿，及至厦门市政府宣布暂停工程，PX事件的进展牵动着公众眼球。从海沧PX化工项目对厦门市进行全区域总体规划环评，公众参与“环评报告”网络投票，举行两次市民座谈会，到最后迁址，地方政府与公民百姓，从博弈到妥协，再到充分合作，是政府

[7] 参见王锡锌主编：《行政过程中公众参与的制度实践》，中国法制出版社2008年版，第267页。

[8] 参见王锡锌主编：《行政过程中公众参与的制度实践》，中国法制出版社2008年版，第269页。

决策公众参与的经典范例。[9] 相比较而言,政府财政预算领域内的公众参与实践开展较晚,多始于21世纪初,主要是一些地方政府结合当地实际情况,对参与式预算改革进行积极的探索,其中较有代表性的,主要有浙江温岭的"民主恳谈"。从2005年开始,浙江省温岭市在新河、泽国两镇尝试公共预算改革,将民主恳谈引入基层人大会议对基层政府公共预算的审查,形成对预算进行实质性审查与监督的"参与式"模式。2008年以来,温岭将这种模式从两个镇推广到五个镇,从镇一级推广到市一级,将参与式预算引向深入。[10] 温岭公共预算民主恳谈的模式对我国政府财政预算的公众参与产生了重要影响,从中央到地方的公共预算不断走向公开与民主。在公共产品供给制度中,具有代表性的公众参与主要是公共产品的定价环节。1998年5月1日起实施的《价格法》第23条明确规定了价格听证制度。2001年10月,国家计委公布了《价格听证目录》,2002年1月12日,我国历史上第一个全国性的价格听证会——"国家发展计划委员会铁路部分旅客列车票价实行政府指导价听证会"在北京举行。2002年12月1日,《政府价格决策听证办法》正式实施,随后,各地开展了大量的价格听证实践,涉及与国民生活密切相关的水、电、气、交通运输、景点门票及教育医疗收费等多个方面。近年来,随着地方政府重大行政决策程序专门规章的出台,重大行政决策从动议、起草到决定,一般通过政府门户网站、微信、微博等各种便于公众参与的方式征求意见,各种听证会也陆续召开,如2020年5月25日,广州市2020年城镇国有建设用地标定地价更新成果听证会较为成功地举行。

---

[9] 王锡锌主编:《公众参与和中国新公共运动的兴起》,中国法制出版社2008年版,第150~156页。

[10] 参见慕毅飞:《温岭公共预算民主恳谈的实践与思考》,载刘平、[德]鲁道夫·特劳普-梅茨主编:《地方决策中的公众参与:中国与德国》,上海社会科学院出版社2009年版,第106页。

二、行政参与发展的困境及原因

（一）困境

在“行政参与的兴起与发展”部分描述了我国行政参与实践的发展并撷取了一些成功的范例，如《国有土地上房屋征收与补偿条例》制定、厦门PX事件、南京城市治理委员会的行政参与活动等。这些范例在促进行政民主，满足与平衡公众诉求，提高行政决定的合法性、正当性与可行性，以及提高政府治理能力上，彰显了一定功效。

然而，若认真检视我国行政参与的实践可以发现，这些成功范例仅是其中一些“片断”，行政参与发展实际上遇到了以下问题：其一，公众能否进入行政活动不确定，基本取决于行政机关的旨趣。有些行政机关习惯封闭行政，不给公众参与机会；有些行政机关实行开放行政，公众有进入行政过程的可能，但属被动加入，公众难以主动参与行政活动，公众参与资格无切实保障。其二，即使能够参加行政活动，公众也难以自主表达行政意见与利益诉求。在一些行政活动中，参与者有表达的机会，但议题和观点可能已经由行政机关预设，参与者有顾虑，忌讳提出与官方意志相左的意见。其三，即使公众能够进入行政过程并表达真实的意见和诉求，但能否获得行政机关的及时回应并不确定。行政机关可能对公众意见和诉求作出反馈，也有可能无反馈。其四，即使行政机关对公众意见和诉求有所反馈，但可能并非实质的和负责任的回应。实际上，行政机关并未真正采纳公众合理意见和诉求作出最终的行政决定，即公众合理意见和诉求能否被行政机关采纳无保障，取决于行政机关的裁量，公众参与很难对行政决定产生实质约束力。其五，即使行政机关不履行满足公众参与的各种义务，公众也难以通过监督手段追究其法律责任。

以上各种问题导致了我国行政参与的随意性与形式化。一些行政机关时常排斥公众参与，即使开展公众参与，其象征意义远大于实际意义。[11] 对于公众而言，参与行政的资格无保障，即使有机会参与，也是

〔11〕 参见王凌燕：《公民行政参与的困境与出路》，载《学术界》2011年第5期。

被动参与和形式参与,难以与行政机关形成有效的博弈与互动,难以对行政决定产生实质性影响。因而行政参与陷入发展的“瓶颈”,其实效目标难以充分实现。

(二)原因

我国行政参与发展“瓶颈”的形成既有传统的管制行政思维定式的影响,也与缺乏完善的行政参与法律制度指引有关。但蕴含于这些原因中的根本问题是行政参与未能完全权利化,与此相对应,行政机关则并未明确其保障公众参与的法定义务与责任,相反,是否吸纳公众参与成了行政机关的裁量事项。行政参与机会的不确定,是因为公众行政介入权没有得到全面确立与有效保障;公众不能自主真实地表达意见与诉求,是因为意见表达权的确立与保障存在不足;公众的意见表达并不必然能获得行政机关的回应,是因为意见获合理回应权的缺失;公众的合理意见与诉求不一定能得到行政机关的采纳,是因为合法合理意见获采纳权的薄弱;即使行政机关吸纳民意作出行政决定,也不一定能得到有效实施,这与公众参与实施权的落实不力有关;行政机关不履行保障公众参与的义务,公众难以通过监督手段追究其法律责任,是因为公众参与监督权的欠缺。

三、行政参与权利化对破解行政参与困境的决定性作用

行政参与是一种由广大社会公众参与行政过程并对行政决定形成积极影响的行政方式,行政参与的表现形式即是社会公众各种参与行政的行为。在整个过程中,对参与行为起决定性作用的是行政参与权。这是因为没有参与权,就没有参与的权利能力、参与行为的自由以及参与行为的保障。具体说来,行政参与权对参与行为的决定性作用主要表现在使行政参与获得正当性、各种权能和规范效力方面。

(一)使行政参与获得正当性

行为与权利的区别在于,行为本身只是行为主体行动的事实,它不一定能得到其他主体的赞同、认可和支持,行为人也不能理所当然地抵抗他人的否定、阻碍和侵犯;而行为一旦权利化,便能获得他人的认可和

支持,行为人也能直接地抵制他人的阻挠和侵犯。

行政参与没有获得权利身份时,也只是一种行为事实。公众有时可以自己参与行政,行政机关有时也吸纳公众参与,但也可能拒绝接纳公众参与,此时,公众也不能进行申诉与抗辩,公众参与行政的资格不能确保获得行政机关的认可。行政参与权利化后即成为行政参与权,使行政参与行为获得了权利上的正当性,政府对其应当尊重、认可和支持,否则,公众可以进行抗辩和申请救济。"正当"与"正当的"是权利的内在构成要素,权利本身就可以界定为"正当的东西""正当的事情"〔12〕。权利的正当性意味着权利主体有资格从事一定活动,他人应当赞同、认可和尊重这种行为资格,并不得侵犯。对于行政参与而言,公众参与的资格是基于行政参与权而获致的。"由于权利,一个人才有资格正当的占有某种东西或正当地做出某种事情。"〔13〕行政参与权赋予了公众参与的权能资格,公众据此做出的参与行为才能得到政府的认可、尊重和支持。

同时,行为权利化得到法律的承认,使行为获得法律权利的正当性,因而,正当性意味着合法性。行政参与没有获得法律权利身份之前,只具有道德上的正当性,政府不接纳甚至阻挠它,只承受道义上的非难,而无需承担法律义务不履行的责任。因为从法律意义上讲,道义上正当的行为并不具有真正的合法性,亦即法律上的正当性。虽然道义上公众是可以参与行政的,事实上公众有时也参与了行政,但这种参与仅仅是一种事实行为,而不是法律权利行为。只有权利化以后的行政参与行为才是合法行为,才会受到法律保护。同样地,行政参与获得权利资格后,超越权利范围的公众参与行为也不具有正当性。

(二)使行政参与获得各种权能

行政参与获得正当性只是意味着参与人有资格(有理由)参与行政,而要使这种参与资格成为可能,参与人还需有威力(力量)、有能力去参与行政活动。这种力量和能力即为行政参与的权能。行政参与权

〔12〕 范进学:《权利政治论》,山东人民出版社2003年版,第20页。

〔13〕 范进学:《权利政治论》,山东人民出版社2003年版,第22页。

利化使参与人获得充权，从而具有参与行政的力量和行动能力。首先，行政参与权具有不容许政府侵犯的威力；其次，除了威力的支持，行政参与权使参与人具备实现其参与资格的实际能力或可能性。

权利是“法律所保障或允许的能够做出一定行为的尺度，是权利主体能够做出或不做出一定行为，以及要求他人相应地做出或不做出一定行为的许可与保障”〔14〕。行政参与权表明了行政参与行为的“可能性”，为参与主体提供了参与行政的行动能力，包括“能参与什么行政活动”“能通过什么方式参与行政”“能参与行政到什么程度”等。具体而言，行政参与权决定了参与人参与行为的广度、深度和方式。广度上，参与行为所能介入的行政领域包括行政立法、行政决策和行政执法等，在这些行政领域的相应参与行为都应当得到政府的认可，参与人可以向行政机关提出参与主张。深度上，参与行为能渗入行政活动的全过程，并能影响最终的行政结果。如行政立法的公众参与应当贯穿于立项、起草、表决、颁布和实施等全部环节，而且公众意见和诉求须体现在行政法规和规章文本之中。方式上，参与人既能直接参与行政活动，通过座谈会、论证会、听证会等发表意见，与行政机关进行沟通、论辩和博弈，发表政见和诉求；也可以间接参与行政，通过网络平台、信函、电话、传真、电子邮件等向相关部门提出行政建议；参与人可以要求行政机关创造条件和机会满足以上各种参与方式。

（三）使行政参与获得规范效力

法律通过设定权利义务规范来调控人们的行为从而体现其规范效力。义务规范直接约束人的行为，其规范效力明显。而权利规范的效力蕴含双重性，一方面引导权利人的行为，使其能干什么或不干什么，另一方面它能使权利人要求义务人做或不做什么。也就是说，对权利人的义务人而言，权利规范也具有约束效力。从权利前设推导相应的义务，是

---

〔14〕 张文显主编：《法理学》，北京大学出版社、高等教育出版社 2003 年版，第 109 页。

现代权利话语的一般逻辑。[15] 或者说，一项权利的存在，意味着一种让别人承担和履行相应义务的观念和制度的存在。[16] 这种义务包括两个方面：一是消极义务，不得剥夺、不得妨碍权利人行使权利；二是积极义务，帮助、支持和促进权利人行使权利。

行政参与的权利化，使行政参与获得了权利的规范效力。其一，表现为赋予参与人参与行政的权能，参与人能通过多种方式参与行政活动全过程，这一点如上所述，在此不再赘述。其二，能够约束义务人——政府履行相应的义务：一是不得阻碍公众参与行政，更不得剥夺公众参与行政的资格；二是要求政府履行帮助、支持和促进公众参与行政的义务，如公开行政信息和过程、提供和创造参与机会和途径、通知公众参与时间和地点、听取公众意见和诉求、采纳公众合理意见作出行政决定等。其三，行政参与权的规范效力还表现为，如因政府不受行政参与权约束未履行相应义务，而导致公众行政参与权受到侵害不能实现，则权利人能够向救济机关提起救济申请，救济机关应当受理，并适用行政参与权规范进行公正处理，履行对权利人的救济义务。

总之，行政参与的权利化使公众获得参与行政的正当性和权能，行政参与成为公众应有的行政参与权，其各项权能得到法律的确定且公众能实际享有后，公众便具有了完全的参与行政的权利能力和行动能力，能约束政府履行满足行政参与权的各项义务，使其负责任地有效开展公众参与活动，当政府不履行相应义务时，还能获得各种救济。如此，公众则能有效参与行政并实现参与目的，达致行政参与之效果，从而破解行政参与的实效“瓶颈”。

四、行政参与权利化之内涵

要使行政参与完全权利化，保障公众行政参与权的实现，并进而促

〔15〕 参见夏勇主编：《法理讲义——关于法律的道理与学问》（上），北京大学出版社2010年版，第332页。

〔16〕 参见夏勇主编：《法理讲义——关于法律的道理与学问》（上），北京大学出版社2010年版，第332页。

进行政参与实效目标的达致,必须理解与把握行政参与权利化的内涵。行政参与的权利化涵盖以下意蕴:行政参与应当成为公众的权利即行政参与权;行政参与应当成为具有完整权利形态、综合权利性质和丰富权能内容的行政参与权;行政参与权必然对应政府的保障义务。具体内涵可以从以下五方面展开。

1. 行政参与不只是行政手段,本质上应当是公众参与公共行政的权利,即行政参与权,是公民参政权在行政活动中的具体化。从行为维度而言,行政参与当然是公众参与公共行政的一种行为活动,但这种行为本质上是权利行为,是公众行使行政参与权的活动,是公民参政权在公共行政中的具体体现。因此,更应该从权利维度上认识行政参与。行政参与本质上是公众参与公共行政的权利,即行政参与权,是公众依法以权利主体身份,为维护和发展自身或共同利益,以法定形式进入行政立法、行政决策和行政执法等行政活动过程,并对行政活动发生直接影响的一种综合性权利。[17] 行政参与权是公众应当享有的权利,即应有权利。它是人民主权在公共行政中复归于公众的部分,是民主行政的内在要求,是正当行政程序的必然体现,也是政府善治需要赋予公众的权利。行政参与权作为公众的应有权利在行政法学界已得到学者的广泛认可,学者们在对行政相对人[18]权利谱系的列举中,大多涵盖了行政参与权。[19] 但是,一些行政官员并未将其视为公众的权利,只是将其作为获得行政合法性与正当性的手段,这种错误理念应当矫正。

2. 行政参与权不仅是公众的应有权利,更应成为法定权利和实有权

[17] 参见邓佑文:《行政参与的权利化:内涵、困境及其突破》,载《政治与法律》2014 年第 11 期。

[18] 行政相对人可以解释为参与行政活动且其利益受到行政活动影响的公众,是参与行政的公众的主要部分。

[19] 参见应松年主编:《行政法与行政诉讼法》,中国政法大学出版社 2011 年版,第 24 页;姜明安主编:《行政法与行政诉讼法》,北京大学出版社、高等教育出版社 2007 年版,第 165 页;胡建淼主编:《行政法与行政诉讼法》,中国法制出版社 2010 年版,第 79 页;周佑勇:《行政法原论》,中国方正出版社 2005 年版,第 38 页;王周户主编:《行政法学》,中国政法大学出版社 2011 年版,第 164 页;等等。

利。完整的权利呈现为应有权利、法定权利和实有权利三种存在形态。[20] 行政参与权首先是公众的应有权利,或称道德权利。行政参与权是公民参政权在行政领域中的具体化,公民参政权是在人民主权基础上公民应当享有的政治权利,公众行政参与权也应是公众在公共行政中应当享有的权利。在日趋政治化的行政立法与行政决策中,公众基于利益的均衡代表[21]而应当享有参与权;在行政执法中,相对人则基于程序正义而应当被赋予参与权。因此,行政参与权是公众的应有权利,具有道义上的正当性,应当存在于人们尤其是行政官员的意识中。然而,道德权利只是理念中的权利,虽然应当存在,在理论上可以行使,但在获得法律认可之前,只具有道德权威,受侵害后,加害者不会受到法律惩处,即应有权利不具有法律权威,缺乏权利力量。因而,有学者认为,权利应是一种法律上有效的、正当的、可强制执行的主张。[22] 可见,行政参与权需要法制化,成为法定权利,获得法律保障,这样权利主体才能获得法律赋予的行使行政参与权的主张和权能。行政参与权法定化之后,虽然获得了法律权威,但还只是由刻在意识里的权利转化成写入法律条文中的权利。行政参与权要得到最终实现,还应从法律条文上的权利成为公众的实有权利。而要完成这种转化,一方面需要公众自身能根据法律的赋权,积极行使权利;另一方面则需要行政机关能够在行政实践中履行保障公众行政参与权的义务。

3. 行政参与权应是融程序性与实体性内容于一体的综合性权利。基于从正当行政程序这一单一视角的认识,不少学者都认为行政参与权

---

[20] 参见夏勇主编:《法理讲义——关于法律的道理与学问》(上),北京大学出版社2010年版,第336页。

[21] 参见[美]理查德·B. 斯图尔特:《美国行政法的重构》,沈岿译,商务印书馆2003年版,第64页。利益代表理论给了我们一种求证行政合法性与正当性的逻辑思路,即在利益多元化时代,在已经承担利益分配职能的行政活动中,通过各利益代表的参与,实现利益的均衡分配,从而获得行政合法性与正当性。

[22] See Samuel Stoljor, *An Analysis of Rights*, St. Martin's Press, 1984, p. 1 – 6.

仅是一种程序权利。[23] 这种观点揭示了行政参与权的程序性维度，却忽略了行政参与权另一重要的权利维度——实体性内容，也影响了对行政参与价值和功能的全面认知，是行政参与权利化的理念束缚之一。实质上，行政参与权应当是包含程序性与实体性双重权利维度的综合性权利。行政参与权无疑蕴含了公众基于正当程序要求而参与行政程序的权利，其中申请介入行政、表达意见和诉求等权利内容具有明显的程序性。但是行政参与权不同于一般的行政程序权利，它除了具有程序性内容外，更蕴含了实体性内容。首先，行政参与权源于公民的参政权，是公民参政权在公共行政领域的具体化，其中蕴含了公民的政治利益，具有实体性。其次，完整的行政参与权应当包含影响行政决定的权能，这种权利可表现为公众合理行政意见和利益诉求获采纳等内容，这些权利内容无疑具有实体性。因此，行政参与的权利化，不只是要求行政参与成为程序性权利，更重要的是还应涵括实体性权利价值与内容。

4. 行政参与权应当蕴含丰富的权能内容——行政活动介入权、行政意见表达权、意见获合理回应权、合法合理意见获采纳权等多项权能，在特定情形下，还包含参与行政决定权和参与行政决定实施权。行政参与被人们仅仅理解为公众参加行政程序的行为，与此相对应，行政参与权也被简单认为只是公众介入行政活动的权利，从而难以理解其丰富的权能内容。当然，也有一些学者对行政参与权的具体内容进行了有价值的探讨与阐述，涉及的权利内容涵盖参与管理权、了解权（知情权）、陈述权、抗辩权、申请权、表达权和监督权等。学者们从不同角度对行政参与权的内容进行了提炼与概括，揭示了行政参与权的丰富内涵，这对分析与把握行政参与权的权能内容具有重要的参考价值。但这些阐释尚不够准确、全面与具体，未能对行政参与各个环节所体现的权能要素进行精准的提炼与概括，有的权利内容之间存在交叉与重复，有些权利，如行

---

〔23〕 参见张晓光：《行政相对人在行政程序中的参与权》，载《行政法学研究》2000 年第 3 期；程琥：《关于服务相对人公共服务程序参与权研究》，载《行政法学研究》2011 年第 1 期；等等。

政知情权和监督权,也不是严格意义上的行政参与权的权能内容。[24]因此,我们有必要对行政参与权的权能内容构成进行更加准确、全面、系统地分析和释明。

要理解行政参与权的权能内容,首先要正确理解行政参与的内涵,尤其应区分"行政参与"(participate administration)与"参加行政"(attend administration)。参加行政只是表明公民或组织加入(出席)了行政活动,不包含通过自己各种积极地参与行为与行政机关进行互动且对行政活动产生积极影响的内涵与意义。而行政参与是公众介入行政活动中所进行的一切能够影响行政活动的行为。申言之,其是公众在行政机关主持行政活动的前提下,以权利主体身份参加行政,与行政机关互动、协商、博弈与合作,共同治理公共事务的活动。它不仅仅是公众参加行政,更是公众与行政机关对行政事务的互动治理。它包括公众介入行政活动、表达利益诉求和行政意见、与行政机关进行协商与博弈,直至参与行政决定、参与实施行政决定等各个环节。行政参与权则是公众参与行政活动各个环节的权能的总称。公众参与行政活动,首先要能介入行政活动,其次阐述自己的行政意见、表达自己的利益诉求,最后还应当能够使自己的合理意见获得采纳,甚至能参与行政决定的作成与实施,从而使自己的行政意见和利益诉求真正影响和制约行政决定的作成与执行。以上公众参与行政过程的行动能力和手段基本上是一个由弱到强的过程,而对行政活动的影响则是一个由浅入深的过程,其对应的权利能力和手段皆应成为行政参与权具备的权能内容。行政参与要取得实效,形成对行政权的制约和积极影响行政活动,必须对公众充实这些权能内容,以此由浅入深依次形成行政参与权完整的权能链条和内容体系。

行政参与权的这些权能内容可以按照其性质、作用等差异划分为基

[24] 从广义上而言,公众对行政信息的了解以及对行政活动的监督也可以认为是公众对行政活动的参与。因而行政知情权(了解权)和监督权可以称为广义行政参与权的权能内容,但由于它们不是行政参与行为本身蕴含的权利,因此,并非严格意义上的行政参与权的权能。行政参与行为本身蕴含的权利才是严格意义的行政参与权,也可称为狭义行政参与权。

本权能和加强权能两种类型。基本权能是行政参与权的基本内容,包含行政活动介入权、行政意见表达权、意见获合理回应权、合法合理意见获采纳权等,它们是行政参与最基本的权利能力和手段。行政活动介入权,是指赋予具备一定资格条件的公众参加行政活动的机会和能力。行政意见表达权,是指参与行政活动的公众为维护自身合法权益或者促进公共利益对行政事务表达行政意见或利益诉求的权利。意见获合理回应权,是指参与者要求行政机关对其提出的行政意见或利益诉求予以合理回复的权利。合法合理意见获采纳权,是指社会公众合法、合理的行政意见与利益诉求有权得到行政机关的采纳。加强权能亦可谓之特别权能,它是指为了促进与保障行政参与对行政活动的实质影响,而特别赋予具有参与资格的公众的权能,以增强参与主体的行政参与能力,包含参与行政决定权和参与行政决定实施权。参与行政决定权可简称参与决定权,是指公众在特定情形下,参与行政事项的决定环节并对行政决定产生影响的权利。参与行政决定实施权可简称参与实施权,是指公众在有些情况下能主动提出实施行政决定的建议,督促或协助行政机关顺利实施行政决定,并最终实现行政目标或利益诉求的权利。行政参与的蕴含的这些权能在此只是简要阐释,下文解析行政参与的权能内容时还将展开具体论述。

当然,要使行政参与完全权利化,除了充实以上公众行政参与行为本身的各项权能外,还应充实公众参与行政所必需的行政知情权和参与监督权。如前所述,这两种权利并不是严格意义上的行政参与权,属于广义的行政参与权。公众享有行政知情权是行政参与的前提,公众享有参与监督权则是行政参与的保障。为了进一步区分行政参与权的各项权能与这两种权利,笔者把行政参与权的各项权能称为行政参与的本体性权利,行政知情权是行政参与的前提性权利,参与监督权则是行政参与的补救性权利。"知情权"源于英文"the right to know",是指公众享有知悉和获取国家有关信息的权利。行政知情权则是指公众享有知悉和获得政府相关行政信息的权利。它约束行政机关必须履行行政公开的义务。“信息公开是公众有效参与的基本条件和前提。”〔25〕“行政公开是参与式行政的一个必然要求和重要环节。”〔26〕“实现透明行政是实现公民参与的前提”。〔27〕 这些论者的观点都一致表明信息公开是行政参与的先决条件,从权利维度来看,则说明行政知情权是行政参与要求公众具备的前提性权利。因为公众只有享有行政知情权,才能知晓行政活动的进展情况以及行政目标与策略,公众才有机会进入行政过程表达意见与诉求,也才知道怎样与行政机关进行协商与博弈,并影响行政决定的作成。参与监督权是公众对行政机关在行政活动中履行满足公众参与义务情况进行纠错和监控的权利,包含对行政机关未履行满足公众参与义务情况下的举报投诉权、行政复议权、行政诉讼权等。公众通过行使参与监督权,能更好地保障行政参与权的实现。

5. 行政参与的权利化必须明确政府对行政参与权的保障义务。享有权利意味着权利主体具有要求义务主体必须满足这种权利请求的能力或资格。而且,权利具有主体间性,某一主体享有权利,必然意味着对应另一方主体的义务。“权利总是与义务人的义务相关联的。离开了义务,权利就不能得到保障。”〔28〕尤其是在行政法律关系中,行政相对人权利是具有特定意义的概念,是指由行政法所规定或确认的、由行政相对人享有并与行政主体的义务相对应的各种权利,是专门对应行政主体义务的权利。〔29〕 可见,从行政机关(行政主体)与公众(行政相对人)的关系而言,公众行政参与权的享有必然需要法律增设行政机关相应的义务。这样,公众的行政参与权才是实在权利。概言之,公众行政参与权的享有要求行政机关履行保障义务。具体而言,首先,需要通过国家进

〔25〕 姜明安:《公众参与与行政法治》,载《中国法学》2004 年第 2 期。

〔26〕 莫于川:《公众参与潮流和参与式行政法制模式——从中国行政法民主化发展趋势的视角分析》,载《国家检察官学院学报》2011 年第 4 期。

〔27〕 刘芳:《论行政管理中公民参与的制度化建设》,载《辽宁行政学院学报》2007 年第 6 期。

〔28〕 熊文钊主编:《公法原理》,北京大学出版社 2009 年版,第 49 页。

〔29〕 参见方世荣:《对当代行政法主体双方地位平等的认知——从行政相对人的视角》,载《法商研究》2002 年第 6 期。

行立法确认行政机关的保障义务，明确行政机关义务，这是公众行政参与权实现的基础。其次，需要行政机关在行政实践中创设公众参与机会、渠道与方式，听取公众意见与诉求，及时回应公众，依据公众合理意见与正当诉求作出行政决定，接受公众监督并及时纠错等，这是行政参与权利化的关键。最后，行政机关不得侵害公众的行政参与权，当行政机关不履行相应义务侵害行政参与权时，政府也应当进行救济，并追究有关行政机关及责任人的法律责任，这是行政参与权利化的最后保护。这些义务一方面应在法律上明确规定，另一方面需在实践中落实。

第二节　行政参与权的法理基础

行政参与之所以成为公众权利并具有权利的价值、利益、资格和权能基础，是因为其理论依据涵括人权理论、人民主权理论、利益代表理论、参与式民主理论以及正当程序理论。

一、价值基础

参与行政的公众（具体表现为公民）是主体，而不是客体。行政参与则是公民生存和发展不可或缺的需要，是公民政治参与（权）在行政活动中的具体化。因此，行政参与蕴含人的主体性和人性尊严价值，具有人权的价值属性。私人对政府行政过程的参与，正是人的主体性在政治领域的彰显和显现，通过法治秩序将人的社会主体性转化为法的主体性，人的社会主体性就构成了法律权利的内在规定性。[30] 这样，行政参与就获得法律权利的价值正当性。

二、利益基础

利益是人生存与发展所需求的物质或精神产品，包括物质利益和精

---

〔30〕 参见李卫华：《行政参与主体研究》，法律出版社 2012 年版，第 33～34 页。

神利益。如果说价值是满足人们主观需求的抽象存在,那么利益则是满足人们客观需要的具体产品。作为权利的利益是个人或个人的集团寻求得到满足和保护的权利请求,是构成权利的基本要素,亦即"所谓权利至少应当蕴含能成其为权利的某种利益要素"。[31] 权利中的利益又包括个人利益和公共利益,是权利存在的前提条件。

当然,不是任何利益都需要法律保护。利益要成为法律权利保护的对象,应具有权利保护的正当性、普遍性、重要性和必要性。利益的正当性指涉利益的正义性和合理性,是利益主体应当拥有的满足生存或发展的物质和精神需求。利益的普遍性是指利益主体应是共同体全体成员或绝大多数成员都应当具有的需求,而不是少数成员的特殊需要;利益的重要性意指利益需求是人们生存和发展的客观需要,而不是可有可无,缺少它,将对个人生活和社会发展产生明显的消极影响;利益保护的必要性需具备利益的普遍性和重要性前提,同时,如果不纳入法律权利保护范畴,利益将会受到国家或者其他社会主体的侵害,或者虽然未受到直接侵害,但难以获得满足与实现。

行政参与既蕴含公民生活的政治利益和经济利益,也涵括个人利益和公共利益,而且行政参与蕴含公民之利益具有权利保护之正当性、普遍性、重要性和必要性。首先,行政参与蕴含公民的政治利益。行政参与是公民政治地位的具体体现,能满足公民作为国家主人参与公共事务的政治需求,是公民在公共治理领域获得独立人格及话语权的必需品,人民主权[32]和参与式民主[33]决定参与公共行政是公民普遍享有的政治利益。其次,行政参与蕴含了公民重要的行政利益(经济利益)。公

---

〔31〕 See Samuel Stoljor, *An Analysis of Rights*, St. Martin's Press, 1984, p. 25.

〔32〕 人民主权的核心是一切国家权力来自人民并为人民利益而设立,人民主权具体体现为人民享有政治权利,能够当家作主管理国家事务,其中蕴含实实在在的利益,亦即政治利益,人民一旦失去参与管理国家事务的权利,亦即失去了其政治利益,还有可能失去其他利益。

〔33〕 参与式民主是人民主权的具体表现形式,是人民行使民主权利的必要形式,是公民直接参与公共事务的管理,使人民获得直接参与管理国家事务的权利,也蕴含了公民的政治利益。

民参与行政往往代表某种利益[34]，提出利益诉求，或满足个人利益，或维护公共利益，且需要得到政府满足，此乃公民的行政受益权。行政为民和服务行政是一种基本要求，行政过程事关公民生存和发展的重要利益。最后，行政参与蕴含的利益，若未能获得法律权利地位，容易被政府忽视甚至侵害。所以，行政参与具有权利化的利益基础。

三、资格基础

权利资格，是指在利益需要法律保护的前提下，社会主体为什么能提出利益保护要求，凭什么主张利益的法律保护。此乃权利的资格基础。

行政参与的利益主体资格源于人民主权、参与式民主和利益代表理论。公共行政涵括国家行政和社会行政，涉及国家公权力即行政权的行使，存在公共利益和个人利益的博弈，随着行政过程的日益政治化，这种利益博弈和分配更加凸显。基于人民主权理论和参与式民主（行政民主）原则，公众有资格主张参与行政权的行使过程，公民参与行政事务，主张政治利益和经济利益（包含个人利益和公共利益）[35]，从而使权力运行结果体现其利益主张。这种资格不能被政府剥夺和侵犯。故而，公众行政参与具有法律权利的资格基础。

四、权能基础

权利具有力量维度，[36]亦即其内容蕴含权能要素。权能一方面是

---

〔34〕 公民参与行政具有利益保护目的，而行政过程的政治化趋势也需要多元利益代表的参与才能获得合法性与正当性，这就是“利益代表理论”。参见［美］理查德·斯图尔特：《美国行政法的重构》，沈岿译，商务印书馆2002年版，第64页。

〔35〕 行政执法参与主要基于个人利益目的，行政决策和行政立法参与既有个人利益诉求，又有公共利益维护。

〔36〕 有学者认为力量是权利的要素之一，一种利益、主张、资格必须具有力量才能成为权利。参见夏勇主编：《法理讲义——关于法律的道理与学问》（上），北京大学出版社2010年版，第331页。学界还有一种“能力论”的权利观，这种观点认为，能力是基本权利的来源，权利更多是手段而非目的，目的是人之尊严。参见朱振：《可行能力与权利——关于法治评估之权利指数的前提性思考》，载《河南大学学报（社会科学版）》2019年第2期。

指权利的内容;另一方面是指权利人为实现权利利益依法所能采取的手段,体现权利人的意志支配力,亦即具有实现利益的能力和力量。人们若具备某项权能,便能主张某种利益,实现利益目的,也能要求他人不得侵犯其利益,若利益受到他人侵犯,还能主张法律保护。

社会公众,基于参与式民主(行政民主)、利益代表以及正当程序等的要求,具有参与公共行政所需的能力和力量,能请求介入公共行政活动,提出利益主张或其他诉求,并要求政府正确对待和处理,采纳(处理)其合理的利益主张,作出体现其主张和诉求的行政决定,特定情形下,甚至具有与政府共同决定行政事务的能力。政府若不满足公众的这些参与诉求,排斥甚至拒绝这种主张和诉求,公共行政就会因违背民主行政、正当程序、利益均衡代表等原则,而失去正当性。这就是公众参与的权利力量,亦即行政参与权利化的权能基础。

综上所述,行政参与具有权利化的现实吁求,又具有法理的正当性基础。

在我国,近年来,行政参与实践不断兴起,公众在行政实践中,通过行使参与权,积极参与行政管理,与行政机关进行互动、沟通、协商与博弈,形成对行政权力的制约与合作,不仅维护了自己的合法权益,也提高了行政决定的合法性、正当性和可行性,并在一定程度上消解了社会风险与冲突,如厦门 PX 事件、浙江余杭中泰垃圾焚烧厂建设后期的村民参与事件等。相反,一些行政机关由于忽略公众的参与权,行政决策未经过公众参与,导致其正当性受到质疑而遭到公众的抵制,并引发了社会冲突,如番禺垃圾焚烧发电厂冲突事件等。所以,我国行政参与实践证明,若行政参与能够成为公众实际行使的权利并发挥积极功效,会促进公共行政目标的良好实现,相反,若有的行政机关忽视公众参与,行政活动可能会产生这样或那样的风险和问题。我国行政参与的兴起和发展提出了公众行政参与权利化的吁求,具有现实的正当性。同时,在我国,行政参与权具有民主政治根基,我国社会主义民主也决定了行政参与权产生的必然性。我国《宪法》也确认了公民的政治参与权,使公众行政参与权具有宪法根据。而且,行政参与权也已在我国其他法律制度中得到一定确立,其具体内容已在法律法规中得到体现。这意味着行政参与权在我国已作为法定权利而存在。

行政参与权在我国的正当性已显而易见,但这并不意味着公众行政参与权已经得到切实保障。行政参与权在我国主要还是应然意义上的权利。实然上,公众行政参与权尚未得到完全切实的保障,不仅确立行政参与权的法律制度还不够完善,行政参与权尚未全面得到法律的确立,而且行政实践中行政机关吸纳并尊重公众参与未完全形成一种常态。这也是我国行政参与实践实效不佳的重要原因。要切实保障公众行政参与权,还需强化人们尤其是政府机关的行政参与权观念,形成行政参与是公众权利的共识,尤其需要政府尊重和认可行政参与权,落实保障行政参与权的义务与责任,完善确立和保障行政参与权的法律制度,使社会公众在公共行政实践中能够真正有效行使行政参与权。

第二章　行政参与权的基本理论

行政参与权正当性基础证立后，顺承下来的重要任务即为释明它是什么样的权利，其内涵、性质、功能以及权能内容究竟是什么。而这些问题，至今为止，学界的回答还不够准确、全面和具体，甚至有不少错误的认识。本章致力于解决行政参与权的这些本体性问题。

第一节　行政参与权的内涵

一、学界已有定义述介

随着行政参与的兴起，其权利化问题也引起了学界的探讨，有不少学者对行政参与权的概念进行了界定。梳理已有研究对行政参与权的定义，大致有以下四种理解。

1. 主要从行政程序视角界定

该观点把行政参与权界定为行政相对人参与行政过程的程序权利。如有学者认为，行政参与权是行政相对人为了维护其自身合法权益而参与到行政程序过程中，就涉及的事实和法律问题公开阐明自己的主张，从而影响行政主体作出有利于自己的行政决定的程序性权利。[1]

2. 侧重从功能视角概括

此观点主要将行政参与权概括为影响和制约行政权的权利。有的

〔1〕 参见章剑生：《论行政相对人在行政程序中的参与权》，载《公法研究》2004年第00期。

学者认为，行政参与权是指行政相对人所具有的，由行政法所规范的，参与有关行政行为，表达私人意愿，维护自身权益，并对行为的结果产生有效影响的权利。[2] 还有学者认为，行政参与权是指相对人有效地参与行政管理过程并能影响行政决定作成的权利。[3] 这些学者概述的行政参与权功能主要是对行政权的程序制约，因此，他们认为，在性质上，行政参与权也属于程序性权利。

3. 偏向从参与对象和手段描述

这种描述方法，重点不在于给行政参与权定性，而是突出参与对象和手段（方式）。如有学者这样描述行政参与权："行政相对人有权依法参与政府行政管理活动，如参与行政决策的权利；参与立法听证（论证）的权利；对政府工作提出批评、建议的权利；参与涉及本人具体行政管理行为的权利；通过言论、出版、集会、游行、示威等行为对政府活动表达意愿和见解的权利；等等。"[4]还有学者认为，行政参与权就是公众依法享有的参与行政管理过程，以各种途径和方式参与行政立法、行政决策以及行政执法等行政活动，发表意见和使其意见得到重视和采纳的权利。[5]

4. 从较为综合的视角阐释

有的学者从权利性质的综合视角审视行政参与权，认为公众行政参与权是混合权，是包含程序权利和实体权利在内的参与行政决策的一系列权利的总和。[6] 有的学者从权利对象的全面视角阐述行政参与权，认为行政参与权包含参与行政管理和参与行政程序的权利。如有学者认为，行政相对人有权依法参与行政管理。如参与行政法规规章及行政

---

〔2〕 参见蒋润婷：《行政法视阈下的参与权研究》，南开大学出版社 2017 年版，第 6 页。

〔3〕 参见张晓光：《行政相对人在行政程序中的参与权》，载《行政法学研究》2000 年第 3 期；李沫：《试论行政法视野下高校管理中的学生参与权》，载《现代大学教育》2010 年第 3 期。

〔4〕 刘恒主编：《行政法与行政诉讼法》，西安交通大学出版社 2005 年版，第 97 页。

〔5〕 参见王雅琴：《论行政参与权》，载《佳木斯大学社会科学学报》2011 年第 6 期。

〔6〕 参见李国旗：《论行政决策中的公众参与权》，载《理论与现代化》2012 年第 5 期。

政策的制定；参与国民经济和社会发展计划的讨论和提供建议、意见；参与与自身有利害关系的具体行政行为的决定的形式和作出等。[7] 以上阐释在一定程度上揭示了行政参与权的综合性。

二、已有定义存在的问题

综观学界对行政参与权的各种定义，大多从某一或某些方面特征进行描述和表征，尽管也揭示了行政参与权的部分含义和特征，能促进对行政参与权内涵的理解，但由于这些定义未采用一种系统、全面、深度分析权利的方法，都存在这样或那样的不足，显得较为表象化、简单化和碎片化，不能呈现行政参与权内涵和特征的全貌。具体而言，这些不足主要表现在以下五个方面。

1. 混淆权利主体

已有研究未能完全区分行政参与主体和行政相对人两个不同的概念，把行政参与权的主体局限于行政相对人，而没有认识到非行政相对人身份的普通社会公众也有权参与行政活动，成为行政参与主体。

2. 狭隘认识权利性质

不少学者把行政参与权片面理解为程序权利，而不是一种兼有实体性和程序性的综合性权利，即使有的学者认为蕴含实体内容，也未正确阐释实体权能。这些学者实际上把参与权视为了参加权，认为行政参与是参加行政程序的活动，对行政活动产生程序制约，而未能认识到公众对行政活动的深度参与和实质性影响。

3. 未能全面揭示权能内容

由于已有定义一般是对行政参与权的参与技术、过程和对象的表面描述，观察视角也较为狭窄，故而很难全面揭示行政参与权涵括的全部权能内容，只是理解为一种表达请求和主张的程序权利（申请、陈述、申辩等）。

---

〔7〕 参见姜明安主编：《行政法与行政诉讼法》，北京大学出版社、高等教育出版社 2019 年版，第 136 页。

4. 片面理解权利目的

一些学者将行政参与权行使目的囿于个人目的，忽略公共目的参与，无视行政参与的公共性。这与对行政参与主体和参与对象的误读有关。他们把参与主体一般局限为行政相对人，而行政相对人与行政活动有个人利害关系，这样便把行政相对人参与行政活动之目的，认为是为了维护自己的利益；或者把行政参与的范围限于行政执法，行政相对人参与行政执法，往往是为了维护自己的利益，达到请求行政主体增加权益或者减免义务之目的。

5. 未明确权利效力

有的研究未述及权利效力，有的模糊表达为“影响”和“制约”行政结果，而没有如此明确阐述行政参与权的效力：能约束行政主体的行政权力，使其采纳公众合理意见作出行政决定，使行政决定反映参与主体的诉求和主张，进而影响行政结果，促进行政活动的科学、合法和合理。

三、概念界定及含义解析

E. 博登海默曾言，概念乃是解决法律问题必需的和必不可少的工具。没有限定严格的专门概念，我们便不能清楚地和理性地思考法律问题。[8] 对行政参与权的概念进行精准界定，无疑是理解行政参与权的内涵、性质、权能、功能及其保障等法律问题的必要前提。

（一）概念界定

将公众参与行政活动的权利提炼为“行政参与权”的概念已经被大多数行政法学者所接受，越来越多的行政法学者使用这一概念。[9] 因为它既科学准确，又具有可操作性，是对公众参与行政活动权利的高度

---

〔8〕 参见［美］E. 博登海默：《法理学：法律哲学和法律方法》，邓正来译，中国政法大学出版社 2004 年版，第 504 页。

〔9〕 参见应松年主编：《行政法与行政诉讼法》，中国政法大学出版社 2011 年版，第 24 页；马怀德主编：《行政法与行政诉讼法》，中国法制出版社 2007 年版，第 61 页；胡建淼：《行政法学》，法律出版社 2003 年版，第 135 页；周佑勇：《行政法原论》，中国方正出版社 2005 年版，第 38 页。

概括，比行政程序参与权、行政管理参与权、参与行政管理权等更能准确全面地揭示权利的内涵和外延。借鉴学者对行政参与权的各种表述，对行政参与权的主体、对象、方式、内容、目的、效力以及性质进行全面、准确、系统和深入地分析，可对行政参与权进行如下描述：行政参与权是社会公众依法以权利主体身份，为维护自身利益或公共利益，参加行政活动，与行政机关进行互动、协商、沟通、博弈与合作，表达意见与诉求，参与行政决定，从而对行政立法、行政决策和行政执法等行政活动的结果直接发生作用和影响的一种综合性权利。

（二）含义解析

1. 权利主体

权利主体是指谁有资格享有权利的问题，行政参与权的主体则是指谁有资格参加行政活动，行使各种参与权的权能。权利主体范围的确定影响参与行政的资格，以及权利行使的方式与目的等，因此，应当对其进行准确的界定。目前，学界一般把行政参与权的主体界定为行政相对人，这种界定把行政参与权认为只是与行政活动有直接利益关联的行政相对人享有的权利。行政相对人是参与行政法律关系，对行政主体享有权利或承担义务的公民、法人和其他组织。[10] 可见，行政相对人确实是行政参与主体。但是，行政参与主体不仅仅是行政相对人，还包括与公共行政活动没有直接利害关系的一般社会公众，他们是参与行政活动与政府相对应的一方主体，包括公民、法人和其他组织。这在外延上刚好与行政相对人一致，所以容易与行政相对人混淆。但是二者并非同一概念，社会公众包含行政相对人和一般社会公众。一项权利之所以成立，是为了保护某种利益，这种利益既可能是个人的，也可能是群体的、社会的。[11] 行政相对人是基于行政活动与本人利益有关，为了保护自身利益而参与行政活动，当然也需维护公共利益。而一般社会公众（包括专

〔10〕 参见方世荣：《论行政相对人》，中国政法大学出版社2000年版，第16页。

〔11〕 参见夏勇主编：《法理讲义——关于法律的道理与学问》（上），北京大学出版社2010年版，第331页。

家、律师、其他非利害关系人等)则是基于公益目的(社会公平、正义、公共利益)而参与行政活动,或提供咨询服务,或提出行政建议,或直接协助行政等,例如,专家、律师对某项与自己利益无关的行政决策提出建议等。把行政参与权的主体局限于行政相对人的观点,其实也是把行政参与权的目的片面理解为基于私人目的的参与,而忽视了基于公共目的参与。

还有学者认为行政参与权的主体是公民,这种界定混淆了参政权的主体。诚然,行政参与权源于公民参政权,其基本主体是公民,但具体延伸至行政领域后,公民会以多种身份(形态)参与行政活动,包括公民个体以及由公民组成的法人或其他组织。而且,当外国人和无国籍人成为具体行政行为的相对人时,也有权参与涉及其利益的行政执法和行政决策活动,可进行有关陈述和申辩,以维护自己的合法权益。

2. 权利客体

首先,行政参与权的客体不同于参政权,不是参与宏观的国家政治管理,而是参与公共行政活动,包括影响特定行政相对人的行政执法活动以及对不特定多数人具有普遍约束力的行政立法与行政决策等,当然不同的行政活动领域参与的主体、方式、目的、效力等有所不同。

其次,行政参与权的客体不及于行政外包。所谓"参与"某项活动,一定是这项活动已由一方主体启动并主持,继而吸纳其他主体加入,并由双方主体共同完成这项活动。同理,公众参与的行政活动由双方主体共同进行,且一方是行政主体(政府),另一方是行政参与主体(公众)。很显然,这种行政活动一般由政府启动,政府主导,政府最终作出决定,公众只是介入行政过程之中,了解行政信息,提出利益诉求,表达行政意见,提供行政知识,帮助或约束政府在吸纳民意、汇集民智的基础上作出行政决定(亦即行政立法、行政决策和行政执法的最终结果反映民意和民智),特定情况下,公众也参与行政决定的作出和执行,但行政活动的主导者仍然是政府。因此,行政参与权的客体是政府组织的公共行政,公众参与是辅助行政,而不是公众独立行政。这种公众参与行政方式也称为参与式行政。如前所述,公众与行政机关形成的法律关系可谓之参与式行政关系。有些学者推而广之把行政外包等也称为行政参与是不够准确的,它们最多只能称为广义的行政参与。因为它们形成的法律关系是行政委托关系,而不是参与式行政法律关系。其法律关系主体的法律地位不同、权利义务内容不同。另外,行政外包的公共事务限于特定行政领域,而行政参与除特殊情况外,原则上及于行政立法、行政决策和行政执法等所有公共行政领域,只是参与程度有所不同而已。

3. 权利行使方式和内容

行政参与主体虽然不是行政活动的主导者和决定者,但是参与者也不同于参加者。就权利方式和手段而言,行政参与不同于行政参加,参与比参加的内涵更丰富,参与行政的方式和手段更全面和深入,不仅是出席行政活动,也不只是发表意见和诉求,行政参与主体还能与行政主体进行互动、交涉、沟通、博弈,并形成行政决定上的合意。具体而言,首先,公众能够介入行政过程之中;其次,公众能表达诉求和意见;再次,公众能够要求行政机关对其表达的诉求和意见进行回应与答复;又次,公众能要求行政机关采纳其合理的诉求和意见;最后,特定情况下,公众还能参与行政决定的作成与执行。公众通过依法介入行政活动,了解行政信息,表达诉求和意见,并与行政机关磋商、沟通乃至博弈,进而影响行政机关的决定。而且,这些方式和手段构成了行政参与权丰富的权能内容,分别形成行政活动介入权、行政意见表达权、意见获合理回应权、合法合理意见获采纳权以及特殊情况下的参与决定权和参与实施权。它们既有程序内容,又有实体内容,既实现个人利益诉求,又维护公共利益。

当然,如前所述,行政参与权是公民的基本政治权利在行政活动中的延伸,也是公民宪法权利在行政法上的具体化,是公众的法律权利,其行使方式应当是合法的,也理应得到法律的确认和保障。

4. 权利目的

权利主体行使权利具有利益目的,否则,权利就失去了存在的基础。行政相对人行使行政参与权的直接目的是实现或保护私人利益,例如,行政许可相对人参加听证是为了获得自己的某种权益,或者是为了保护自己的某种利益不受损害。而一般社会公众由于与行政活动利益关系的不同，其目的也与行政相对人不同，主要是为了维护国家利益或社会利益等公共利益，也有的是为了实现社会公正，而公正是一种良好的社会秩序，惠及社会大众，也是一种公共利益。如公民提出有利于保护自然环境的决策建议是为了维护公共利益，而专家提出制定消除地方保护的产业政策意见则是为了建立公平的营商环境。

5. 权利效力

效力应当是权利的基本要素之一，一项利益主张必须具有效力才能成为真正的权利。权利的效力主要体现为对义务人的约束力。[12] “权利最终是一种使他人背负义务或使他人受某种约束的能力”。[13] 行政参与权的直接效力是通过约束行政机关履行满足行政参与权的义务，促进行政权的合法、正当行使。其最终效力是影响行政决定的作成，具体表现为参与者合理的诉求和建议能被行政机关采纳，并反映在行政结果中。

6. 权利属性

行政参与权是兼具宪法属性与行政法属性、程序性与实体性、个体性与公共性、权利性与权力性的综合性权利。

首先，行政参与权兼有宪法属性和行政法属性。行政参与权源于公民参政权，具有基本权利性质，同时又是参政权在行政领域的具体化，并由行政法具体确认，行政机关承担实现义务。其次，行政参与权既有程序性，又有实体性。如前所述，对于行政参与权的权利属性，有学者认为其是程序权利，称为行政程序参与权；也有学者认为其是实体权利，称为参与行政管理权或参政权；还有学者认为其既是程序权利，又是实体权利，亦是参加国家行政管理以及参与行政程序的权利。第三种观点比较中肯地揭示了行政参与权的权利属性。行政参与权的直接表现形式当

〔12〕 参见张恒山：《论权利本体》，载《中国法学》2018 年第 6 期。

〔13〕 [法]狄骥：《公法的变迁 · 法律与国家》，郑戈译，辽海出版社、春风出版社 1999 年版，第 267 页。

然是参与行政过程，包括参加行政程序、了解行政信息、进行陈述申辩等行政程序权利，但是完整的和实质意义上的行政参与权还包括合法合理意见获采纳权等，而且行政参与权是参政权的具体化，本身就是一种政治利益，而合法合理意见获采纳权显然具有实体性。因此，行政参与权不只是程序权利，也不只是实体权利，而是二者的综合。再次，行政参与权兼具个体性和公共性。行政参与权的权利主体包括行政相对人和一般社会公众，前者行使权利的目的主要是维护自己的合法权益，但客观上也约束行政权依法行使，促进行政公平；后者行使参与权的目的主要是维护公共利益，但这种公共利益也可能与其个人利益有关，如公众参与环境行政。最后，行政参与权融合了权利性和权力性。行政参与权是与行使行政权的政府一方相对应的社会公众享有的权利，其本质上为公民权利；但其源于人民主权，是人民主权在一定意义上的复归，其目的是参与公共治理，分享治理权，具有一定的权力性。

总之，行政参与权不是一种简单内涵和单一性质的权利，它源于参政权，是对公众参与行政活动权利的高度概括与提炼，包含了公众参与行政活动过程中的各种不同具体权利内容。关于行政参与权的综合性质，下文还将作专门阐述。

四、相关概念辨析

对于行政参与权，目前学界有多种称谓，有的称为“参政权”，有的称为“参与权”，有的称为“行政程序参与权”，还有的称为“参与行政管理权”，等等。可见大家对“行政参与权”的理解并不一致。可以通过对以上概念进行比较辨析，以进一步明确行政参与权的内涵。

（一）行政参与权和参政权

简言之，行政参与权是公众参与行政事务的权利，而行政事务也属于广义的政治事务，因此，行政参与权容易与公民的参政权画等号。但是，行政参与权不同于参政权，二者是两个既有联系又有区别的概念。

参政权，是指公民参与国家事务管理的权利。德国法学家戈博在1852年的《公权论》一书中，最早提出了参政权的概念，认为参政权是一种私人公权力，是个人与全体相结合时对国家具有的权利，尤其表现为选举权〔14〕。此后，学者们丰富和发展了参政权的内涵。如日本著名宪法学家芦部信喜认为，“参政权是国民参加国家政治的权利，又称为参与国家的自由，服务于自由权之确保。具体说来，虽以选举权、被选举权为代表，但广义上也包括宪法修改的国民投票和最高法院法官的国民审查，另外还包括担任公务员的资格”〔15〕。我国有学者认为，参政权是指公民依法参与国家生活的自由度，参政权概念包含三层含义：(1)公民有依法享受国家生活的权利；(2)公民有依法参与国家管理的权利；(3)公民有依法监督国家机关及其工作人员活动的权利。〔16〕 从以上国内外学者关于参政权的理论中可以认识到参政权是公民的基本政治权利，其内容主要是参与国家宏观政治管理，其义务主体是国家。而行政参与权是公众参与行政活动的权利，其义务主体主要是政府(行政机关)。当然，由于国家政治管理包含具体的行政管理，因此，参政权蕴含了行政参与权，行政参与权是参政权在公共行政活动领域的延伸与具体化。有学者就此认为，“行政程序参与权可以视为是参政权的自然延伸”〔17〕，“行政相对人参与行政管理的权利是宪法规定的公民政治权利在行政法上的具体化”。〔18〕 可见，行政参与权与参政权是两个既有联系又有区别的概念。

---

〔14〕 参见王和雄：《论行政不作为之权利保护》，台北，三民书局股份有限公司 1994 年版，第 26 页。

〔15〕 [日]芦部信喜、高桥和之：《宪法》，林来梵、凌维慈、龙绚丽译，北京大学出版社 2006 年版，第 72 页。

〔16〕 参见林喆：《公民基本人权法律制度研究》，北京大学出版社 2006 年版，第 42 页。

〔17〕 方洁：《参与行政的意义——对行政程序内核的法理解析》，载《行政法学研究》2001 年第 1 期。

〔18〕 刘志坚、程雁雷主编：《行政法与行政诉讼法学》，人民法院出版社、中国社会科学出版社 2003 年版，第 121 页。

(二)行政参与权与参与权

在我国行政法学界,很多学者将行政参与权表述为"参与权"[19],而且"参与权"的概念也经常出现在国家政策性文件中。例如,党的十七大报告指出:"要健全民主制度,丰富民主形式,拓宽民主渠道,依法实行民主选举、民主决策、民主管理、民主监督,保障人民的知情权、参与权、表达权、监督权。"国务院新闻办公室发表的《国家人权行动计划(2009—2010年)》也提出,着力保障人民的知情权、参与权、表达权、监督权。当然学者们在行政法教科书中提出的"参与权"不完全等同于各种政策性文件中的"参与权"概念。学者们阐述的"参与权"都是指行政相对人依法参与行政管理的权利,具体内容包括参与行政法规、规章以及行政决策的制定,参与国民经济和社会发展计划的编制和实施,参与与自身有利害关系的具体行政行为的决定与实施等。这些内容比较科学地划定了相对人参与行政管理的范围,因此,实际上与行政参与权的含义相近,但是这些学者在列举行政相对人的权利时,又把参与权与行政相对人的了解权,陈述、申辩权,批评、建议权等相并列。而各种政策性文件中的参与权的含义更广,与上文所述的参政权的含义相近,但"参与权"的表述比参政权更加具体和具有可操作性,意味着人民不仅可以参与政治事务,而且还能参与具体社会事务的管理。因此,为了准确表述公众参与行政活动的权利,行政参与权不宜表述为参与权,因为二者是两个不同的概念。

(三)行政参与权与行政程序参与权

学界有不少学者将行政相对人参与行政管理的权利称为行政程序参与权。[20] 其中,有的学者还阐述了其具体内容,认为行政程序参与权

---

〔19〕 孟鸿志主编:《行政法学》,北京大学出版社2007年版,第129页;柯梅森、李健强主编:《行政法学》,中国检察出版社2003年版,第114页。

〔20〕 参见章剑生:《论行政相对人在行政程序中的参与权》,载《公法研究》2004年第00期;张晓光:《行政相对人在行政程序中的参与权》,载《行政法学研究》2000年第3期;程琥:《关于服务相对人公共服务程序参与权研究》,载《行政法学研究》2011年第1期。

包括获得通知权、陈述权、抗辩权和申请权等内容。[21] 应该说如此阐释比较全面地反映了行政参与权的基本要素与内容，但是把行政参与权完全界定为程序权利难免忽略了其实体性权能，因为行政参与权是既有程序性内容又具实体性权利内容的综合性权利。

（四）行政参与权与参与行政管理权

还有不少学者把公众参与行政活动的权利据其文义直接界定为参与行政管理权。[22] 这些学者在表述中比较全面地概括了行政参与权的含义，但是这种概念有简单的循环定义之嫌，另外也容易将行政参与权误解为单纯的实体权利，而且现代公共行政也不宜只表述为行政管理。因此，行政参与权也不宜称为参与行政管理权。

第二节　行政参与权的性质

行政参与权是具有综合性质的权利，现对其性质进行具体阐释。

一、人权性

行政参与权是公众参与管理国家行政事务的权利，意味着公众有权提出政见（行政意见），并能影响行政权的运行和结果，其实质是公众分享公共事务治理权。公众是公民身份的扩展，行政事务是国家事务的构成部分，故而，行政参与权是公民参政权的一部分。参政权是政治人权，人是天生的政治动物，原始社会有政治人权，国家形成后，则是人民主权。公民的政治人权具有人格利益，彰显了人的主体性价值，是人生存和发展不可或缺的权利需要，属于现代国家宪法确认的公民基本权利，

---

〔21〕 参见章剑生：《论行政相对人在行政程序中的参与权》，载《公法研究》2004 年第 00 期。

〔22〕 参见王连昌等主编：《行政法学》，中国政法大学出版社 2002 年版，第 88 页；刘志坚、程雁雷主编：《行政法与行政诉讼法学》，人民法院出版社、中国社会科学出版社 2003 年版，第 121 页。

具有主观权利属性和客观秩序价值。行政参与权作为参政权的一部分，意味着公众不再是行政的客体，而是行政事务的参与主体，这无疑彰显了行政活动中公众的主体性和尊严，蕴含了公众的人格利益，是公众生存和发展必须具备的权利，否则，公众沦为行政客体，合法权益无法切实保障，其生存安全和发展能力会受到侵害。

因此，公众行政参与权具有基本人权属性，国家也是其义务主体。首先它具有客观秩序价值，能约束所有公权力机关不得侵害之，同时又具有主观权利属性，当受到公权力机关侵害时，能请求停止侵害，并要求给予救济和保护。

二、公权利性

公法权利（公权利）是由公法确认的公民权利。公法与私法是古罗马法的划分，如今大陆法系仍秉承这一法规范的类型化。私法是调整私权及私人利益关系的法规范，公法则是关于公权力运行和公共利益保护的法。但公权力源于公民权利，公权力产生的正当性以及合法运行离不开公民权利，而公共利益的受益主体理应是国家的公民，这也是国家权力的目的。因此，从法律关系的视角来看，公法主要调整的是国家与公民（公权力与公民权利）的关系。而且要使国家权力获得正当性以及实现国家权力为民谋福利之目的，须在国家规范层面赋予公民产生国家权力的权利（选举权等）、参与国家权力运行的权利、监督国家权力运行的权利、从国家权力运行结果获得利益的权利等。这些权利的行使涉及公权力和公共利益，不但不受国家公权力机关的侵犯，而且其实现需要国家公权力机关的保障，因此，它们区别于私法权利而称为公法权利（公权利），其最大的特点是公共性。其中，最基本的公权利是公民的参政权（参与权）。正如奥托迈耶所言：“真正公法上的权利是从授予个人参与权开始的。”[23]

行政参与权属于公法权利，或者说具有公权（利）性，以区别于私权

[23] ［德］奥托迈耶：《德国行政法》，刘飞译，商务印书馆2002年版，第114页。

利,其主要法理根植于参政权。参政权的公权理论最早由德国法学家戈博提出。[24] 杰列内克进一步阐明了参政权属于公权,他主张参政权是"请求国家承认能为国家活动"之权利。[25] 可见,参政权是公民作为国家共同体成员对国家公共事务享有的参与权,其实现需要国家的确认和保障,亦即其义务主体是国家(公权力机关)。

行政参与权是参政权在公共行政领域的具体化,但又不完全等同于参政权。参政权是宪法规范确认的公民基本权利,属于宪法权利,行政参与权是由行政法规范确认的公众行政法权利,其公权属性体现在:(1)权利主体是社会公众。公众是社会主体的整体性概念。它主要源于公民,既不同于私法上的私人,也不完全等同于公民,不只是公民个体,还涵盖由公民组成的社会组织(在特定情况下,公众还包括作为行政相对人的外国人和外国企业组织)。社会公众之间,既具有个体利益和群体利益,又蕴含公共利益。(2)义务主体是政府。根据人民主权原则,可还原为公民的公众是行政权的所有者[26],但作为行政权的行使者,政府已经获得公民的授权,亦即行政权的使用权已经转移给政府。公众参与行政权的运行,是分享行政权的使用权,这需要政府的认可、保护和实现。由于公众依法享有行政参与权,故而,政府的认可、保护和实现是其应尽的义务。(3)权利内容和权利目的蕴含公共性。一方面,行政参与权是公众参与公共行政的权利,其实质是参与了行政权的运行,因此,其权利内容与公共利益和公权力有关,权利不能转让。另一方面,其行使不得妨碍行政权的正常运行秩序,也不能损害公共利益,而应帮助和促进行政管理的有效进行及公共利益的实现,当然也监督制约行政权的合法行使,因而,行政参与权本身蕴含了一定的义务性。这也说明行政参与权行使之目的具有公共性。公众尤其是以行政相对人身份参与行政

〔24〕 参见王和雄:《论行政不作为之权利保护》,台北,三民书局股份有限公司1994年版,第26页。

〔25〕 参见叶必丰:《人权、参政权与国家主权》,载《法学》2005年第3期。

〔26〕 公众其实基本上可以还原为公民,外国人作为行政参与人只是在极少数情况下(作为行政决策和行政执法的相对人)基于正当程序享有行政参与权。

的目的具有私人性，但也包含公共目的，如促进行政公正，维护良好的行政生态等，而一般社会公众参与行政主要是为了维护公共利益。(4)所发生的权利义务关系是公法关系。行政参与权与行政权形成的行政参与法律关系是典型的公法关系，主要是公众参与权与政府保障义务的关系，当然公众也要履行依法参与等义务，政府则具有要求公众依法参与的权力和作出行政决定的权力。在行政参与法律关系中，行政参与权的实现，不但需要公众主动行使，更需要政府的保护、支持和促进。而公众行政参与权受侵害后，不能私力救济，但是基于行政参与权的主观权利性，当事人可以寻求公力救济。

三、程序性

行政参与权涵括公众基于正当程序要求而参与行政程序的权利。行政参与权就权利行为(外观)而言，是公众参与行政过程(程序)，是一种行为过程，如申请参与行政活动，表达利益诉求和行政建议，向行政机关进行申辩和反驳，要求行政机关进行答复和回应等，都具有明显的行为程序性。从权利作用而言，行政参与权主要从程序上避免行政权滥用的可能性，而行政机关在行政过程中需要履行一些程序义务，满足公众程序性参与权，这有利于监督行政权合法行使。从权利规范来说，行政参与权主要由行政程序法确认，如《美国联邦行政程序法》规定了公众对制定行政规章的听证等程序性参与权。[27] 我国虽然还没有制定统一的“行政程序法”，但一些地方行政程序立法对公众的程序性行政参与权作了较为详细的规定，如《湖南省行政程序规定》赋予了公众行政程序的发起权(介入权)、意见和建议的表达权、听证权等程序性参与权。

四、实体性

行政参与权不同于一般的行政程序权利，它除了具有程序性外，还蕴含了实体性。其一，从权利来源(基础)来看，人民主权是行政参与权

〔27〕 参见应松年主编：《外国行政程序法汇编》，中国法制出版社2004年版，第38页。

的重要理论基础之一，行政参与权可视为人民主权的部分复归，是参政权的具体化，因此，具有民主权利属性，单纯程序性权利不能完全涵摄其民主性。其二，从权利内容来看，行政参与是公民参政权在公共行政领域的具体体现，其中蕴含了公民的政治利益（行政利益），具有实体性；另外，完整的行政参与权还包含公众合理行政意见和利益诉求的获采纳权，这种权能无疑具有实体性。其三，从权利手段来看，行政参与是全方位参与，不只是程序参与，还包括实质参与，如提出利益诉求，提供知识和信息，与行政机关共同合作行政，有时还共同作出行政决定。其四，从权利作用来看，行政参与权对行政权不只是程序约束，还有帮助和促进作用，以及对行政决定内容（结果）的改变作用，这种作用无疑是实体性影响。

五、依附性

行政参与权虽是基于公民主权者地位而享有的权利，但其行使与实现对政府这个义务主体有较强的依附性，该权利对义务的依附关系不同于一般权利义务之间的依存关系。行政参与权几乎所有权能的行使都需要政府予以确认、保护与实现。这是因为公众通过行政参与权虽与行政机关分享行政权，是行政参与主体，但公众此时仍然是行政参与者，而不是行政决定者，即使有一定决定权，也是参与决定权，而不是独立决定权，亦即没有独立管理国家事务的权利，行政机关仍然居于主导者和决定者地位。公众能否实际参与行政、参与行为能否影响行政结果，仍然取决于政府意志。因此，从权利视角看，行政参与权权能具有派生性、从属性和依附性，否则，公众身份就发生了转化，公众成为公务人员，亦即完全的公权力行使者，不再是与行政机关相对的参与行政的公众。如此，公众行政参与权的行使与实现必须依仗政府保障义务，如公众参与行政活动需要行政机关开放行政之门，公众参与行政活动后表达行政意见和诉求需要行政机关提供机会和途径，并且聆听和接受，意见表达后能否影响行政决定需要行政机关处理和采纳等。

当然，公众行政参与权具有对政府保障义务的依附性，并不能否认行政参与权与行政权的相互依存性，二者具有主体间性。行政权行使的合法性与正当性也受行政参与权的影响。行政参与权不但对行政权具有约束力，影响行政权的行使和效力，而且能约束政府行使行政权必须履行保障公众行政参与权的义务，否则，行政权的行使会失去正当性，甚至无效。[28] 而且行政参与权的这种约束力不同于一般权利的效力，它具有一定的权力性，这也是行政参与权的特殊性质，以下即作专门阐述。

六、权力性

行政参与权是公众享有的参与管理国家行政事务的权利，是公民政治参与权在行政活动中的延伸与具体化，是人民主权一定意义上的复归，与源于人民主权（授予）的公权力具有同源性。行政参与权是社会公众以"主权者身份"参与公共行政的一种民主权利，具有一定的公权力的公共性、意志性、强制性和义务性等属性。这又说明公众行政参与权与公权力具有一定的同质性，这是公众行政参与权权力性的主要内涵。

1. 行政参与权具有公权力的公共性。公众行政参与权的行使主体、对象和目的也具有公共性，有些学者也把公众参与谓之公共参与。[29] 第一，公众行政参与权的权利主体是社会公众，包括公民和社会组织，如果还原其主权者身份则都为公民，因为这里的社会组织都是指由中国公民组成的组织。马克思曾把公民称为"公人"，并将其定义为参与社会政治共同体亦即参与国家公共事务的政治人。[30] 此时，参与行政活动的公民是具有公共性的权利主体，既享有参与国家事务的权利，又负有

---

〔28〕 我国已有不少法规范对此作了明确规定，如《行政处罚法》《辽宁省行政执法程序规定》等。

〔29〕 参见徐文新：《专家、利益集团与公共参与》，载《法律科学》2012 年第 3 期；张善根、李峰：《法治视野下公民公共参与意识的多因素分析——基于上海数据的实证研究》，载《北方法学》2015 年第 2 期；刘振磊：《自媒体时代公共参与的多元图景与路径选择——从地方危机信息管理的视角》，载《行政与法》2014 年第 8 期。

〔30〕 参见郭道晖：《公民的政治参与权与政治防卫权》，载《广州大学学报》2008 年第 5 期。

维护行政秩序和促进行政公正的义务;既可以表达和争取个体权益,也应当是公共利益的维护者。第二,行政参与的对象是公共行政,亦即公共事务的管理,不管是参与行政立法、行政决策,还是参与行政执法,其对象的公共性都不言自明。第三,赋予公众行政参与权的目的也具有公共性。当然,公民参与行政活动也有个人利益诉求的动机,但是公民即使因个人利益诉求参与公共行政,也需要收缩一定的个人诉求,需在维护公共利益和公共秩序的基础上实现个人利益。

2. 公众行政参与权具有一定的公权力的意志性。德国学者马克斯·韦伯认为,"权力意味着在一种社会关系里哪怕遇到反对也能贯彻自己意志的机会,不管这种机会是建立在什么基础之上"[31]。美国学者彼得·布劳则认为,"权力是个人或群体将其意志强加于其他人的能力"[32]。以上学者对权力的描述表明,权力主体行使权力的目的之一表现为极力推行自己意志,并通过影响甚至支配他人意志,贯彻自己意志。公权力具有这种强烈的意志性。公众行使行政参与权,主动参与行政活动,不仅要表达自己对行政事务的意愿,更要贯彻自己的意愿,实现自己的诉求,将自己的意愿融入行政机关的意志,约束行政机关在作出决定时能采纳其意见与诉求,甚至能够参与行政决定,从而左右行政机关意志,使其做公众希望行政机关做的事,而不做公众不希望行政机关做的事,最终形成反映公众意志的行政决定。这无疑显现出行政参与权具有一定的公权力的意志性。

3. 公众行政参与权具有一定的公权力的强制性。达尔的"直觉意义上的权力观"曾把权力描述为:A 拥有支配 B 的权力在某种程度上就是他能够使 B 去做某些 B 自愿情况下不会去做的事情。[33] 这无疑揭示了

---

〔31〕 [德]马克斯·韦伯:《经济与社会》(上),林荣远译,商务印书馆 2006 年版,第 81 页。

〔32〕 [美]彼得·布劳:《社会生活中的交换与权力》,孙非、张黎勤译,华夏出版社 1988 年版,第 137 页。

〔33〕 参见[美]史蒂文·卢克斯:《权力:一种激进的观点》,彭斌译,江苏人民出版社 2008 年版,第 3 页。

权力对他人意志和行为的强制力量。而从法律维度而言,权力的强制性又表现为具有强制他人履行法定义务的能力,正如帕森斯所言,权力是一种保证集体组织系统中各单位履行有约束力的义务的普遍化能力。[34] 公权力具有这些强制性,公权力的强制性是保障公权力机关分配利益、定分止争的权威性和确保社会主体义务履行的必要的权力品性。公众行政参与权也具有一定的公权力的强制性。公众行政参与权的强制性主要体现为能迫使行政机关履行满足公众行政参与权的义务,亦即有"权力之保证义务主体履行义务的能力"。公众行政参与权这种内在的强制性迫使行政机关必须履行相应的保障义务。如果一些行政机关置法律职责于不顾仍不履行相应义务,那么,为了保障公众的行政参与权,在应然层面上,享有行政参与权的公众应当具有申请法定机关强制行政机关履行义务的权利,亦即公众行政参与权也具有一定的外在强制力。当然,这种强制主要是行政参与程序上的强制,对应行政机关的程序性义务,如启动行政程序、通知参加行政程序、提供表达意见的途径与方式、对意见进行收集和回应等。而对于实体性参与权不宜赋予这种强制执行力,亦即不得直接强制行政机关采纳公众意见,公众也不能强行参与行政决定的作成。但若公众合法合理意见获采纳权和参与决定权等实体性参与权受到行政机关阻止而不能实现,公众可以通过行政复议或行政诉讼途径使其获得强制执行力,这就是上述一般权利所具有的"法律上的力"。

4. 公众行政参与权蕴含一定的公权力的义务性。国家权力又谓之国家职权,职权当然包含职责,当公民把权力让与国家时,同时也约定了国家承担维护公共利益和公共秩序以及保护公民合法权益的职责,也即国家权力具有职责性。这种职责的具体化,就是国家机关行使权力时应履行的义务。我国有行政法学者认为行政职权中的行政职责具有义务性,并将其界定为"行政主体在行使行政职权、实施行政活动过程中应当

---

〔34〕 参见[美]帕森斯:《现代社会的结构与过程》,梁向阳译,光明日报出版社 1988 年版,第 96 页。

履行的法定义务”,具体表现为行政主体必须以作为或不作为保障某种行政管理目标和社会公共利益得以实现的法律约束手段。[35] 如上所述,公众行政参与权不同于一般公民权利,很多情况下都是为了维护公共秩序和促进公共利益,即使因个人利益诉求而参与行政,也应当在促成行政正当性和公共利益目的的基础上实现个人利益。后者也就是公众行使行政参与权应当受到的法律约束,亦即必须遵守的法定义务。日本著名行政法学者美浓部达吉认为:人民的参政权在为国家一分子的各人民个人看来,当然是自己的名誉,自己的利益,但那绝不是单为个人的利益,而是同时从国家的利益出发,认为人民参加公务为适当才使之成立的,所以参政的权利,同时又必然带有参政的义务的性质。自治行政权亦具有同样的性质,既为权利而同时又为义务。[36]

但公众行政参与权本质上是权利,其权力性存在目的、意志、强制上的限界。其一,公益目的之限制。公益目的是权力合法性与正当性的基础。[37] 同样只有具有公共利益目的之行政参与权才具有权力性。其二,意志之限制。在行政参与中,公众意志只能融入行政机关意志与其形成合意,而不能取代行政机关意志,不能凭公众的单方意志决定行政事务。而且在紧急状态下,行政机关可以排除参与行政的公众意志的影响,尤其是公众意志的支配力。为了维护公共秩序和公共利益,政府的行政紧急权力具有扩张性和程序的简化性等属性,能够中止、限制或变通执行公民的某些基本权利,并特别强调程序的高效和简便。[38] 这就意味着行政机关在紧急状态下作出行政决定时可以排除行政参与权意志的影响,当然,紧急状态消除后,应当恢复公众行政参与权的行使。其三,强制之限缩。公众行政参与权的一般权能只限于程序的强制效力,而且需要保留政府最终决定权的权威,参与权的权能不得超越政府权力

---

〔35〕 参见莫于川:《行政职权的行政法解析与建构》,载《重庆社会科学》2004 年第 1 期。

〔36〕 参见[日]美浓部达吉:《公法与私法》,黄冯明译,中国政法大学出版社 2003 年版,第107～108 页。

〔37〕 参见刘正泉、敖双红:《论公益与私益关系的定位》,载《求索》2005 年第 5 期。

〔38〕 参见戚建刚:《行政紧急权力的法律属性剖析》,载《政治与法律》2006 年第 2 期。

的强度。紧急状态下，同样基于公共利益目的的优先性，公众行政参与权失去强制性。其四，强制执行行政参与之限制。首先，不能赋予享有行政参与权的公众直接强制权；其次，如上文所述，申请强制执行也只限于政府机关程序性义务的履行，而不适用于实体性义务的履行。

行政参与权之权力性凸显了公众的行政参与主体地位，反映了公众的主权者身份，提高了公众作为行政参与主体的法律地位。而且行政参与权的权力性意味着公众行政参与权具有一定公权力的意志性与强制性，从而提升了公众与政府的博弈能力，使公众能够在行政活动中表达意志并影响行政机关意志，且约束行政机关作出反映其意志的行政决定，对行政权的行使既能进行程序约束，又能产生实质影响，有利于强化政府保障公众行政参与权的义务与责任。

第三节　行政参与权的权能内容

行政参与权是对公众参与行政活动权利的高度概括，蕴含了实现行政参与目的所需的丰富权能内容，学界对此也有探讨，但尚未完整而又精辟地表达和阐明。本节首先对现有相关探讨稍作反思，在此基础上阐明行政参与权的权能意涵及其丰富内容。

一、行政参与权内容已有观点的反思

把公众参与公共行政的权利概括为行政参与权在学界已基本达成共识，而行政参与权具体包含哪些权利内容，学者也进行了一些有价值的探讨与阐述，但观点各异。有的学者认为行政参与权包含参加国家行政管理、参与行政程序、了解行政信息三项内容[39]；有的学者认为行政参与权具体包括直接参与管理权、了解权、听证权、行政监督权、行政协

〔39〕 参见胡建淼：《行政法学》，法律出版社2003年版，第135页。

助权[40];还有学者认为行政参与权包含获得通知权、陈述权、抗辩权、申请权[41];更有学者认为,行政参与权的内容包括发起权、知情权、表达权、获平等对待权和防御权[42];也有学者指出,行政参与权应当是同时包括知情权、管理权、表达权和监督权在内的复合权利[43];另有学者分别从程序和实体两个方面把行政参与权内容划分为行政程序参与权和行政管理参与权,其中,行政程序参与权又包含获得通知权、陈述权与抗辩权、申请权及要求回避权,行政管理参与权又分解为监督行政权、行政协助权、了解信息权及参与行政立法、行政决策的权利[44];等等。

以上学者从不同角度对行政参与权的内容进行了提炼与概括,揭示了行政参与权的丰富内涵,这对分析与把握行政参与权的权能内容具有重要的参考价值。但以上学者的阐释存在以下四方面问题。

1. 权利范围泛化以致混同相关权利

这是学者对行政参与权内容较为普遍的误解。如不少学者把知情权、监督权、获平等对待权、回避权、申请权视为行政参与权的内容,有的甚至把行政相对人非针对参与权提起的行政复议和行政诉讼等救济权利也纳入其中,这未免太宽泛。知情权和监督权与行政参与密切相关,知情权是行政参与的前提性权利,而监督权是行政参与的补救性权利,但知情权和监督权,不是严格意义上的行政参与权的权能内容。[45] 具

---

〔40〕 参见周佑勇:《行政法原论》,中国方正出版社 2005 年版,第 38 ~ 39 页。

〔41〕 参见章剑生:《论行政相对人在行政程序中的参与权》,载《公法研究》2004 年第 2 辑。

〔42〕 参见李卫华:《行政参与主体研究》,法律出版社 2012 年版,第 142 ~ 151 页。

〔43〕 参见莫于川:《公众参与潮流和参与式行政法制模式——从中国行政法民主化发展趋势的视角分析》,载《国家检察官学院学报》2011 年第 4 期。

〔44〕 参见蒋润婷:《行政法视阈下的参与权解析》,南开大学出版社 2017 年版,第 73 ~ 81 页。

〔45〕 从广义上而言,公众对行政信息的了解以及对行政活动的监督也可以认为是公众对行政活动的参与,因而行政知情权和监督权可以称为广义的行政参与权,但由于它们不是行政参与行为本身蕴含的权利,因此,并非严格意义上的行政参与权的权能,行政参与行为本身蕴含的权利才是严格意义上的行政参与权,也可称为狭义的行政参与权。

体理由下文将详细论证。而获平等对待权是公众的一般性权利，不管是在行政参与法律关系中，还是在公众与行政机关的其他行政法律关系中，都应当受到行政机关的平等对待。回避权和申请权也是公众在一般行政法律关系中都享有的行政程序权利。

2. 权利范围狭窄而等同参加权和表达权

由于人们把行政参与一般理解为公众参加行政程序的行为，因此，往往把行政参与权简单狭义地解读为公众介入行政活动的权利，亦即只要公众介入了行政过程，实现了参加行政的资格，即意味着行政参与权得到了满足与实现。或者最多把行政参与展开为公众在行政过程中表达意见的行为，从而衍生出陈述、申辩等权利，而未能对行政参与权进行充分展开分析，去发掘行政参与在整个行政过程中所蕴含的其他权能要素。

3. 权能名称表达不精准

有些学者对行政参与权的权能名称表达较为笼统，只是字面扩展式阐释，如参加行政管理权；有的不够精练，如参加行政立法与行政决策权等；有的不够准确，如回避权、管理权、抗辩权等；有的权能内容之间有交叉重复现象，如将行政参与权解析为申请权与要求回避权、参与管理权与听证权等。

4. 未能发掘深度参与的实体权能

由于相当一部分学者把行政参与权理解为程序性权利，认为行政参与权的作用只是对行政主体的程序制约，故这些学者不会深入剖析并发现行政参与权的实体权能。而有些学者虽然认可行政参与权的实体性内容，但是他们只是笼统地将其称为参与行政管理权，也未能进一步发掘具体的实体权能内容。而这些实体性权能是公众深度参与必须具备的权利手段和力量，也是实现行政参与目的应当具备的权能。

概言之，已有研究对行政参与权内容的阐释不够准确、全面与具体，未能对行政参与各个环节所体现的权能要素进行既准确又全面的提炼与概括。因此，我们有必要对行政参与权的权能内容构成进行更加准确、全面、系统地分析和释明。

值得肯定的是，有学者将权能概念引入对行政参与权内容的分析，并对行政立法参与权的权能进行了较为准确的提炼和概括，认为行政立法参与权的权能涵括行政程序进入权、政见表达权、意见获合理回应权和合法合理意见获采纳权等。[46] 这虽然只是对行政立法参与权的权能的论析，但行政立法是公众参与的主要行政领域，具有代表性和典型性，故推而广之，可借鉴其分析路径，对一般意义上的行政参与权的权能内容进行阐释。

二、行政参与权权能的内涵

(一)权能的含义

权能是用来分析权利内容的概念。权利人欲实现权利利益及其他目的，需要使用有权利力量的权利手段，这些权利手段为权利本身所蕴含且得到法律的认可，在学理上，谓之权能。可见权能既是达致权利目的之手段和能力，又是构成权利内容的要素，故而权能又可表述为权能内容。如所有权蕴含占有、使用、处分和收益四项权能内容，权利人通过占有、使用、处分和收益等权利手段，生发权利力量，实现对所有物的权利目的，并获得权利利益。同样，行政参与权目的的实现也需要权利人具有相应权利力量的权利手段，也即行政参与权权能，下文便探析其具体意涵。

(二)行政参与权权能的意涵

根据权能的含义，不难定义行政参与权权能，概言之，行政参与权权能是指权利人为实现行政参与权之目的所具有的由行政参与权生发并得到法律认可的具有权利力量的权利手段。它们也是行政参与权的内容构成。从以上定义可以提炼出权利手段成为行政参与权权能的基本条件：(1)依附同一行为载体；(2)具有权利力量；(3)指向同一权利客体；(4)指向同一权利目的。具体而言，作为行政参与权权能的权利手段都蕴含于行政参与行为之中，能为参与行为所承载；都具有一定的权利

[46] 参见方世荣：《论行政立法参与权的权能》，载《中国法学》2014年第3期。

力量，能够对行政主体产生一定的约束力，约束其履行一定义务；都作用于同一公共行政活动，包括行政立法、行政决策和行政执法等；都为了使行政结果能反映行政参与人的意志，从而影响和制约最终行政结果。

要理解行政参与权权能的具体意涵，还需正确理解行政参与的内涵，这要从释明“参与”的含义开始。“参与”由“参”和“与”构成。“参”乃“参加”之意思，亦即“置身其中”；“与”意指“行为主体间的互动”，包括相互沟通、交涉、协商等，最终形成主体之间意志的相互影响。“参”和“与”结合起来，是指参与人不但置身事中，还对参与的事有所作为，且与主事者（主持者）之间有互动和影响。例如，某教师参与了教学计划的制订，那么该教师不但介入了教学计划的制订过程，而且一定提出了相关建议，最终的教学计划有其意见的反映：或者主持者在教学计划中吸纳了他的合理建议，或者他与主持者共同完成了教学计划的制订。就行政参与的内涵而言，则意味着参与人不但介入了行政活动过程，而且与行政主体之间有互动。但行政参与不同于一般参与，它是一个权利行为，在这个互动过程中，参与人要实现行使行政参与权的目的，亦即影响和制约行政结果，使行政结果能反映参与人的意见或诉求。因此，行政参与人介入行政过程后，进而要表达行政意见与诉求，要求行政主体进行答复，采纳其合理意见和诉求，甚至能与行政主体共同作出行政决定，以达到影响行政结果的目的。行政参与人介入行政过程、表达行政意见（诉求）、要求回复和采纳行政意见等一系列行为，都是行政参与行为所蕴含的参与手段，或者说它们都是行政参与行为的构成部分。而且介入行政过程的手段能够约束行政主体开放行政，吸纳公众参加行政；表达行政意见的手段能够约束行政主体广开言路行政，倾听公众意见；要求回复行政意见的手段能够约束行政主体对参与人的意见和诉求进行回应；要求采纳行政意见的手段能够制约行政主体确保最终行政结果反映参与人合理的意见和诉求。这说明这些行政参与所蕴含的上述参与手段都具有一定权利力量，并共同致力于参与目的之实现。故而，它们构成行政参与权的权能。

以上公众参与行政过程的行动能力和手段基本上是一个由弱到强

的过程，而对行政活动的影响则是由浅入深的过程，这些能力和手段皆应成为行政参与权具备的权能内容。行政参与要取得实效，形成对行政权的制约和积极影响行政活动，必须对公众充实这些权能内容，由此由浅入深依次形成行政参与权完整的权能链条和内容体系。

（三）广义行政参与权权能的意涵

在行政参与活动中，有些权利手段与行政参与相关，并有助于实现参与目的，很容易被误认为是行政参与权的内容，如行政知情权、行政参与监督权等。如前所述，不少学者也有这种认识。但是根据行政参与权权能内容的构成标准，这些权利（手段）不是严格意义上的行政参与权内容。虽然这些行为指向同一公共行政，也具有权利力量，有助于实现参与目的，但由于它们不是行政参与本身所蕴含和承载的权利手段，所以不是行政参与权本身的内容要素。然而，这些权利对实现行政参与目的具有不可或缺的作用，可以称为广义的行政参与权权能，所以，有必要对其内涵和作用进行探析。

1. 行政知情权

行政知情权即行政信息了解权，是指公众对政府在行政过程中产生、制作、收集、获得或拥有的信息享有知悉、明了和获取的权利。从公众了解行政信息的角度来看，行政知情权也可视为广义的行政参与权。

行政知情权源于公民知情权。知情权是公民的基本权利，我国宪法虽然没有明文规定公民知情权，但可以从宪法规定的人民主权原则以及公民言论自由权和监督权等基本权利中解释和推演出来。而行政知情权是公民知情权的一部分，是公民知情权在行政领域的体现。行政知情权与行政参与密切相关，了解和知晓行政信息是行政参与的前提和基础，亦即所谓“知政才能参政”。例如，某公民欲参与政府某项行政决策，对其提出决策建议，首先必须知道政府是否作出和何时作出该项行政决策，该公民才能介入此行政决策程序中，而且还需进一步知道该行政决策的基本内容，才能有针对性地提出自己的意见和诉求，如果不知道该行政决策作出的时间、内容等信息，公众是无法参与其中的，也不能对其提出合理的建议，当然也就无法影响和制约行政决策的结果。可见,行政信息公开是公众有效参与的先决条件,从权利维度则说明行政知情权是行政参与要求公众享有的前提性权利,它能约束政府履行公开行政的义务(行政信息公开的义务),从而使行政参与成为可能。

虽然行政知情权是行政参与的前提性权利,行政信息了解行为是行政参与权目的实现的重要手段,但行政知情权却不是行政参与权的权能构成。主要原因是行政信息了解行为不是行政参与行为所蕴含和承载的一部分,亦即行政参与行为不包括行政信息了解行为。为阐明这一问题,同样可借上文所述教师参与教学计划制订的事例加以说明。参与教学计划制订的教师当然要了解该教学计划的制订信息,包括教学计划制订时间、基本方案和要求等,才能参与其中。但是这位教师说"我参与了教学计划制订",其意涵包括他介入教学计划制订过程、提出了相关建议或直接编写了计划内容的一部分,而他对教学计划信息的了解不在此列。了解教学计划制订情况,只是参与计划制订的前提条件,显然不是参与制订教学计划行为本身,而是独立于参与教学计划制订之外的行为。同理,公众参与某项行政规划的制订也是如此,诚然,公众需要了解行政规划的基本信息,才能参与行政规划的制订,但了解行政规划信息并不是参与行政规划的一部分。

但由于行政知情权是行政参与必须具备的前提性权利,而且从宏观上来说,公众了解行政信息也是置身公共行政之中,同时从权利力量而言,具有约束政府履行公开行政义务的作用,这对于公众行政参与权的保障至关重要,所以,把行政知情权视为广义的行政参与权权能也并无不可。

2. 行政参与监督权

行政参与监督权,是指公众对政府行政活动中的违法履行公众参与义务(含不履行义务)行为提出批评、改进建议,以及进行检举、控告和申诉的权利。它主要是监督行政机关及其工作人员是否履行公众参与义务,既包含公众对政府违法履行公众参与义务行为的检举、批评与改进建议,又包含当事人对此提起的行政复议和行政诉讼。

行政参与监督权源于公民监督权。公民监督权是基本权利,我国

《宪法》第41条明文规定了公民对国家机关及其工作人员的违法失职行为的批评建议权、检举权、控告权、申诉权以及造成损害的请求赔偿权，且明确了国家机关的查处义务。公民监督权及于所有国家公权力活动，其中包括国家行政机关的行政活动。

行政参与监督权又区别于行政监督权。行政监督权是对一般违法行政行为的检举权、控告权，以及对给当事人合法权益造成损害的违法行政行为的申诉权和请求赔偿权；而行政参与监督权是对政府是否履行公众参与义务的监督，其中主要针对政府不履行满足公众行政参与权的义务。有学者把行政监督权当作狭义行政参与权的内容。〔47〕这是没有严格区分行政参与与行政监督的内涵。严格意义上的行政参与是指参与行政决定形成过程，从而影响行政结果；而行政监督虽然蕴含对行政过程的监督，但主要意指对已形成的行政结果的监督。所以严格地说，行政监督权，包括行政参与监督权在内，都不是狭义行政参与权的权能。但从宏观上来说，对行政机关履行满足公众参与义务行为的监督也可视为置身行政活动之中，也是对行政活动的参与。所以，行政参与监督权可认为是广义的行政参与权权能。而且行政参与监督权对行政参与权的实现具有救济保护作用，是行政参与的补救性权利，它能约束政府接受公众监督，对违法履行义务行为进行查处，对未履行保障公众参与义务行为进行补救。

三、行政参与权的基本权能

对照行政参与权权能的构成要件，为区别于上述行政参与的前提性权利和补救性权利等广义行政参与权的权能，可将“行政参与行为本身所蕴含的实现行政参与权目的之权利手段”称为行政参与的本体性权能，也是狭义行政参与权。而本体性权能又可按照其性质、作用等差异划分为基本权能和加强权能两种类型。基本权能是行政参与权的基本内容，它们是行政参与最基本的权利能力和手段，包含行政活动介入权、

〔47〕参见李国旗：《论行政决策中的公众参与权》，载《理论与现代化》2012年第5期。

行政意见表达权、意见获合理回应权、合法合理意见获采纳权等。加强权能，亦可谓之特别权能，是为了促进与保障行政参与对行政活动的实质影响，而特别赋予具有参与资格的公众之权能，以增强参与主体的行政参与能力，包含参与决定权和参与实施权。在此先具体阐释行政参与权的各项基本权能。

（一）行政活动介入权

行政活动介入权，是指具备一定资格条件的公众有机会和能力进入行政过程，参加行政活动。能介入行政活动过程中，是行政参与的开端，是行政参与行为的第一步，是实现行政参与目的之首要手段，犹如所有权人实现权利目的需先占有所有物一般。因此，它是行政参与权最基本的权能内容。其权利力量表现为，能约束行政机关必须开放行政，并为公众创造和提供各种参与行政的机会和途径。可见，这一权能首先决定公众是否有机会或可能参入行政活动，亦即意味着行政参与有无可能，是公众实现参与行政目的之基本前提。

公众是否具有行政活动介入权由公众的参与资格决定。参与资格是指公众参与行政活动应当具备的身份条件。一项权利之所以成立，是为了保护某种利益，而提出利益主张要有凭据，即要有资格提出要求。[48] 行政参与权的成立也是为了保护某种利益，也需要有资格提出要求，这种资格首先决定公众是否具有行政活动介入权。行政参与权源于公民的参政权，是公民参政权在行政活动中的具体化，而参政权是公民的基本政治权利，除了被依法剥夺政治权利的公民外，人人都享有平等的参政权。因此，一般情况下，公众都应享有参加行政活动的资格，当公民被剥夺政治权利后，则不具有参与与个人利益无涉的国家行政事务的资格，但仍具有参与自己作为行政相对人的行政活动的资格。可见，参加行政的资格具体又分为两种情况：一是公众自身利益与行政活动有关，这些公众是行政活动的行政相对人，具有当然的参与资格；二是公众

〔48〕 参见夏勇主编：《法理讲义——关于法律的道理与学问》（上），北京大学出版社2010年版，第331页。

出于维护公共利益目的而参与国家行政管理活动,这是基于公益目的之参与资格,此时参与行政的公民代表应当享有政治权利。

按照公众介入行政活动方式的不同,行政活动介入权包括公众被行政机关吸纳加入行政活动的权利——行政活动加入权和公众主动发起行政活动的权利——行政活动发起权。

1. 行政活动加入权。行政活动加入权是指行政活动由行政主体发起后,有参与资格的公众所具有的参入该行政活动过程的权利力量。这种权利手段又有两种具体方式,一种是公众直接加入,另一种是公众申请加入。行政机关启动某行政活动后,一般情况下具有参与资格的公众无需行政主体批准,便可直接参入行政过程,发表行政意见。如行政执法的相对人在行政活动发起后,便能参入其中,进行陈述和申辩等;而行政立法和行政决策程序启动后,若行政主体通过网上政务平台、电子邮箱以及部门单位信箱等方式面向社会公开征集意见,公众也可直接介入其中并提出行政建议。但行政主体启动行政立法和行政决策程序后,若没有面向社会公开征集意见,而是采取听证会和座谈会方式听取民意,此时,基于参加听证会和座谈会的人数限制,则公众需向发起行政活动的行政主体提出申请,得其认可后,方能参入行政活动。

行政活动加入权的权利力量表现为:行政机关应当公开行政活动启动的时间、场所和初步方案;通知意见征集的方式、时间范围以及意见发送平台;通知具有参与资格的公众参加座谈会、听证会、论证会的时间、地点以及申请时间、方式和条件等;不得以“闭门行政”和“暗箱操作”等方式排斥公众参入已发起的行政活动。

2. 行政活动发起权。行政活动发起权,也可称为“行政创意权”[49],是指公众享有启动涉及公共利益的行政立法、行政决策、行政执法程序的建议权,是充分体现公众公共治理主体地位的权利。传统行政基本都是由行政主体发起行政活动,尤其是行政立法与行政决策,相对人除了

---

〔49〕 具体论述可参见关保英:《论行政相对人的行政创意权》,载《华东师范大学学报(哲学社会科学版)》2005 年第 3 期。

在依申请的行政执法行为中,可以主动申请启动行政活动外,其他行政活动都只是被动地参加。但是这种申请不是这里所指的作为行政参与权的行政活动发起权,只是特定公民纯粹的程序性行为,因为它对行政主体的约束一般只是简单的受理义务,而且仅存在于行政执法活动中,且申请人是特定的行政相对人,是为了维护个体利益。而在参与式行政中,社会公众基于维护公共利益的目的,既可以提起行政立法与行政决策议案,也可以申请启动某项行政执法。例如,公民提议有行政立法权的市政府对城市电动自行车进行立法管理——行政立法发起权;建议出台行政规范性文件治理城区基建噪声问题——行政决策发起权;建议市场监督管理局对某企业制造伪劣产品的违法行为进行严厉打击——行政执法发起权。只要公众行政活动的动议有理有据且切实可行,政府机关就应当受理,并启动相应的行政程序。可见,行政活动发起权的权利力量表现为,行政主体应当启动公众提议的合理可行的行政活动。在参与式行政中,赋予公众行政活动发起权可以推动政府积极行政,防止行政主体怠于履行职责甚至不作为,同时能充分调动广大社会公众参与行政的积极性,更好地配合政府行政,提高行政效率。当然,公众的行政活动发起权的行使条件要严格限定,公众提出启动任何行政活动的建议都必须附上在经过调研的基础上充分论证其必要性与可行性的书面建议稿。而行政活动启动后的主导者仍是行政机关,公众则享有其他的参与权的权能。

(二)行政意见表达权

行政意见表达权,是指介入行政活动的公众为维护自身合法权益或者促进公共利益对行政事务提供行政信息、表达行政建议或提出利益诉求的权利。公众无论是参加政府发起的行政活动,还是自己行使发起权后启动的行政程序,一般要表达有关行政活动的意见,包括提供行政知识和信息、发表行政建议和提出利益诉求等,否则,公众只是参加行政的旁观者或旁听者,参与只是停留在浅度意义上的出席层次,而不是实现利益目的之实质参与。虽然行政活动介入权约束行政主体履行公开行政且吸纳公众出席行政的义务,从而对行政权会有一定的监督作用,但是没有表达就没有沟通、协商与博弈,也不可能与政府形成良性互动与合作,也就无法形成行政的综合意志,并影响行政决定的作成。因此,行政意见表达是行政参与权必须具备的权利手段,也是行政参与行为的基本组成部分,是行政参与权蕴含的实质性权能。公众行使行政意见表达权标志着行政参与开始进入实质性阶段。

行政意见表达权的具体内容包括公众对有关行政事实和利益诉求的陈述权,对行政活动方案的建议权,对行政主体在行政执法中提出的不利指控或作出的不利决定的申辩权,以及对行政机关拟作出的涉及行政相对人重大利益或者涉及重大公共利益等事项的行政决定的听证权等。

行政意见表达权的权利力量表现为,公众行使行政意见表达权时,能要求行政主体在吸纳公众参入行政的基础上,广开言路,征集民意,并倾听民意。从反向要求而言,行政主体不得堵塞言路,甚至打击报复公众的谏言行为。

(三)意见获合理回应权

意见获合理回应权,是指参与人要求行政机关对其提出的行政意见予以合理回复的权利。[50] 公民表达是公民直接或间接的以政府为对象的表达行为。[51] 行政参与人表达行政意见的对象是行政机关,意见表达后,需要知悉行政机关是否听到(当面口头表达)或看到(间接书面表达)意见以及接收意见后的处理情况,亦即行政机关应当对参与人的意见进行回应和反馈。这也是行政参与的应有意涵,行政参与是行政参与人与行政机关之间的互动,应有双方的意见交流,甚至交涉和博弈。而不是行政参与人单方表达的自说自话,行政机关可以不予回应,这不是完整意义的参与,也无法实现参与行政的目的。因此,要求行政机关对行政意见进行回应是行政参与行为必备的手段,是行政参与行为互动性的体现,也是实现行政参与权目的之重要手段,构成行政参与权的权能

[50] 参见方世荣:《论行政立法参与权的权能》,载《中国法学》2014 年第 3 期。
[51] 参见侯建:《论对公民表达的政府回应义务》,载《法学》2013 年第 11 期。

之一，使行政参与目的之实现更进一步。其权利力量在于约束行政主体必须对参与人的建议和诉求等进行合理回复，告知是否收到意见以及意见是如何处理的，而不能对其不予关注和反馈。

意见获合理回应权的内涵较为复杂，可从以下几方面进行理解：(1)权利主体为提供行政信息（知识）、发表行政建议和提出利益诉求的行政参与人。(2)义务主体为开展行政立法、行政决策或作出行政决定的行政主体。(3)权利内容涵括参与人要求行政机关告知是否接收到行政意见，接收行政意见后是否采纳，以及若未采纳行政主体则还需向参与人说明未采纳的理由。(4)合理回应的要求。其一，回应对象合理，一般而言，参与人有表达，行政主体就应当有回应，但有时参与人数庞大，如网络公开征集意见，则考虑行政成本问题以及回应的必要性问题，可以按照意见分类统一回复。其二，回应时间合理，基本要求是回复应当及时，能当场回复的则当场回复，涉及重大复杂问题需要调查研究的，也应当在行政结果形成3日前进行反馈，亦即在行政结果形成前，留给参与人申诉补救的机会。其三，回应方式合理，总体上行政机关应以行政参与人容易知悉的方式予以回复，如当面告知，不能当面告知的，可电话告知、电子邮件告知、政务平台统一回复、送达书面反馈通知书等。其四，回应内容合理，内容应当真实、全面和准确，包括是否接收到参与人意见、接收时间、参与人意见内容概要、处理意见和理由等。其五，回应态度诚恳，应本着尊重参与人的态度，认真研究参与人意见后，给予负责任的回复，让参与人感受到其行政意见是被认真对待的。

（四）合法合理意见获采纳权

合法合理行政意见获采纳权是指社会公众真实、合法、合理的行政建议与利益诉求有权得到行政机关的采纳。[52] 真实是指参与人表达的行政意见是出于自己的真实意思表示，提供的行政信息和知识是客观存在的，提出的建议和利益诉求具有事实根据；合法是指参与者的意见符合法律原则和法律规定；合理则是指参与者的意见有事实根据和充足理

---

〔52〕 参见方世荣：《论行政立法参与权的权能》，载《中国法学》2014年第3期。

由,或者是经正当的程序而产生。该权利的权利力量体现为约束行政机关必须采纳参与者的合法合理意见。合法合理意见获采纳权是行政参与产生实效的重要标志,也是民主行政的实质体现。参与人若不能要求行政机关采纳自己的真实、合法及合理意见,则参与者的民意表达即使获得了行政机关的回应,但是行政机关并没有吸收和采纳,不能影响行政行为的结果,从而使行政参与权失去促进或制约行政行为的功效,亦即行政参与使行政结果融合民意之根本目的就会落空。因此,公众要求行政机关采纳合法正当意见的行为是行政参与行为蕴含的重要内容,是行政参与人与行政机关形成共同行政意志的根本标志,是行政参与权的重要权能,是行政参与权作为民主性权利的本质所在,也是实质参与和形式参与的分水岭。

对于公众合法合理意见获采纳的权利,行政机关应当做到下列基本要求:作出行政决定必须吸收和反映参与人真实、合法、合理的意见,或者要以参与人真实、合法、合理的意见为根据;行政机关对行政参与人的行政意见不能“听而不取”,没有吸纳的建议或诉求,应当向参与人说明理由。

四、行政参与权的加强权能

公众享有并实际行使行政活动介入权、行政意见表达权、意见获合理回应权以及合法合理意见获采纳权等行政参与基本权能后,一般情况下,行政结果也就反映了民意和诉求,行政参与的目的及功能将得以实现。但是,在有些特殊情况下,政府还需满足公众的特定参与权,行政参与的实效才可能完全体现。这种特定参与权可谓之加强权能,也可称为特殊权能,主要包括参与行政决定权和参与行政决定实施权。

(一)参与行政决定权

参与行政决定权,可简称参与决定权,是指公众参与行政事项的决定环节并对行政决定产生影响的权利。如前所述,该权能不是任何行政参与都必须具备的权能,而是在一些特定行政参与情形下赋予公众的加强之权。其适用情形包括两大方面:一是重大行政决定需要公众代表参入予以监督，使行政机关最终能够吸纳前期公众参与已表达的民意，以作出公正合理的行政决定，如选派公众代表出席政府的表决会议[53]；二是在行政决策影响公众多方利益而行政机关客观上又难以作出均衡各方利益的决定的情形下，各利益代表具有参与该行政决策决定环节的权利，此时，既可由各利益代表与行政机关协商决定，也可采取各利益代表直接表决的方式。[54]

参与决定权是公众最具实质意义的行政参与权的权能，也是最深层次的公众参与的标志，其满足能使公众参与真正产生实效，行政决定真正反映民意，从而实现公众意志与行政机关意志的融合，实现个体利益与公共利益的双赢。如果符合公众参与决定权的行使条件，则行政机关应当对其予以尊重、接受和满足。这是政府的合意决定义务，也是公众参与决定权对政府决定权的一定制约。

诚然，公众参与决定权要求行政决定是政府机关与公众的综合意志的体现，要求政府不能单方作出决定，应当吸纳公众意见作出行政决定。公众参与行政决定的方式包括出席行政机关表决会议、与行政机关协商决定以及特别情况下的直接表决。但是不管采取何种参与决定方式，在作出行政决定时，政府享有最终的决定权，否则就会陷入无政府主义。

（二）参与行政决定实施权

参与行政决定实施权，可简称参与实施权，是指公众（包含利害关系人）主动提出实施行政决定的建议，督促或协助行政机关顺利实施行政决定的权利。同样参与实施权的享有也需具备特定的条件：一是利害关系人在行政机关怠于实施已吸纳自己合理诉求的行政决定的前提下，参与跟自己利益相关的行政决定的实施；二是一些重要行政决定的实施需要公众协助执行，以提高行政决定执行效率；三是需要公众对行政决定

[53] 我国有的行政规范性文件对该项权利有所体现，并确定了决策部门相应的保障义务，如《安徽省人民政府重大行政决策公众参与程序规定》第15条、第16条、第17条、第18条。

[54] 该项权利得到了我国行政法制度上的确认，如《国有土地上房屋征收与补偿条例》第20条。

实施情况进行评价,以提高实施效果。[55]

参与实施权也是行政参与权的实质性权能内容,是公众享有完整的行政参与权的标志。行政决定的实施诚然离不开公众的参与,但是在传统行政法中,行政决定的实施只是强调公众对行政决定中义务的履行,没有强调公众通过主动积极地行使权利参与行政决定的实施。行政参与权语境中的参与实施是公民的权利而不是义务,公众履行行政决定的义务不属于参与实施权。在参与式行政中,符合法定条件的公众,享有参与行政决定实施的权利,公众能够主动提出实施行政决定的建议,或者对已实施的行政决定效果进行评价,协助和促进政府机关有效实施行政决定,并最终实现行政目标,同时在行政决定中自身的应然利益也得以实现,使公众与政府的合作行政取得最终的成功。因此,公众参与行政决定实施也是深度目的性的参与。同时公众享有参与实施权,要求行政机关履行积极与公众合作执行行政决定的义务,是对行政机关执行行政决定的监督与制约,能够促使其积极实施行政决定,防止行政机关不作为或迟延实施,从而保护公众的合法权益,并提高行政效率。

第四节 行政参与权的功能

权利的功能是指权利对权利人和义务主体的积极影响[56],其根本作用是对利益的维护和保障,主要表现为约束义务人履行义务。权利功能因权利性质不同而有不同表现。私法权利的功能表现为权利人对义务主体的防御,从而实现自身利益,主要约束私人义务主体,当然公权力机关对私人也有不得侵犯的义务。公法权利的功能主要约束公权力机关履行义务,其中,宪法权利即基本权利具有对国家机关的防御功能和

---

〔55〕 公众参与行政决定实施的评价在我国许多行政法制度中都有所规定,如《重大行政决策程序暂行条例》第 36 条,《浙江省重大行政决策程序规定》第 21 条,《山东省政府规章制定程序规定》第 29 条,《广州市规章制定公众参与办法》第 38 条。

〔56〕 参见王本存:《论行政法上的公法权利》,载《现代法学》2015 年第 3 期。

客观秩序价值，行政法权利则约束政府履行不得侵犯和积极保障义务。行政参与权属于行政法权利，但又具有综合性质，其特殊性质决定其对权利主体自身利益的影响和对行政权的作用，最终表现为对公共行政的影响。行政参与权蕴含多项具有权利力量的权能，这些权能一方面充实行政参与人的权利，使其具有强大的参与行政能力，实现对自身权益的维护；另一方面作用于行政机关的行政权，既能反向制约行政权，防止其恣意和擅断，还能与行政权形成合作，帮助行政权合法、合理、有效地行使，促进公共利益的实现。这样通过公众行政参与权的运用，对公共行政产生积极作用和影响，最终促进公共行政目标的实现，达致公益与私益的双赢。

一、塑造公众行政参与的主体人格和公共品格

（一）公众行政参与主体人格的塑造

在传统管制行政中，行政机关几乎完全垄断行政事务，并配置强大的行政权，行政权处于绝对优势地位，完全支配公民权。公民从属于行政机关，私益服从公益，公民完全失去行政话语权和利益博弈能力，沦为纯粹的行政客体，失去应有的主体性地位。在行政活动中，公民只能被动地服从行政命令和行政权的控制，虽然享有受益权，但获益的大小完全取决于行政机关的行政道德，而不能主动争取。久而久之，这种法律地位的不平等导致行政机关与公众关系的不和谐，也使公众慢慢习惯被动服从及获益的客体地位和臣民角色，从而失去参与行政的主动性和智识。这不但不利于保护私益，也不利于监督行政权和提高行政效率。

随着参与式行政的兴起，包括行政相对人在内的社会公众享有了行政参与权。一方面，行政参与权体现了人的主体性人格：在社会活动中，人是主体，而不是客体。以此推之，在行政活动中，公众不是行政管理的客体，而是行政活动的参与主体，具有参与行政管理的话语权。另一方面，行政参与权源于人民主权，是人民主权一定意义上的复归：反映了公众的主权者身份，表明了参与式行政中公众的治理主体身份。正如有学者所言：在个体成员的权利中隐藏着这样一种权力：它以主权者的身份

参与主权，形成共同体意志，并据此制定普遍性的法律，在这个意义上，权利中的权力因素得到显现，社会成员以主权者的身份登上舞台。[57]这种个体成员中隐藏着权力的权利即为公民的参政权。行政参与权是公民参政权在行政活动中的具体体现，也是这样一种隐藏着权力的权利，是公民以主权者的身份参与并影响行政活动的权利。因此，行政参与权是公众的主体性权利，这种权利使公众主体地位得到提升。首先，行政参与权使公众具有参入行政的权能，从而获得了与行政机关共同治理公共事务的主体人格，成为行政活动的主体，能够名正言顺地参与行政活动。其次，行政参与权使参与人具有行政过程中的政务话语权能，从而提升了行政相对人与行政机关的博弈能力，使参与人能够在行政活动中表达诉求，发表意见，平等地与行政机关进行对话、交涉、协商、谈判，并影响行政决定的作成。最后，行政参与权使公众具有监督行政的权能，可以在行政过程中对行政效果进行评价，对违法行政进行批评，对错误行政提出纠正，对重大明显违法行政请求撤销，从而形成对行政权的直接制约。可见，行政参与权具有的权能改变了传统行政中公众的消极、从属地位，大大提升了公众的主体地位，塑造了公众参与行政的主体人格。

（二）公众行政参与公共性品格的塑造

行政参与权是公众的民主性权利，体现了行政民主，其行使无疑是一种行政民主训练。在这场行政民主训练中，参与公共行政的公民不管是基于个人利益目的还是公共利益目的，都会体验个体与集体及个体之间的沟通和交流、私益与公益及私益之间的交涉和博弈。在这种多元主体和多元利益的互动场域中，参与人一方面通过行使参与权，表达并力求实现自己的行政建议和利益诉求；另一方面，也学会了让步、妥协、考量他人、顾全大局和合作共赢等，懂得了公共行政不只是为了某个人的利益，而是在维护公共秩序和公共利益的前提下，实现多元利益的均衡

〔57〕 参见湛中乐、肖能：《论政治社会中个体权利与国家权力的平衡关系——以卢梭社会契约论为视角》，载《政治与法律》2010 年第 8 期。

分配和平等保护。

行政参与权的享有不但使公众有了与行政机关进行平等对话和利益博弈的机会，并且有权利要求实现自己的行政意见或利益诉求，从而真切感受到其在行政活动中的参与主体地位。同时，行政参与实践会不断证明，公众的行政建议和利益诉求要被行政机关采纳，应以不损害公共利益（含公共秩序）和他人利益为前提，甚至还需有利于公共利益的实现，反过来，只要不损害公共利益和他人利益的合理诉求，行政机关也需采纳和保护。亦即最佳公共行政的利益博弈是正和博弈，达到公益和私益的双赢，而不是为了公共利益而牺牲个人利益，或者为了私利而损害公共利益。因为在公共行政中，公益与私益相互依存，互为目的，私益聚集公益，公益反哺私益。行政参与人经过持续有规律的行政参与实践后，会逐渐修正纯个人意识和行为，增强公共意识和行动，从而形成行政参与的公共性品格。

例如，公民参与某市政府养犬规定的制定，在市政府举行的有关禁养还是限养的座谈会上，参与的公民有不同的利益需求。在提出建议和诉求阶段，特别讨厌狗，甚至被狗咬过的参与人提出，城区应一律禁止养犬；特别宠爱狗、主张养犬是公民自由的参与人则认为，城区不应禁止养犬，也无需向主管部门登记。行政机关一方也有不同主张，有的仅从公共安全和公共卫生维护的角度出发，甚至考虑减少管理问题和降低管理成本，而提出城区一律禁止养狗；有的虽尊重公民的养狗权利，但主张征收高额管理费。在辩驳阶段，主张养狗者提出养狗自由的理由是：可以陪伴主人，减少孤独，对狗也是一种人道关怀；被狗咬过的公民则痛陈养狗的危害：容易造成他人身体伤害，还可能患狂犬病，使健康权受到威胁甚至危及生命，养狗人也可能被其他狗侵犯。参与人通过意见交锋和交流，设身处地，换位思考，觉得彼此诉求都有其合理性，有互相认同点，反复博弈和沟通后，会进一步明白，各自诉求要得到实现，只有各自退让，求同存异，达成共识，养狗需要限制条件，需要行政机关统一管理，才能既保护养狗者的法益，又能保护其他公民的利益。行政机关在这场公众参与中，则需要考量多种意见和利益保护诉求，既要保护反对养狗者的合法权益,又要尊重养狗人的权利和自由,还需维护公共利益和公共安全;既要考虑行政管理成本,又要顾及公民负担,从而平衡个人自由(利益)和公共秩序(利益)。最终,参与人与行政机关可能达成限养的共识:狗可以养,但为了公共安全和卫生,需要限定条件,进行登记,加强自我管理和部门管理,并征收一定的管理费。在参与人对行政参与权的行使过程中,最终参与人的正当利益得到保护和实现,而有些个人利益,为了公共秩序与安全需要,也受到一定抑制,从而实现公共行政中私益和公益的平衡。在这场公众参与中,参与人无疑受到教育:个人利益的实现需以维护公共利益为前提,个人利益受益于良好公共秩序的形成。就像养狗事件一样,如果不加以限制和管理,则养狗者也可能被其他养狗者的狗伤害;若禁止养狗,则可能导致不少狗流落街头,从而危及公共安全和市民安全,而特别宠爱狗者可能仍私下养狗从而增加行政管理的难度和成本。这种公共参与的教育使公众公共意识在行政参与权的行使过程中得到升华,公众行政参与的公共性品格无疑得到了锻造。

二、保护和实现其他权利

作为行政相对人身份的公众行使参与权是为了保护和实现自身权益。这些权益涵括自由权、平等权、受益权等,它们是相对人生存和发展的实体性利益基础。为了区别于行政参与权,可将前述权利称为相对人的本体性权利。根据行政为民的要求,对相对人的本体性权利,行政机关当然负有不得侵害和保护的义务。但是,由于行政权具有扩张性、侵犯性、任意性的内在基因,使行政权的侵害极为便利和容易。[58] 因此,必须加强对行政权力的监督与制约以保护公众权利。以司法权和事后补救性的方式对行政权力的制约,都有事后的不足,而赋予公众尤其是行政相对人在行政过程中的参与权,则可以在事先或事中来制约与抵制行政权的"入侵",从而保护公众的合法权益。公众通过积极主动地参

---

〔58〕 参见罗豪才、崔卓兰:《论行政权、行政相对方权利及其相互关系》,载《中国法学》1998 年第 3 期。

与行政活动,能独立自主地与行政机关进行信息交换、意见沟通和利益博弈,进而影响行政决定,监督制约行政权力,防止行政权力的侵害,保护和实现自己的利益诉求。公众通过参与行政立法或行政决策的权利,可以保障权利的第一次公平分配;通过参与行政许可、行政处罚等行政执法的权利,可以保障权利的第二次公平分配或不受损害。

具体而言,行政参与权蕴含丰富的权能内容,具有充权作用:其一,充实公众权能,使公众获得更强的参与行政的行动能力。这些权能都具有约束行政机关履行相应义务的权利力量,有利于保护和实现公众的正当权益。其二,行政参与权的权力性增强了公众权利行为的效力,除对行政机关具有一般约束力以外,还对行政机关具有一定的强制力,如在行政决策、行政许可、行政处罚中,行政相对人的听证权对行政主体就具有一定的强制约束力,相对人要求举行听证,行政主体就必须举行听证。《行政许可法》还规定了听证笔录的案卷排他制度,行政机关应当根据听证笔录,作出行政许可决定,即不按听证笔录作出的行政许可决定无效。这些参与权无疑加强了对行政权力的监督,对行政活动形成理性化制约,也保护了行政相对人的实体权利诉求。此外,行政参与权还具有与行政权的合作功能,公众一方面能通过行使行政意见表达权,提供行政信息、知识和利益诉求等,与行政机关进行沟通交流,为行政机关科学决策提供事实依据和社情民意,帮助和促进行政机关科学行政和合理行政,形成合作行政;另一方面行使合法合理意见获采纳权,说服行政机关采纳合理利益诉求,在不损害公共利益的前提下,使行政机关作出有利于实现自己合法权益的行政决定,获得行政受益。

三、监督制约行政权滥用

公民权利对公权力的监督作用主要通过约束公权力主体履行相关义务得以实现。公众尤其是行政相对人的其他权利也有监督制约行政权的功能,但这种监督要么间接性和事后性比较强,如相对人的行政复议权和行政诉讼权,其监督是在行政权侵害行政相对人的合法权益后,借助国家权力对行政权进行监督;要么监督的强度、深度和广度不够,如相对人申请权的监督作用在于约束行政机关的答复义务,这种答复义务只是浅度的受理或不受理的程序义务。

而行政参与权既有丰富的权能,也具有权力性的权利,它能约束政府必须履行满足行政参与权的义务。这种监督制约相比公众一般权利监督而言,其约束力更全面、直接、刚性和有效。尤其是它贯穿于行政活动全过程,防止行政权行使过程中可能存在的"暗箱操作"和恣意专断,并促使其公开行政、民主行政和合法行政。例如,行政活动介入权不但要求行政信息公开,而且要求行政权行使全过程公开,增加了监督的深度和广度;而行政意见表达权、意见获合理回应权、合法合理意见获采纳权聚集较为强大的权利力量,共同约束行政机关履行听取、回应和采纳的义务,既有程序约束,又有实体约束,既有深度,又有力度和广度;参与监督权则可在行政过程中要求行政机关纠错,无疑具有直接性和过程性。

具体而言,公众享有行政活动介入权后,行政机关必须履行开门行政的义务,监督行政权的公开行使,制约行政权可能发生的"暗箱操作";公众享有行政意见表达权后,行政机关必须履行倾听和反馈公众意见和诉求的义务,防止行政权不应该的单方恣意;公众通过合法合理意见获采纳权和参与决定权,使行政机关必须履行吸纳民意或者经过表决决定程序的义务,能够防止行政权可能出现的独断专行;参与监督权使公众可以在行政过程中对行政效果进行评价,对违法行政进行批评,对错误行政提出纠正,对重大明显违法行政请求撤销,从而形成对行政权的直接制约,促使其依法行政。

此外,行政参与权还具有防止行政机关不作为的监督功能。首先,公众的行政活动介入权所包含的行政活动发起权能够启动行政活动,从而使行政机关必须履行新的行政作为义务。例如,公众可以根据社会发展和自身利益保障的需要,提出行政立法和行政决策的议案,行政机关必须予以受理与答复,只要具有必要性和可行性,行政机关就应当将其纳入行政立法计划和行政决策计划,并启动行政立法和行政决策程序。其次,公众享有参与实施权后,行政机关必须及时履行执行行政决定的义务,可以制约行政权的不作为或迟延执行。

四、使行政权的作用得到优化

行政权作为一种支配力量,潜藏一定的扩张性、侵犯性、排他性、诱惑性和腐蚀性。[59] 行政权于国家和社会治理而言是必要手段,但其作用如一把“双刃剑”,既有积极面向,又有消极面向,使用恰当,对国家、社会和公民都有利,若无必要的控制和合理的运行机制,则会被行政机关误用甚至滥用,从而损害公民利益和国家利益。因此,需要抑制其消极作用,促进其积极作用。公众行政参与权就具有如此功能。

传统管制行政模式是以行政权为核心建构的,目的是保障行政管理效率,其原则是权力本位,因此,赋予行政机关规范制定权、命令权、检查权、审批权、处罚权、裁决权、强制权等诸多行政权力。对行政相对人(公众一方)而言,主要是服从行政机关管理的义务,其行政法权利有限,只有被动的受益权,少有其他权利的赋予,更没有行政参与权的确立。这明显是一种非均衡的权力与权利结构关系:行政权过于强大,无所不及,无所不能;相对人权利则过于弱小,缺乏参与行政活动的权利,相对人无法参入行政活动之中对行政权形成制约,也不能促进行政权良性运行。行政活动完全成为行政机关的单方职权行为,少有行政过程中的相对人监督与协作,公民权难以影响行政权的运行。由于行政权处于单方和封闭的运行状态,囿于行政机关知识与理性的不足,行政机关难免发生决策失误甚至故意滥用职权,或损害公共利益,或侵犯公民权益。传统控权行政模式则是以保护相对人自由为核心构建的,目的是保障公民一方的权利与自由,其原则是权利本位。因此,控权行政法模式对行政权限制较多,行政权疆域缩小,对市场经济和社会生活领域放松管制,相反,相对人享有更多的权利,过分强调公民自由。这显然也是一种权力与权利结构失衡的格局,在这种行政模式中,公民虽享有更多私人活动的权

〔59〕 参见胡建淼主编:《公权力研究:立法权、行政权、司法权》,浙江大学出版社 2005 年版,第 288 页。

利和自由，但并不关心和参与行政，行政权则过于消极与谦抑，公民权与行政权也难以形成良性互动，行政权应有的积极作用难以完全发挥。

可见，缺乏行政参与权内容的传统行政模式，行政权运行要么封闭、单向乃至独断，要么消极、谦抑乃至不作为。在管制行政中，行政权的强大使其积极作用可能充分发挥，但单方封闭的运行机制，使消极作用的自我抑制难以实现；在控权行政中，行政权的谦抑使行政权的消极作用会得到一定控制，但其积极作用又难以发挥。

参与式行政的兴起，要求赋予公众行政参与权。如前所述，行政参与权蕴含各个层次的权能，通过充权作用，强化了行政过程中公众的权利，增强了权利的刚性和强度，行政权力的刚性和强度则因公众行政参与权渗入而得到弱化和消解〔60〕，同时也因部分放权带来量的减少。这样就改变了传统行政法律关系中的权力与权利结构极强极弱的状态，使行政机关与公众的权利义务关系趋于平衡。这种权力与权利结构与效度的变化消解了行政权的封闭性、单方性与强制性，促进了行政权运行的开放性、互动性和协商性，强化了权利与权力的合作性，改善了行政权的运行状态，形成了行政权运行的新特点，这无疑有利于抑制行政权的消极作用，并促进行政权积极作用的发挥。具体表现为：

首先，公众应当具有行政知情权并享有行政活动介入权，使行政机关必须履行行政公开和接受参与主体进入行政程序的义务，由此形成了行政权运行的开放性。在参与式行政中，参与主体首先享有知悉和获得行政过程中除依法不得公开外的相关行政信息的权利。只有行政过程向公众开放，参与主体才可能进入行政程序。申言之，参与主体有权知道行政机关何时开始行政活动，可以了解行政活动的进展情况，查询相关信息，复制相关资料，得到相关通知，参加或旁听会议，有权了解和知道行政结果，并要求说明或公布行政决定的依据和理由，等等。而享有行政活动介入权的公众可以介入行政活动的全过程。参与主体以上权

〔60〕 有学者将这种行政权力称为行政软权力，参见门中敬：《行政软权力的特征和价值与功能》，载《法学论坛》2009 年第 1 期。

利的行使，必然要求行政机关整个行政过程对社会公众开放，并履行相应的公告义务、通知义务、会议开放义务、材料展示义务和信息公布义务等。在这样一个开放的行政过程中，参与主体行使知情权和行政活动的介入权，行政机关履行行政公开义务和接纳参与主体进入行政程序的义务，进行开门立法、开门决策以及透明执法等，从而形成开放性行政。

其次，公众享有行政意见表达权和意见获合理回应权，使行政机关必须履行听取公众意见和诉求的义务，由此形成了行政权运行的双向互动性。行政意见表达权是指行政参与主体为维护自身合法权益或者促进公共利益对行政事务表达诉求或意见的权利，包括公众对有关事实和利益诉求的陈述，对行政活动的建议等。与此相对应，行政参与主体还应当享有其诉求与意见得到合理回应的权利。因此，行政意见表达权不只是一般的话语权，更是要通过意见表达进而使行政机关倾听、回应、采纳，并影响行政决定。这种目的的实现，一是要有接受和聆听的义务主体，也即要有义务受众，二是要求该受众应当听取、接受参与主体的话语信息，并及时进行沟通和回应。否则，没有双向的交流、互动与沟通，公众只是单向度的传声筒，意见表达权的目的很难实现。而且，参与主体是整个行政过程的话语主体，其意见表达权是贯穿整个行政过程的权利，行政机关对于参与主体在任何行政程序阶段提出的建议与诉求，都应当履行倾听与反馈义务，由此形成了行政机关与行政参与主体的双向互动行政。

最后，公众享有合法合理意见获采纳权、参与决定权和参与实施权，使行政机关必须履行依合意形成行政决定和合作执行的义务，由此形成了公民权与行政权的合作性。公众享有合法合理意见获采纳权后，能要求行政机关采纳其意见并根据其合理意见作出行政决定。而参与人享有参与决定权则可以与行政机关一起协商作出行政决定。与此相对应，行政机关需要履行吸纳公众意见与诉求作出决定的义务，或者履行与公众协商决定的义务。这种行政决定中的权利义务关系无疑防止了行政机关的单方决定和肆意专断，形成了合意决定关系。同时，参与实施权的享有意味着参与主体可以参加行政决定的执行，可以协助执行行政决定。另外,参与主体还可对执行情况进行评估,有权请求纠正不合法和不合理的行政决定等。而行政机关应当履行吸纳公众协助执行行政决定的义务和接受公众评估并进行反馈与纠错的义务。这无疑有利于促进合作执行,消解执行的单方强制。因此,公众合法合理意见获采纳权、参与决定权和参与实施权的行使,使整个行政活动在双方合作中完成,形成合作行政。当然,公众参与决定权和参与实施权的行使只限于一定范围的公共行政领域,这些公共行政领域应当存在行政机关与社会公众协商决定或共同实施决定的必要性和可行性。

五、促进行政目标的实现

行政的合法、合理、高效和惠民为公共行政的目标,如一项行政决策的最佳目标即为程序正当、内容合法合理、实施高效以及民众受益。公众行政参与权的行使有利于促进行政目标的实现。

(一)促进行政合法性

传统行政的职能是通过执行人大(或议会)传送的法律对公共事务进行组织管理,其行为形式表现为行政执法,其合法性主要通过事前人大(或议会)立法授权和事后法院司法审查加以保障。在行政执法过程中,行政机关是否依法行政取决于自身的法治意识和道德自省。但由于行政权的天然侵蚀性以及政府的理性经济人角色,很难在执法过程中完全依靠行政机关及其公务人员自律而依法行政,故而行政执法的违法性难以抑制。若在行政执法过程中赋予相对人申辩权、听证权等,同时赋予第三人评议权、批评权,则能起到监督与制约行政执法过程中行政权滥用的作用,促使其依法行政,这种事中的监督若能发挥实际效用,其价值高于事后的司法监督,能促进行政公平,降低救济成本,提高行政效率。

而现代行政具有行政立法、行政决策和行政执法的综合职能,这使传统行政合法化模式在现代行政过程中已经很难实现[61],其合法性更

---

〔61〕 参见王锡锌:《公众参与和行政过程——一个理念和制度分析的框架》,中国民主法制出版社 2007 年版,第 4 页。

需赋予公众以行政参与权加以促进。在我国传统行政中，行政执法尚可通过全国人大及其常委会立法授权和法院诉讼监督来保障其合法性，而行政机关自身制定行政规则的行政立法和行政决策（大部分行政决策）则难以适用以上两种合法性保障方式，主要通过事后上级行政机关和人大备案审查来监督其合法性。这种事后备案审查方式的合法性监督有其局限性。因此，行政立法和行政决策更需在行政过程中引入公众参与，赋予公众行政参与权，一方面监督行政机关依法立法和决策，另一方面，通过表达意见和诉求使行政立法和决策因采纳合理建议而获得民意上的合法性。“在民主社会中，政府治理的合法性基础在于民意（public will），而民意获得的基本途径是公众参与。”〔62〕尤其是在行政决策中，为了提高行政效率，实行的是行政首长负责制，亦即行政决策最终是由行政首长等少数人生成，容易造成行政首长恣意擅断、违法决策。在此背景下，行政决策的“实质合法性”问题已难以通过行政机关自身依法决策而形成，因为行政机关制定行政规则的过程是一个行政机关的内部流程，因没有代议制机构立法中民选的代表参与而欠缺民主性，从而很难获得“实质合法性”（正当性）。为此，行政决策需要一个民主化过程，要经过利益相关人的参与、讨论与协商。当然由于行政管理的特殊性，这一过程不能完全复制代议制民主形式，而是设计一种参与式行政，让利益相关人等公众参与决策，提供信息，发表意见，表达诉求，虽然决策最终仍由行政机关作出，但是行政机关必须考量信息，回应诉求，采纳民意。因此，公众参与行政决策既能使行政决策过程受到公众的监督，从而保障行政机关依法决策，同时又获得了民主意义上的合法化。

（二）增强行政合理性（科学性）

合法性是公共行政最低限度的目标，在保证合法性基础上，公共行政的另一目标要求是科学合理。传统行政主要依靠行政官员精英达成这一目标，但由于精英理性的片面、狭隘，甚至专断与偏私，很难保障行

---

〔62〕 王锡锌主编：《行政过程中公众参与的制度实践》，中国法制出版社2008年版，第2页。

政的科学性与合理性。现代行政的复杂性和多元性决定三大行政领域都需要获得各种社会信息、知识和民意的支持。行政立法要做到利益分配均衡,权利义务配置合理,同时保障其必要性与可行性。行政机关必须了解各种与立法事项相关的社会因素,掌握大量社会信息,了解各种社会主体利益需求,然后系统分析各种因素,过滤各种信息,平衡各种利益,拟定分配方案,并最后选择最佳方案。行政决策一般是对社会公共问题的解决,也涉及利益分配和义务负担,决策者也需要了解涉及的各种社会因素、信息知识和利益诉求,然后系统分析各种因素,过滤各种信息,平衡各种利益,提炼需要解决的社会问题,拟定解决方案,并最后作出最佳决策。行政执法决定的合理作出,需要根据客观事实,考量各种相关因素、信息分布和利益诉求,理性行使裁量权。这些行政活动由于其价值和功能目标的公共性和执行性,而需要保证其科学性和合理性。而行政官员则掣肘于自身认知的局限性、主观性和片面性。若在行政过程中吸纳利益相关者参与其中,保证各利益相关方基于利益诉求参与行政过程,合理地表达自己的意见和诉求,以及提供相关信息。则行政机关可以通过与公众对话、交流、协商,识别公众偏好,了解信息分布和利益需求等各种参考变量,去伪存真,取长补短,全面衡量,公正选择,从而保障行政立法、行政决策以及行政决定的事实根据和民意表达的全面、准确和真实,获得形成科学合理行政决定的信息、知识和民意支持。因此,行政机关在行政过程中发扬民主、充分考量利益相关人的意见与主张,集思广益,可以有效弥补行政官员认识理性的有限性,实现行政的科学性和合理性。正如有学者所言,公众参与是行政立法科学化、理性化的重要源泉与制度保障。[63] 行政决策与行政执法决定也同样如此。

(三)提高行政效率

公众行政参与权的实现,要求改变传统行政中行政机关单纯依靠行政权的权威和通过单方命令强制方式实现行政目标的现象,行政机关需要吸纳公众参与行政过程,与公众进行平等对话、博弈、沟通与协商。公

〔63〕 参见刘莘:《行政立法研究》,法律出版社2003年版,第123~124页。

众通过行使行政参与权，发表意见和提出建议，提供行政知识、信息、技术等，行政机关吸纳合理意见和诉求，作出科学、合理和正当的行政决定，形成了利益的均衡配置和共赢，并达成意志的共识，使行政决定更科学合理，从而奠定了可行性基础。同时参与本身还体现了正当程序价值，获得了参与人的内心认同，进一步增强了行政立法、决策和决定的可行性。“因为各方一旦能参与到程序中，就更易于接受裁决结果，尽管他们有可能不赞成判断的内容，但他们却有可能服从它们”。[64] “通过以一种公众认为公平的方式作出决定，当政者可以获得对这些决定的更大认可，就使得决定涉及的各方更容易服从。”[65] 行政过程通过吸纳公众参与程序，行政机关与公众进行平等对话、交涉与沟通，公众充分表达了自己的意见和要求，彰显了公众的主体地位，增加了其对行政机关的了解和信任，促进了双方合作，公众意志在行政结果中得到反映，增强公众对行政结果的内心认同感，由此产生的决定更容易得到公众的认可与接受，减少了行政立法、决策和决定执行的阻力，从而得到有效执行，保障了可行性，降低了执行成本，提高了行政效率。

此外，行政机关经过公众参与作出的行政决定，得到公众认同后，还能减少行政纠纷，消解官民隔阂、矛盾乃至冲突，从而消除社会群体性事件引发的政治风险，降低风险防范成本，也能减少行政复议和行政诉讼案件，从而降低行政救济成本。

（四）强化行政惠民

服务行政已是现代行政的发展趋势，其目标是行政机关为公众提供尽可能多的公共产品和公共服务，从而使行政活动所产生的利益惠泽于民。这对于行政机关而言，不但要求其应具有行政服务意识，而且需有收集和洞悉行政信息、明了公众需求、识别公众正当诉求、有的放矢作出科学合理和便民高效行政决定的能力。但行政机关或因客观上认知不

---

〔64〕 Michael D. Bayles. *Principls of Law*, Reidel Publishing Company, 1987, p. 32.

〔65〕 ［日］谷口安平：《程序的正义与诉讼》，王亚新、刘荣军译，中国政法大学出版社 1996 年版，第 376 页。

足,或因主观上部门利益甚至私利驱动,可能使公共行政偏离惠民目标。因此,行政机关需要通过吸纳公众参与,公众行使行政意见表达权,提出正当利益诉求和合理化建议,行政机关能更好地了解民众所需,明确正确的行政目标和方向,强化权为民所用、利为民所谋的行政观,从而作出能够达致惠民目标的行政决定。同时,公众合法合理意见获采纳权、参与监督权等权能的行使,能抑制一些行政机关部门利益化甚至谋取私利之倾向。

第五节 行政参与权的保障

一、行政参与权保障的内涵

保障的语义是确保、保证做到,以及防御使不受侵害的意思。权利的保障,则是指确保权利的享有与实现,使权利从自然状态变成法定状态,再由法定状态变为实有状态。这需要某种权威确认并保证其行使与实现,这种权威就是国家法律和权力。行政参与权源于公民的自然权利,但又不仅仅是自然权利,也是政治社会中的权利,需要得到保障,成为法定权利和实有权利。只有通过建立行政参与权的保障机制,才能确保行政参与权的享有、行使和效力,行政参与权只有得到切实保障,才是公众实有的权利,公众才能依法享有它,有效地行使它,平等地参与公共行政,与行政机关进行平等对话和均衡博弈,并对行政结果产生实际的影响,行政参与权的价值和功能目标才能得以实现。而且具有依附性的行政参与权之政府保障更为重要。首先,有实定法保障的权利是实然的权利,人们一般称为法律权利。没有法律保障的权利不是真正的权利,只是一种权利理念,最多只能是自然权利。洛克认为,自然权利的享有很不稳定,因为它存在某些缺陷:第一,在自然状态中缺少一种确定的、规定了众所周知的法律;第二,在自然状态中,缺少一个有权依照既定的法律来裁判一切争执的公正的裁判者;第三,在自然状态中,往往缺少权力来支持正确的判决,使它得到应有的执行。[66] 洛克在此论证了政府存在的必要性,主要就是因为自然权利需要人们通过契约形式组成政府制定法律进行确认,这样自然权利转化成为法律权利,确保权利的享有。其次,需要政府建立执行法律的机构和救济权利的机构来保障公民权利的行使并实现,亦即确保法律权利成为实有权利。可见,权利的确认、实现与保护的义务主体就是政府。

因此,行政参与权的保障就是指公众的行政参与权得到法律的确认,并通过法律的实施,确保行政参与权的有效行使。它包含以下三方面要求:第一,国家通过立法明确规定公众的行政参与权和政府保障行政参与权的义务,确保公众享有行政参与权;第二,通过法律的执行与实施,确保公众在行政活动中实际行使行政参与权;第三,当公众行政参与权受到侵害,无法享有与实现时,确保得到救济与保护。根据行政参与权实现的逻辑进路,行政参与权的保障包括权利的赋予配置保障,权利的行使运用保障和权利受侵害后的救济保障三个方面,这三个方面从保护过程看分别属于事前保障、事中保障和事后保障。

事前保障是指通过法律确认公众行政参与权,主要包括赋予公众各项行政参与权权能,赋予行政参与权对行政活动的效力,明确政府满足公众行政参与权的义务,建立相应的法律责任制度等。

事中保障(行政过程中的保障)主要是指建立行政参与权的行使及行政机关义务的履行制度,如政府信息公开制度、行政程序制度、行政参与的意见表达与反馈制度、行政参与的知识与方法培训制度等。

事后保障则是指行政参与权受到行政机关侵害后如何得到恢复与补救,亦即对行政参与权受侵害后的救济,主要应包括举报投诉、行政调解、行政复议与行政诉讼制度等。

总之,事前行政参与权的法律确认,实现了公众行政参与权的制度化;行政过程中行政参与权的实现,使公众行政参与权实有化;行政参与权受侵害后的救济,使行政参与权得到补救与保护。通过对行政参与权

---

〔66〕 参见[英]洛克:《政府论》(下篇),叶启芳译,商务印书馆1964年版,第77～78页。

的保障，实现行政参与权的功能，促进参与式行政目标的实现。

二、行政参与权保障的制度

行政参与权的保障制度主要是指公众行政参与权利和政府保障义务的法制化。因而，行政参与权的保障需要构建完备的法律规范体系。从公众权利层面而言，包含行政参与前提性权利、本体性权利和补救性权利的确认、行使和救济之法律规范，其中，本体性权利是指行政参与权蕴含的各种权能，前提性权利主要是指行政知情权，补救性权利则涵摄举报投诉权、行政调解权、行政复议权、行政诉讼权等；从政府义务层面而言，则包含政府各种保障义务确立的法律规范。这些法律规范共同构成行政参与权保障的制度体系。

三、行政参与权保障的机制

行政参与权的保障机制由保障主体、保障进路与运行机理构成。根据行政参与权实现的逻辑进路，行政参与权由不同的国家机关在行政参与权保障的不同阶段承担相应的义务，共同保障公众的享有、行使和实现，其中行政机关是主要的保障义务主体。

（一）保障主体

行政参与权的基本权利属性决定国家应当承担保障职责，立法机关、行政机关和司法机关各自承担相应的保障职责，而其行政法权利性质又决定主要由行政机关（政府）承担保障义务。具体而言，立法机关通过制定法律规范确认公众的行政参与权，保障公众依法享有行政参与权。行政机关在传统行政时期，主要通过执行立法机关制定确认行政参与权的法律规范，保障行政参与权在行政实践中的行使与实现。但当代行政中，行政机关已承担全面保障行政参与权的职责，亦即通过行政立法确认权利、行政执法使权利实现以及履行行政救济义务使权利得以补救等。也正因如此，行政机关是行政参与权主要的保障主体。司法机关根据其职能分工，主要承担行政参与权在行政实践中被行政机关侵害后的救济义务，当然司法救济需要符合相应的法定条件。

（二）保障进路与机理

行政参与权的保障主体职责明确之后，则是如何保障权利的问题。根据行政参与权实现的事前、事中和事后保障的逻辑进路，首先，国家（含政府）应当进行立法，包括通过人大或议会立法和行政立法确认公众行政参与权的各种权能及相关权利，使行政参与权由应然权利成为法定权利，这也是制度的实际建构。其次，在公共行政活动中，行政机关应当依法落实公众行政参与权，保障公众实际行使各种权利。最后，当行政参与权在行政实践中因行政机关没有依法履行保障义务而未能实际行使，或者虽行使但未产生实际效力时，国家救济机关（含政府）应当对行政参与权进行救济：权利能够恢复行使的，应当保障权利人继续行使权利，不能恢复行使且造成权利人实际损害的，应当给予当事人相应的赔偿，并追究行政机关的法律责任。

四、行政参与权保障的关键——政府保障义务的履行

（一）政府保障义务的内涵

行政参与权作为公众一种新型权利，必然会增加对应的义务主体的义务，享有权利就是具有要求义务主体必须满足这种权利请求的能力或资格，否则权利就是虚无的。“权利总是与义务人的义务相关联的。离开了义务，权利就不能得以保障。”[67]而作为公权利的行政参与权更加依附政府保障义务。因此，从政府与公众的关系而言，公众行政参与权的享有必然需要立法增设政府相应的保障义务，并建立行政参与权的确认制度、实现制度和救济保护制度。这样，公众的行政参与权才是实在的法律权利。概言之，公众行政参与权的享有要求政府履行保障行政参与权的义务。具体来说，公众行政参与权的享有，需要国家（含政府）确保行政参与权由道德权利成为法律权利，再由政府使法律权利成为公众在行政实践中能够实际行使的权利，最后当公众行政参与权受到侵害时，国家（含政府）能够给予救济保护。

〔67〕 熊文钊主编：《公法原理》，北京大学出版社2009年版，第49页。

（二）行政参与权对政府保障义务的倚重

霍利菲尔德曾经把一般意义上的权利分为四种类型：要求权、自由权、权力权和豁免权。〔68〕 这四种权利类型可转换为公民和政府的权利义务关系。公民为了使自由权获得政府保护，把权力权和豁免权让与了政府，而保留了自由权和要求权，而政府因承担保护公民自由权的义务而拥有了权力权和豁免权。其中，公民的自由权属于自我行动性权利，政府只需承担消极不侵犯的义务。而要求权具有接受性和互动性，需要政府积极回应并满足要求。行政参与权是公民参与公共行政的权利，诚然蕴含自由权的内容，如行政意见表达自由。但因行政参与权实质是公众分享政府的公共事务管理权，要求政府把部分管理公共事务的权力归还给公众，只有政府满足公众共同合作管理行政事务的要求，立法机关（含行政立法机关）通过立法确认行政参与权使公众获得行使依据，进而行政机关在行政实践中帮助公众行使，公众才能实际获得参与的权能，从而参与公共事务管理，而当公众行政参与权没有得到法律认可，或不能在行政实践中行使时，还需要请求救济机关（含行政救济机关）给予保护。故而，行政参与权更具有要求权的接受性和互动性，需要政府积极确认、实现和保护公众行使行政参与权的要求。

（三）政府保障义务的确立是行政参与权保障的基础

基于公众行政参与权对政府保障义务的较强依附性，政府保障义务对公众行政参与权的实现具有不可或缺性。行政参与权的实现首先需要政府给予其合法权利地位，这就需要立法机关（含行政立法机关）制定法律确认行政参与权，该义务本身也需要法定化，否则，行政参与权不能获得法律认可，也就无法保障实现。故而，从法律制度上确立行政参与权及政府保障义务，就成为公众实现行政参与权的必要条件和基础。当政府保障义务法制化后，政府则有了保障行政参与权的法定约束和责任，义务履行就不再是政府的裁量与选择。如就行政机关而言，如果通

〔68〕 参见张文显：《二十世纪西方法哲学思潮研究》，法律出版社1996年版，第492～493页。

过立法确立其保障行政参与权实现之义务，那么行政机关就不能阻止公众行政参与权的行使，而应当依照法律规定积极创造条件和机会满足公众参与行政的各种正当要求，否则，需要承担相应的法律责任。而公众行使行政参与权则有了请求的法定义务对象和具体内容，如要求行政机关告知行政信息，通知参加行政的时间、地点和提出行政意见和建议的方式、路径，及时处理和反馈意见，采纳合理意见等。若行政机关不履行上述义务，公众可以通过法定途径向法定机关提请救济，通过追究相关责任促使行政机关履行法定义务。这样使公众行政参与权的行使与实现有了可能。

（四）政府保障义务的履行是行政参与权保障的根本

权利与义务的确立只是使权利实现成为可能。若让行政参与权由应然权利转化为实有权利，必须倚仗政府保障义务的履行。因而，政府保障义务的实际履行是行政参与权保障的根本。否则，所有权利义务都难以实际落实。如公众的行政活动介入权需行政机关履行公开和通知义务；行政意见表达权需行政机关履行提供表达机会和听取义务；意见获合理回应权需要行政机关履行处理和反馈义务；合法合理意见获采纳权需行政机关履行认真考量和采纳义务；等等。这些义务首先需要行政机关自觉履行，若不自觉履行，则应当通过落实救济和责任追究制度强制其履行。唯有如此，公众行政参与权才能真正实现，才能从应然权利变为实有权利，行政参与权的功能才能实现，参与式行政方能取得实效。

五、政府（行政机关）是行政参与权保障的主要义务主体

诚然，行政参与权作为具有基本权利属性的行政法权利，国家应当承担保障任务。然而，公众行使行政参与权是在行政过程中与行政机关分享行政事务治理权，权利作用的对象是行政机关。公众能否介入行政过程行使行政参与权以及权利效力能否生成都取决于行政机关相应义务是否履行。如果行政机关在行政过程中垄断行政事务，闭门行政，不吸纳公众参与行政，即使立法机关确认了行政参与权，权利也形同虚设；相反，如果代议机关认为，通过制定法律确认公众行政参与权的条件尚

未成熟而未确立相关权利,那么政府应通过行政立法先确认行政参与权的有关权能,这并不违背法律保留原则。事实上,在我国,行政参与权的许多权能是通过政府先制定行政法规和规章确立的,进而行政机关在行政执法中履行行政立法规定的保障公众行政参与权的义务。此外,司法机关对行政参与权的保障义务是通过事后救济予以实现的,其前提是公众行政参与权在行政过程中受到行政机关的侵害,若行政机关能够在行政实践中自觉履行满足公众行政参与权实现的义务,那么也就无需司法机关的救济保障,而且政府本身也具有救济保护职责。因此,政府是行政参与权保障的主要义务主体,行政参与权的实现主要倚靠政府保障义务的确立与履行,政府保障义务的确立与履行是行政参与权保障的关键。

第三章　行政参与权的政府保障义务之证成

权利与义务之关系以及义务之于权利的重要性，学者多有论及。如有学者认为，权利的存在源于义务主体的存在。[1] 更有学者认为，“从某种程度上讲，确定义务的内容比宣示权利更重要，因为没有义务相对应的基本权利只是道德宣教，中看不中用”[2]。这些论断说明研究权利尤其是权利保障问题必然要有义务视角的切入。

公众行政参与权的正当性、内容与功能前文已较充分阐明，但如上文所述，行政参与权功能的实现特别倚重政府保障义务的确立与履行。所以，从本章开始，将重点探讨行政参与权的政府保障义务问题，其逻辑起点则是政府保障义务的正当性证成。那么，法理上，政府为何具有保障公众行政参与权的义务？这一问题的探讨无疑对公众行政参与权的政府保障义务具有基础意义，而学界对此未能作出应有的回应，本章试图对其进行一定探讨。

第一节　行政参与权的政府保障义务之宪法证成

行政参与权是公民参政权的应有意涵，并具体化于公共行政关系，

---

〔1〕 参见郭道晖：《法理学精义》，湖南人民出版社2005年版，第143页。

〔2〕 徐钢：《论宪法上国家义务的序列与范围——以劳动权为例的规范分析》，载《浙江社会科学》2009年第3期。

它既具有基本权利的性质,同时又是具体的行政法权利。由此,从法理上分析,政府保障义务基于宪法、行政法两个层面的原理和规范要求。

一、宪法原理之证成

(一)基本权利的双重属性

蕴含行政参与权的参政权是宪法基本权利,既具有主观权利性质,又具有客观规范性质,对此宪法分别课予国家不同的保障义务。

首先,参政权是主观权利,具有防御权功能和受益权功能,国家负有不得侵犯和促其实现的给付义务。[3] 参政权是一国公民参与本国公共事务的权利,包括选举权、被选举权、建议权、批评权、申诉权、控告权和检举权等。德国法学家戈博在1852年出版的《公权论》中最早提出了参政权的概念,认为参政权是个人与全体相结合时对国家具有的权利。[4] 此后,德国法学家杰列内克在1892年出版的《主观公权之体系》中进一步明确了参政权的主观权利性质,认为参政权是指个人基于其能动地位而请求国家承认能为国家活动之权利。[5] 亦即参政权是个人的主观公权,具有主观权利的性质,个人得向国家为一定的请求行为。参政权基于其主观权利属性而具有防御权功能,能够请求国家履行不得侵犯的义务,如国家不得禁止公民对国家机关及其工作人员提出批评和建议,不得禁止选民参加选举等。另外,参政权的主观权利性质使其还具有受益权功能,这一功能使公民有权请求国家履行提供参与国家公共事务程序之义务,如举行选举活动、举办立法听证会等。

其次,参政权又具有客观规范性质,能约束所有国家机关承担保障

---

〔3〕 参见张翔:《基本权利的受益功能与国家的给付义务——从基本权利分析框架的革新开始》,载《中国法学》2006年第1期。

〔4〕 参见王和雄:《论行政不作为之权利保护》,台北,三民书局股份有限公司1994年版,第26页。

〔5〕 参见叶必丰:《人权、参政权与国家主权》,载《法学》2005年第3期。

参政权的义务。公民参政权是天赋人权[6],无疑具有主观权利性质,具有防御国家侵害及要求国家给付参与程序的功能。但基本权利不仅是主观权利,也是整个社会共同体的价值基础和基本秩序。为使基本权利受到社会共同体的尊重和保障,基本权利应成为包括国家机关在内的整个社会共同体的价值共识和价值秩序,这样才能真正具有约束公权力的规范效力。此乃基本权利的客观法效力,亦即客观价值秩序,具有约束国家承担运用一切手段促成基本权利实现的"保障义务"之功能。基本权利的"客观价值秩序"最早由《德国基本法》确立,《德国基本法》第1条第3款规定:"下列基本权利是约束立法、行政和司法的直接有效的权利。"我国《宪法》第33条也规定"国家尊重和保障人权"。参政权作为基本权利也应成为国家确认的反映社会共同体价值共识的基本规范,并成为一切国家机关应当遵守的基本准则,从而具有客观价值秩序功能。国家机关应当主动提供参政权的各种保障措施和手段,包括制度性保障、组织与程序保障等。[7] 事实上,参政权的客观价值秩序也已在国际人权宪章和各国宪法中得到确认,具有了客观价值秩序功能。因而,包括立法机关、司法机关和行政机关在内的一切国家机关都要受此"客观价值秩序"的约束,承担保障参政权的义务。

(二)民主国原则

民主国原则是现代宪法的基本原则,是行政参与权的国家保障义务正当性之重要理论基础。民主国的基本含义是人民主权,国家公权力属于人民,其行使应当反映人民的意志。正如《德国基本法》第20条第2款所规定的,通过国民正当性是所有国家支配正当性的基本构成要件。[8] 在经典的国家政治模式中,行政活动的正当性通过代议机关立法的"传送带"而获得。代议机关通过立法制定法律,行政机关依照代

---

〔6〕 参见郭道晖:《公民的政治参与权与政治防卫权》,载《广州大学学报(社会科学版)》2008年第5期。

〔7〕 参见张翔:《基本权利的双重性质》,载《法学研究》2005年第3期。

〔8〕 参见[德]施密特·阿斯曼:《秩序理念下的行政法体系建构》,林明锵等译,北京大学出版社2012年版,第85页。

议机关的法律行政，亦即行政权受到代议机关的法律约束，行政机关严格执行法律，事前、事中通过遵守法律保留、法律优位等原则，事后通过代议机关监督和司法审查，保障国民意志在行政活动中的有效传送，从而获得行政的民主正当性。因此，国家只需保障狭义的参政权〔9〕就能实现包含行政权在内的公权力运行的民主正当性。然而，随着社会的发展，行政事务日益复杂化、专门化，社会利益日益多元化，代议机关已很难提供科学完备的法律供行政机关执行，而事后监督的有效性也难以保障，行政民主正当性获得的“传送带”模式已难以正常运行，代议机关不得不授予行政机关自己制定规则的权力，亦即行政机关获得了立法权，具有第一次分配利益的权力，行政过程已然政治化。此时，行政机关不能再获得代议机关立法传递的国民意志，行政权的行使遭遇了民主正当性危机，而产生“民主赤字”。〔10〕为补强政治化的行政的民主正当性，可供选择的路径有二：一是行政人员产生的民主化，亦即赋予公众选举行政公务人员的权利，全体行政人员由民选产生，这当然不具有可行性；二是立法事项形成的民主化，亦即公众有权参与行政立法过程，提出有关建议，使行政立法内容能够反映民意，这是完全可行的，当然也是必要的，它使政治化的行政符合了宪法的民主原则。因此，为补强政治化的行政的民主正当性，国家同样需要对行政立法权行使的国民意志负责，从而保障公众的行政参与权。

（三）正当程序原则

法律的正当程序（due process of law）作为一条重要的宪法原则，源于英国的“自然正义”，最初适用于司法程序，包含“裁判者回避”和“当事者申辩”两项基本程序要求。之后正当程序原则逐渐运用于行政领

---

〔9〕 狭义的参政权是指公民的选举权、被选举权和平等服从公职权等政治参与权。参见许育典：《宪法》，台北，元照出版有限公司2006年版，第286页。

〔10〕 行政活动的政治化、国家行政的社会化、行政立法的大量兴起等，使原有的行政法治模式为行政活动提供“民主正当性”的能力日益匮乏，从而造成了行政的“民主赤字”。参见王锡锌：《当代行政的“民主赤字”及其克服》，载《法商研究》2009年第1期。

域，成为衡量行政正当性的标准。正当程序原则较早得到《美利坚合众国宪法》第5修正案、第14修正案的明确规定，成为美国宪法的核心原则，并适用于立法、行政和司法等所有公权力的运行程序。“二战”之后，世界许多国家宪法都规定和体现了正当程序原则。我国宪法和法律尽管没有对正当程序原则进行专门规定，但正当程序的要求在许多行政法规范中已经有了相应的体现。如《行政处罚法》[11]第6条、第37条、第41条，《行政许可法》第7条、第36条、第47条，《行政强制法》第8条、第18条等都对行政正当程序作了相应规定。

宪法的正当程序原则具有人权保障功能，能规制国家权力的正当运行，保证人权的有效实现并阻碍国家权力可能给人权造成的不法侵害。[12] 宪法的正当程序原则构成对国家公权力的一种约束，而对于公民而言则意味着享有参与国家公权力运行的权利，国家应当保障这些权利。正当程序要求中的“当事人有申辩和被倾听的权利”在行政过程中转化为公众的平等参与权，国家则基于正当程序的宪法原则要求而负有保障公众行政参与权的义务。

二、宪法规范之证成

参政权作为一项基本权利不仅是理论层面的构想，也在国际人权宪章和各国宪法的具体规范中得到落实。

在国际人权宪章方面，联合国大会1948年12月10日通过的《世界人权宣言》第21条第2款规定了“人人有平等机会参加本国公务的权利”。1966年12月16日通过的《公民权利和政治权利国际公约》第25条第丙项也规定，每个公民应有“在一般的平等的条件下，参加本国公

---

〔11〕 2021年1月22日，第十三届全国人大常委会第二十五次会议表决通过新修订的《行政处罚法》，将于2021年7月15日施行。现行《行政处罚法》第6条对应新修订尚未生效的《行政处罚法》第7条，内容未变；第37条对应第55条、第56条，内容有一定变化；第41条对应第62条，内容也有一定变化。总体上，新修订的《行政处罚法》更加体现了正当程序原则的要求。

〔12〕 参见汪进元：《论宪法的正当程序原则》，载《法学研究》2001年第2期。

务”的权利。《世界人权宣言》和《公民权利和政治权利国际公约》中的“参加本国公务”的权利，即是对公民参政权的国际人权法确认。这里的“本国公务”无疑也包含“本国的行政事务”。《世界人权宣言》对国家行为虽然没有直接的法律约束力，但对各国的人权保护具有指导作用；而《公民权利和政治权利国际公约》对缔约国具有直接的法律效力，缔约国必须履行公约规定的参政权保障义务。

在外国宪法中，如前所述，依据《德国基本法》第1条第3款的规定，基本权利能直接约束公权力机关，以维护保障基本权利作为自己的基本考量。[13] 而在《德国基本法》对基本权利的列举中，第17条规定：“人民有个别或联合他人之书面向该管机关及民意代表机关提出请愿或诉愿之权利。”请愿权是指公民为了维护自身权益或公共利益就某事项向有关国家机关表达意见，要求其为或不为一定行为的权利；而诉愿权则是公民对国家机关及其工作人员提起批评、建议以及申诉、控告、检举的权利。这些都属于公民的参政权范畴。由于《德国基本法》明确了基本权利约束公权力的规范效力，可见，《德国基本法》确认了参政权的国家保障义务。而《葡萄牙共和国宪法》更是用专门一节规定了公民参政的权利、自由与保障，不但规定了公民的选举权和被选举权，而且也认可了公民的意愿表达权和利益诉求权。其中，该法第52条第1款规定：“所有公民都有为维护自身权利、宪法、法律和公众利益，单独或集体地向主权机关或任何当局提出请愿、委托、要求或申诉的权利。”接着该条第2款规定：“在法律规定的场合与条件下，民众行动的权利予以承认。”这无疑更为庄重、更为具体地确立了葡萄牙公民参政权的宪法地位和国家保障义务。《俄罗斯联邦宪法》也对公民参政权进行了明确宣示，规定俄罗斯联邦公民享有向国家权力机关、当地政府或官员提出建议、声明或者投诉的权利。如《俄罗斯联邦宪法》第33条规定：“俄罗斯联邦公民有向国家机关、地方自治机关提出个人意愿及表达个人和集体请求的权

---

〔13〕 参见张翔：《基本权利的双重性质》，载《法学研究》2005年第3期。

利。”〔14〕在以上各国宪法所规定的参政权中，显然都包含公民对行政机关的意愿表达权和诉求权等。

我国《宪法》也已确立了参政权的基本权利地位。《宪法》第2条第3款规定：“人民依照法律规定，通过各种途径和形式，管理国家事务，管理经济和文化事业，管理社会事务。”该条款是对我国公民参政权的宪法确认，其中“管理国家事务”当然包含参与行政事务。另外，该法第41条第1款规定：“中华人民共和国公民对于任何国家机关和国家工作人员，有提出批评和建议的权利；……”这是对公民参政权具体内容的表述，其中也蕴含我国公民对行政机关的批评权和建议权。

以上国际人权宪章和各国宪法对参政权的有关规定，从实定法层面确认了参政权的客观价值秩序，能约束国家机关履行保障义务。这些义务在我国《宪法》中也有明确体现。如根据《宪法》第27条第2款的规定，一切国家机关和国家工作人员必须依靠人民的支持，经常保持同人民的密切联系，倾听人民的意见和建议，接受人民的监督，努力为人民服务。该条款确定了国家机关及其工作人员听取公民意见和建议的义务，当然也包括行政机关及其工作人员对公众行政意见的听取义务。该法第41条第2款规定：“对于公民的申诉、控告或者检举，有关国家机关必须查清事实，负责处理。任何人不得压制和打击报复。”这一规定表明了国家机关对公民申诉、控告、检举等参政权的回应、处理和不得侵害的义务，其中也涵盖了国家行政机关对公民行政申诉、控告或检举所负有的前述义务。

第二节　行政参与权的政府保障义务之行政法证成

就直接的社会关系而言，行政参与权存在于公共行政关系之中，是

〔14〕 刘洪岩：《俄罗斯法治进程中公民参与的理论解读》，载《北方法学》2010年第5期。

公众具体的行政法权利,政府对其负有行政法权利维度的保障义务,这也能从行政法原理和行政法规范两方面加以证成。

一、行政法原理之证成

(一)宪法义务的行政法转化

行政参与权的政府保障义务源于参政权的国家保障义务。国家对参政权负有宪法保障义务,其中,参政权蕴含了行政参与权,国家则包括政府机关,因而,政府对行政参与权也负有宪法维度的保障义务。正如"在成文法国家,公民的宪法权利通常都要由法律、法规等来具体化为行政法权利"[15],宪法维度的政府保障义务需要由法律、法规等具体化为行政法义务。公民参政权具体化为公共行政中的公众行政参与权后,由宪法权利转化成为具体的行政法权利,这个转化需要通过宪法委托,授权立法机关制定行政法律规范,将行政参与权加以具体规定。与此相对应,宪法维度的政府保障义务也需要具体化为行政法维度的政府保障义务——行政机关在公共行政中的保障义务。在我国,由于宪法权利救济制度尚不够健全,公民基本权利的主观权利功能较难通过宪法规范的直接实施而实现,因此,宪法权利更需要通过宪法委托转化为具体的行政法权利,而相对应的政府宪法义务也更需要转化为行政法义务。

(二)行政相对人权利之义务主体的恒定性

当行政法将宪法有关公民基本权利的内容加以具体规定时,便转化为行政相对人的权利。行政相对人权利存在于行政法律关系之中,其义务主体恒定为行政主体,行政相对人权利与行政主体的义务构成行政法律关系的核心内容。正如有学者所言:"在行政法律关系中,行政相对人权利是具有特定意义的概念,是指由行政法所规定或确认的、由行政相对人享有并与行政主体的义务相对应的各种权利,是专门对应行政主体

[15] 方世荣:《论行政相对人》,中国政法大学出版社2000年版,第71页。

义务的权利"[16]。因此,"行政法在规定行政相对人权利的同时,应当特别有针对性地规定行政主体的义务及特定法律责任,以切实保障行政相对人权利的实现"[17]。

在参与式行政[18]中,行政相对人是公众的主要构成,属于享有行政参与权而参与公共行政,并与政府相对应的公众一方,行政主体主要是行政机关,属于公共行政中行使行政权的政府一方。因而,在参与式行政的权利义务逻辑关系上,经典的行政相对人与行政主体之间的行政法律关系可转化为公众与政府之间的行政法律关系。从行政法律关系权利义务主体的对应性而言,行政参与权作为公众的新型权利必然对应政府的新义务。从公众行政参与权的制约作用来看,其直接作用对象是作为行政主体的政府,约束政府履行满足公众行政参与权实现的义务。通过这种作用,公众行政参与权改变了行政法律关系的内容和结构,增加了政府满足公众行政参与权实现的义务,形成了参与式行政法律关系。[19] 这就要求从行政法上确立政府的保障义务,以满足公众行政参与权的实现。

二、行政法规范之证成

考察世界各国的行政法律制度,许多国家制定了专门的行政程序法对行政参与权的政府保障义务进行了相应规定。如《葡萄牙行政程序法》规定,"公共行政当局的机关,在形成与私人有关的决定时,尤其应借本法典所规定的有关听证,确保私人以及以维护自身利益为宗旨的团

---

[16] 方世荣:《对当代行政法主体双方地位平等的认知——从行政相对人的视角》,载《法商研究》2002 年第 6 期。

[17] 方世荣:《论行政相对人》,中国政法大学出版社 2000 年版,第 77 页。

[18] 参与式行政是指政府吸收社会公众广泛参与行政活动过程的公共行政模式。

[19] 参与式行政法律关系是指因公众行政参与权的享有,使政府负有满足行政参与权实现的义务,从而形成的不同于传统行政法律关系权利义务结构的新型行政法律关系。

体的参与”。[20]《韩国行政程序法》制定的目的之一就是谋求国民之行政参与,并以各种方式加以保障。[21]

我国虽然没有制定专门的行政程序法,但各种行政法规范对政府保障公众行政参与权的义务都有一定确立。而且这些义务性规范涉及行政立法、行政决策和行政执法等各个行政领域。

(一)行政立法领域

法律层面上,《立法法》规定了政府部门起草行政法规应当听取公众意见,以及形成草案过程中应当公开相关信息和征求意见的义务。[22]而国务院的两部行政法规——《行政法规制定程序条例》和《规章制定程序条例》确立了国务院有关部门起草和审查行政法规、规章时应当听取公众意见的义务。[23] 有些地方政府则出台了专门的公众参与行政立法的规章,明确表达了政府保障公众行政立法参与权的义务,如《烟台市政府立法公众参与规定》明文规定“保障公众立法参与权”。[24] 从有关行政立法参与权保障的法律规范来看,政府保障义务主要集中于信息公开和意见征集两方面。

(二)行政决策领域

法律层面上,主要规定了政府在特定行政决策方面保障公众意见表达权的义务,如《价格法》确定了制定政府指导价、政府定价,应当听取消费者、经营者和有关方面意见的义务[25],《城乡规划法》确立了城乡规划部门对公众举报或者控告进行接受和处理的义务,以及修改控制性

[20] 参见《葡萄牙行政程序法》(1991)第8条;应松年主编:《外国行政程序法汇编》,中国法制出版社2004年版,第331页。

[21] 参见《韩国行政程序法》(1996)第1条;应松年主编:《外国行政程序法汇编》,中国法制出版社2004年版,第572页。

[22] 参见《立法法》第67条。

[23] 参见《行政法规制定程序条例》第13条、第20条、第24条;《规章制定程序条例》第14条、第15条、第20条、第21条和第22条。

[24] 参见《烟台市政府立法公众参与规定》第1条。

[25] 参见《价格法》第22条。

详细规划时征求规划地段内利害关系人意见的义务。[26] 而一些地方性法规则直接表明了政府保障价格决策公众参与权的义务，如《安徽省价格条例》明文规定政府“保障公民、法人和其他组织的知情权、参与权和监督权”。[27] 规章层面上，有的部门规章专门规定了政府价格决策的听证义务，如《政府制定价格听证办法》确立了政府应当实行定价听证，应当充分考虑听证会意见等义务[28]；有的地方政府规章则确立了政府保障公众重大行政决策参与权的义务，如《湖南省行政程序规定》确立了政府重大行政决策信息公开，广泛听取公众和社会各界的意见，对公众提出的合理意见应当采纳等义务要求。[29] 对有关行政决策参与权保障的法规范进行认真梳理，可以发现政府保障义务的内容有所扩展，已经涉及对公众意见的反馈和采纳。

(三)行政执法领域

政府对公众(含当事人)行政执法参与权的保障义务之内容较为丰富。法律层面上，《行政处罚法》和《行政许可法》都确定了行政执法过程中行政机关听取当事人意见、采纳当事人意见以及特定情形下的听证义务。[30] 而有些行政法规对政府保障公众行政执法参与权的义务进行了较具体的阐明，如《国有土地上房屋征收与补偿条例》规定了市、县级政府对征收补偿方案进行公布及征求公众意见，要求将征求意见情况和根据公众意见修改的情况及时公布等义务。[31] 同样，有些地方政府规章对政府保障公众行政执法参与权的义务进行了明确表达，如《辽宁省行政执法程序规定》明文规定行政执法机关“应当保障与行政执法活动

---

[26] 参见《城乡规划法》第9条、第48条。

[27] 参见《安徽省价格条例》第3条。

[28] 参见《政府制定价格听证办法》第3条、第26条、第27条和第28条。

[29] 参见《湖南省行政程序规定》第35条、第37条。

[30] 参见2017年修正的《行政处罚法》第32条、第42条、第43条[可基本对应2021年修正(尚未生效)的《行政处罚法》第45条、第63条、第64条、第65条]；《行政许可法》第36条、第47条、第48条。

[31] 参见《国有土地上房屋征收与补偿条例》第10条、第11条。

有利害关系的公民、法人或者其他组织的参与权”。[32]

总之,同样能在行政法规范层面证成行政参与权之行政法权利维度的政府保障义务,而且这些义务呈现刚性加强、内容增量的趋势。然而,总体而言,这些义务还不够全面和细致,更未形成完整的义务体系,尚不足以保障公众行政参与权的享有与实现。这些问题在国家层面的立法上更为凸显。制度的不完善往往归因于相应理论的不成熟,因此,行政参与权政府保障义务的构造及具体内容,尚需在理论上进一步阐明与展开。

〔32〕 参见《辽宁省行政执法程序规定》第6条。

第四章　行政参与权的政府保障义务之构造

第一节　行政参与权的政府保障义务之构造框架

行政参与权是公众具有基本权利属性的行政法权利，是公民参政权在公共行政领域的具体化，可见，作为基本权利的公民参政权之国家义务与行政参与权的政府保障义务具有一定同构性。因此，建构行政参与权的政府保障义务体系，需考察和分析基本权利国家义务构成理论以及参政权国家保障义务的构造逻辑，从而导出行政参与权的政府保障义务之基本构成。

一、基本权利国家保障义务构成理论的梳理与反思

学界代表性的基本权利保障的国家义务构成理论主要有“二分法”“三分法”“四分法”等学说。国家义务构成理论中的“二分法”是根据传统基本权利的“二分法”，把基本权利划分为自由权和社会权两种权利类型后所对应的国家义务，自由权对应的是国家不得侵犯的消极义务，而社会权对应的则是国家给付的积极义务。“二分法”中的消极义务和积极义务对应的是不同的基本权利，未反映所有基本权利共同要求的国家义务内容，忽视了国家为人权综合性实现所负义务的综合性特征。“三分法”是学界比较认可的国家义务构成理论，但对于国家义务的具体构成内容，学者又有不同的主张。代表性理论有荷兰著名人权法学者

艾德教授提出的“尊重、保护和实现”说[1],我国宪法学者张翔教授提出的“消极、给付和保护”说[2],以及龚向和教授提出的“尊重、保护和给付”说。[3] 以上三种“三分法”理论虽然具体分析方法和建构依据各有不同,但就内容而言,仍然可嵌于消极义务和积极义务的总框架,它们是每一基本权利都蕴含的义务要求。“四分法”的代表性学者有荷兰人权法学家范·霍夫、日本学者大沼保昭教授,以及我国人权法学家郭道晖先生等。荷兰人权法学家范·霍夫认为,国家对公民基本权利负有四个层次的义务,即尊重的义务、保护的义务、确保的义务和促进的义务。[4] 日本学者大沼保昭教授则认为人权的国家保障义务包括尊重、保护、满足和促进四个方面[5],亦即把范·霍夫先生“四分法”中的“确保”改成了“满足”。在我国,郭道晖先生也持大沼保昭教授的观点。[6] “四分法”基本上是在艾德教授“三分法”基础上的扩展和延伸,把其中的“实现义务”扩展为“满足(确保)和促进义务”,其本意是想将“实现义务”进一步具体化。但由于“满足(确保)与促进”的含义并不比“实现”明确,而且相互间存在交叉,故难以达到使国家义务内容更加具体之目的。

二、参政权国家保障义务的构造逻辑

综观现有基本权利保障的国家义务构成理论,它们揭示了国家义务

[1] 参见莫静:《论受教育权的国家给付义务》,载《现代法学》2014 年第 3 期。

[2] 参见张翔:《基本权利的受益权功能与国家的给付义务——从基本权利分析框架的革新开始》,载《中国法学》2006 年第 1 期。

[3] 参见龚向和、刘耀辉:《基本权利的国家义务体系》,载《云南师范大学学报(哲学社会科学版)》2010 年第 1 期。

[4] See G. J. Van Hoot, *The Legal Nature of Economic, Social and Culture Rights: A Rebuttal of Some Traditional Views*, in Philip Alston and Katarina Tomasvski eds., The Right to Food 97, Martinus Nijhoff Publishers, 1993, p. 106 – 107.

[5] 参见[日]大沼保昭:《人权、国家与文明》,王志安译,生活·读书·新知三联书店 2003 年版,第 220 页。

[6] 参见郭道晖:《人权的国家保障义务》,载《河北法学》2009 年第 8 期。

的基本内容，即尊重、实现、给付、保护等义务，提供了基本权利保障的国家义务构成的大致框架，无疑值得借鉴。但是，参政权国家保障义务之构成不能完全采纳这些理论的构成逻辑与内容。这是因为：

第一，以上国家义务构成理论的逻辑起点是私权利保障〔7〕，而参政权属于公权利，二者的保障所依赖的国家义务并不完全一样。公权利与私权利性质的不同，决定它们与国家之间的关系不同，进而决定国家保障义务的性质与内容也有所不同。私权利主要属于自然人之间的权利关系，国家对之处于第三者的地位，国家主要负有消极不侵犯的义务；公权利则是公民参与政治国家的权利，主要属于公民与国家之间的关系，国家对之居于当事人的地位，公权利的多数权能仅凭公民自己努力很难实现，需要国家积极的帮助与满足，国家是主要的义务主体，且主要负有积极义务〔8〕，国家不作为则是对公权利的侵害。

第二，上述国家义务构成理论未严格依循基本权利保障的内涵及逻辑进路来确定国家义务构成体系。这些理论的主要分析方法，或依据基本权利的性质，或基于基本权利的功能，或遵照国家义务的性质，或按照国家义务履行之难易程度等。而国家义务构成理论的核心目的应当是基本权利的保障，因此，应当在明确基本权利性质的基础上，根据基本权利保障的内涵及逻辑进路来确定国家义务的构成内容。保障是全方位的确保，是保证做到以及防御使不受侵害的意思。权利的保障，则是指确保权利的存在、实现，以及不能实现的救济（保护）。它包括保障权利由应有权利确认为法定权利，进而由法定权利实现为实有权利。因此，基本权利保障的内涵是要求国家确保基本权利的法律认可，进而确保基本权利的实现，以及当基本权利不能实现时确保获得救济（保护）。其

---

〔7〕 基本权利在原初意义上多被限定在古典自由权的范围之内，并以此表征个人用以对抗国家对受宪法所保障之法益与自由领域之干预的防御权。因此，在古典意义上，基本权利的国家义务多被认为是以自由权为核心，国家对基本权利主要负有一种消极不侵犯的尊重义务。参见邓炜辉：《论社会权的国家保护义务：起源、体系结构及类型化》，载《法商研究》2015 年第 5 期。

〔8〕 参见郭道晖：《人权的国家保障义务》，载《河北法学》2009 年第 8 期。

逻辑进路是国家确保基本权利从应有权利“法制化”为法定权利，进而从法定权利“变现”为实有权利。当然，为达到权利的最优保障目标，国家还应当促进权利的最优实现。

通过对现有基本权利国家义务构成理论的分析与反思，笔者认为，参政权国家保障义务之总架构，应当依据参政权的基本公权利性质及基本权利保障的内涵和逻辑进路来进行。基本权利国家保障义务内容构造之目的显然是对基本权利的保障。可见，影响国家保障义务内容构造的因素主要有二：基本权利的性质，权利保障的内涵。这主要是因为：不同性质的权利要求国家履行的义务也有所不同，而国家保障义务的构成内容一定是基本权利保障所必需的。基于此，应当在明确基本权利性质的基础上，根据基本权利保障的内涵及逻辑进路（要求）来确定国家保障义务的构成。首先，根据参政权的基本公权利忙质，以积极义务为重点建构国家保障义务；其次，根据国家确保参政权从应有权利变为法定权利，继而由法定权利变成实有权利；最后，当参政权在上述转化过程中受到侵犯时给予救济等保障要求，参政权的国家保障义务之构成内容可依次确定为国家的确认义务、实现义务和救济保护义务。

参政权具有基本公权利的性质，决定建构国家保障义务应当以积极义务为重点。如上所述，公权利、私权利二者与国家有着不同的法律关系，国家保障义务的性质与内容有所不同，国家义务建构的逻辑主线和侧重点也不同。私权利国家保障义务建构的逻辑主线是“不要管我”，侧重点是消极不侵犯义务。参政权是公民基于其能动地位而享有的参与国家意思之形成的权利，这种公民的政治权利即为公权利。[9] 公权利国家保障义务建构的逻辑主线是“我要管你”，国家作为“当事人”对于参政权承担的主要是积极保障义务。因而，建构国家保障义务之重点是国家的积极保障义务。

以公权利保障的国家积极义务为侧重点，根据基本权利保障的内涵和逻辑进路具体确定参政权国家保障义务之构成内容。第一，国家保障

---

〔9〕 参见叶必丰：《人权、参政权与国家主权》，载《法学》2005 年第 3 期。

参政权从应有权利转变为法定权利，需要国家制定法律确认参政权，确立其法律地位，这种国家义务可简称为确认义务。国家给予公民参政权以法律认可也是尊重权利，但不同于消极不侵犯的尊重，其是积极的尊重，相反，国家不作为就是对参政权的侵害（不尊重）。其实即使是对私权利的尊重，也不再只是消极的不侵犯。权利的保障更需要国家履行积极作为义务。第二，国家保障参政权从法定权利转变为实有权利，需要国家采取积极措施，帮助公民满足通过自己努力仍不能实现的法定权利，这种国家义务可简称为实现义务。参政权的国家实现义务虽然也包含给付的内容，如提供行政参与程序等，但国家若只有程序性给付，则不能完全实现参政权的实体性权能，如公民的合法合理意见获采纳权等。这种实体性权能的实现，不仅需要国家给付公民参与程序表达意见和诉求的机会，还需要国家对公民意见和诉求的接受和吸纳，这是与给付反向的义务。因此，参政权由法定权利转变为实有权利的义务不宜概括为"给付"，而应界定为"实现"，这也与艾德教授的"实现义务"相吻合。第三，在国家确保参政权从应有权利变为法定权利，并由法定权利变成实有权利的过程中，如果有关国家机关怠于履行确认义务或实现义务，甚至实施违法行为侵犯参政权，相应国家机关应当给予救济，从而最终保障参政权的实现（实际享有）。这种国家义务称为救济保护义务。国家履行救济保护义务，一般需要受害人向法定国家机关提起救济申请。救济保护义务既是实现义务的必然要求，也蕴含不得侵犯的义务。参政权的国家救济保护义务也不同于传统国家义务理论的狭义保护义务——国家采取措施防止第三人对基本权利的侵害，因为参政权是公权利，其义务主体以及侵害危险主要来自国家，而不是第三人。

在国家切实保障参政权的整个过程中，实现义务是核心，是国家最主要的积极义务，而参政权实现的前提是其法律确认，当参政权不能实现时，也即意味着受到侵犯（不尊重、不作为），需要国家采取救济措施进行积极的保护。可见，在国家保障义务的结构中，实现义务处于权利保障的核心，确认义务是前提，救济保护义务为后盾。

因此，参政权国家保障义务的基本构成为国家的确认义务、实现义务和救济保护义务。

三、行政参与权的政府保障义务构成内容之导出

（一）基本权利维度行政参与权的政府保障义务

行政参与权是参政权的具体化，具有基本权利属性，因此，国家对参政权的保障义务之基本内容同样适用于对行政参与权的保障，亦即国家对行政参与权负有确认、实现和救济保护义务。国家作为基本权利保障的义务主体，并不是抽象意义上的国家，而是具体行使公权力的国家机关，包括国家立法机关、行政机关与司法机关。而且，就像国家权力存在分工一样，国家义务也在国家机关中存在分工。与国家权力分工原理相对应，国家义务主要由国家立法机关、行政机关和司法机关履行。因此，行政参与权的国家保障义务分别由国家立法机关、行政机关和司法机关承担。国家立法机关主要承担立法确认行政参与权的义务，保障行政参与权由自然权利转化为法定权利。国家行政机关主要肩负执法实现行政参与权的义务，通过执行国家立法机关制定的法律，使行政参与权由法定权利变成公众在行政活动中实际行使的权利，从而保障公众行政参与权的实现。国家司法机关则主要负有司法救济保护行政参与权的义务。当国家立法机关在立法活动，以及国家行政机关在执法活动中有侵犯行政参与权的行为发生，且利害关系人诉请救济时，国家司法机关应当通过司法审查纠正侵犯公众行政参与权的立法行为或执法行为，以保护公众行政参与权。国家通过这样的义务分工，共同保障公众的行政参与权。

上述国家对基本权利保障的义务分工是传统意义上的分工，政府亦即行政机关只负有执法实现义务，可称为狭义的行政执法实现义务。狭义的行政执法实现义务是传统国家职权分工原则下的产物，其具体意涵是指，在立法机关已经制定法律确认行政参与权的前提下，行政机关专门负责执行立法机关的法律，把行政参与权由法定权利转化为公众的实有权利，从而满足公众行政参与权的实现。在这种情况下，行政机关不需要也不能制定法规范确认行政参与权，当然也无需承担救济公众受侵

犯的行政参与权之义务。因此，狭义的行政执法实现义务是传统意义上的政府保障义务。

但随着社会的发展，传统的国家职权分工原则被突破，主要表现为行政权的扩张。为适应专门化、复杂化、多元化的社会治理，不得不授予政府一定的立法权，而且政府还获得了裁决社会争议的"准司法权"。当然，政府职权既是权力也蕴含义务，政府权力的扩张必然带来义务的增加。随着政府权力的扩张，行政参与权的政府保障义务也在原行政执法义务的基础上，扩展了行政立法义务和行政司法义务（行政救济保护义务）。狭义的行政执法实现义务扩展后，成为行政机关的全面保障义务。现代意义上的政府保障义务是行政机关的全面保障义务。亦即，政府除履行传统宪法义务分工中的行政机关执法实现义务外，还履行其他国家机关对基本权利的部分保障义务，从而涵括了基本权利维度的立法确认义务、行政实现义务和救济保护义务。但在宪法语境中，政府保障义务应主要是执行立法机关已制定的法律，把法定权利转变为公众的实有权利，当需要政府进行行政立法时，应当遵守法律保留原则，而行政机关的"准司法"救济保护也应遵循司法机关最终救济原则。

（二）行政法权利维度行政参与权的政府保障义务

公众行政参与权是在公共行政中具体使用和实现的。公共行政是行政机关运用行政权组织和管理公共事务的活动，行政机关有义务吸纳公众参与管理公共事务。公众参与公共事务管理，从而与政府形成了参与式行政法律关系，其主要构成内容是公众的行政参与权和行政机关的保障义务。公众在公共行政活动中行使的参与权即为行政法维度的行政参与权，行政机关负有保障其行使与实现的义务，它在政府对公众行政参与权的保障中居于至关重要的地位，决定公众是否能够实际享有行政参与权。

根据公众行政法权利维度行政参与权实现的逻辑进路和行政法律关系权利义务主体的恒定性原理，行政机关须依次履行公开行政、民主行政、责任行政和服务行政的义务。行政法权利维度行政参与权实现的第一步是公众能够参入行政活动中，实现行政参入权能。这要求行政机关开门行政，把相关行政活动信息，除依法不予公开的外，向社会公开或通知利害关系人，亦即履行公开行政的义务。行政参入权实现后，行政法权利维度行政参与权实现的第二步，也是至关重要的一环，则是公众在行政活动中可以表达利益诉求和行政建议等意见，并且能够请求行政机关采纳其合法合理的意见，亦即实现意见表达和获得行政机关采纳的权能。这要求行政机关公开行政之后，还要自觉向社会公众或利害关系人征求行政意见，并认真听取和分析研判意见，且对合法合理意见进行采纳，将其反映在最终的行政决定之中，使行政结果能够反映民意，从而做到民主行政。若行政机关能够履行公开行政和民主行政的义务，公众行政法权利维度行政参与权的权能能够基本实现。但行政机关有可能不会自觉履行上述义务，这时，公众便能行使参与监督权，对不履行义务的行政机关进行投诉举报和控告，要求满足其未能实现的行政参与权的权能和追究义务机关相应的法律责任。与此相对应，行政机关则需要保障公众参与监督权的实现，这是对行政机关责任行政的要求，行政机关应当树立自觉履行满足公众参与义务的责任意识，具有救济职责的行政机关则应当受理公众的投诉和控告，加强对相关行政机关履行义务的监督，对公众没有实现的行政参与权的权能进行补救，并追究不履行义务的行政机关的法律责任，从而确保公众行政参与权的实现。

行政机关在公共行政实践中做到公开行政、民主行政和责任行政，可以保障公众行使行政参与权，但还不一定能保证行政参与权的行使能够实现预期目标。行政参与权的完全实现还蕴含了对行政机关服务行政的要求。服务行政是以行政人员义务观念为核心的公共行政，要求行政人员了解并满足公民诉求和需要，及时提供优质的公共服务。[10] 而在行政参与权行使过程中，公众还有提供参与经费保障和提升参与能力等需求，这就需要行政机关为公众提供参与经费、参与知识培训和参与能力指导等服务，从而充分实现行政参与权的价值目标。

总之，行政参与权既有公民基本权利属性，更是公众具体的行政法

---

〔10〕 参见王喜明：《论服务行政中行政人员的义务观念》，载《学习论坛》2008 年第 11 期。

权利，政府对它们都负有保障义务。基于基本权利维度的行政参与权要求政府承担立法确认、行政实现和救济保护义务；基于行政法权利维度的行政参与权要求政府在行政实践中承担公开行政、民主行政、责任行政和服务行政义务。二者共同组成行政参与权的政府保障义务之构造框架。下文对其形成及具体内容进行详细阐述。

第二节 基本权利维度行政参与权的政府保障义务

一、基本权利维度行政参与权的政府保障义务之形成

公众行政参与权衍生于公民政治参与权，具有基本权利属性，也属于天赋人权。国家产生时，虽然个人把“权力权”让与了国家，产生了国家公权力，[11]但基于人性尊严和人民主权，人民保留了参与公共事务的权利，有权参与包括行政事务在内的国家事务，或直接参与，或间接参与，这就是政治参与权，简称参政权，也可称为参与权。参与公共事务的权利是人们在自然状态社会中就享有的权利，先于国家而存在。国家产生后，该权利则具有客观秩序价值，使国家负有保障的道德义务，这种国家义务是国家之所以存在的道义所在，是道德维度的义务，进而由宪法确立为法律维度的义务。世界人权公约和大部分国家的宪法文本都确立参与权的国家保障义务。政府是国家机构的主要构成，故而，政府对基本权利维度的行政参与权负有保障义务。

二、基本权利维度行政参与权的政府保障义务之内涵

基本权利维度行政参与权的政府保障义务，是在国家负有行政参与权之保障义务的基础上产生的。国家保障义务可分解为各国家机关的

---

〔11〕 参见杜承铭：《论基本权利之国家义务：理论基础、结构形式与中国实践》，载《法学评论》2011 年第 2 期。

义务，主要涵括立法机关的义务、行政机关的义务以及司法机关的义务。具体而言，根据国家机关任务的传统分工以及对行政参与权的保障作用，立法机关承担立法确认行政参与权的义务，行政机关主要承担执法实现行政参与权的义务，司法机关承担（司法）救济保护行政参与权的义务。其中，根据现代政府的权责，行政机关的义务，亦即政府对基本权利维度行政参与权的保障义务，也可以依次解构为立法确认义务、行政实现义务和救济保护义务。

三、基本权利维度行政参与权的政府保障义务之内容

传统基本权利的国家义务"三分法"理论未严格遵循权利保障之逻辑进路，也忽略了不同国家机关国家义务的分工，只可参考，但不宜照搬，而应根据行政参与权的保障内涵与逻辑进路，对基本权利维度的政府保障义务内容进行展开。

（一）立法确认义务

权利保障的逻辑起点是把权利形态从应有权利（道德权利）转化为法律权利（法定权利），对权利进行法律制度确认，亦即国家应当把行政参与权法定化。参与权是人民参与国家意志之形成，并由此而取得对国家之请求权，此种请求权与一般的自由权不同，并非请求国家权力之不行使或排除国家权力之侵害，而是"请求国家承认能为国家活动之权利"。〔12〕 这种承认不是国家的口头允诺，也不是简单地把行政参与权写进某个法律文本，而应将行政参与权及相关权利分别规定在国家法律体系之中，形成行政参与权保障的法律制度体系。

从应然层面看，除紧急状态及涉及国家秘密外，公众应当享有参与全部公共行政领域活动的权利，只是参与形式、广度和深度因行政行为性质以及行政行为与公众利害关系的不同而有所区分。这些公众参与权都需要在法规范中加以确认，这样应有权利才能全部转化为法定权利，从而获得全面的法制保障。故而，行政参与权分布领域具有广泛性，

〔12〕 参见叶必丰：《人权、参政权与国家主权》，载《法学》2005 年第 3 期。

权利内容具有丰富性和专业性。按行政领域分类，公众行政参与权包括行政立法参与权、行政决策参与权、行政执法参与权等。行政立法参与权又可分为行政法规制定的参与权、行政规章制定的参与权；行政决策参与权涵括行政规划参与权、环境决策参与权、价格决策参与权、教育决策参与权等；行政执法参与权蕴含行政处罚参与权、行政许可参与权、行政强制参与权、行政征收参与权、行政给付参与权等。

行政参与权的丰富性和专业性要求立法确认的精准化，这使具有行政专业局限的权力机关立法难以完全胜任行政参与权的法制化工作。行政机关则更加熟悉和明确各行政领域公众行政参与权法制化的必要，对行政参与权的类型和具体内容更有话语权，因而，可通过宪法、法律赋权或通过授权立法，使行政机关获得一定立法权，并制定法规范确认各种行政参与权，通过行政立法确认，使行政参与权成为公众在各行政领域都具备的参与权。具体而言，一是把权力机关未立法确认而又应当加以法制化的各行政领域之行政参与权进行确认，条件成熟后，有些重要的行政参与权应当升级为法律权利；二是将上位法规定的行政参与权具体化和明确化，使之更具有可操作性。当然，具有行政立法权的各行政机关确认行政参与权需遵守法制统一原则，而限制行政参与权则应遵守法律保留原则和紧急行政原则。

(二)行政实现义务

根据权利保障的实现进路，行政参与权由应有权利通过法制化成为法定权利后，公众还需在行政活动中能依法实际行使权利并使权利主张得以实现，最终产生权利效果，亦即使行政参与权成为公众实有权利。这个转化需要行政机关在行政实践中执行上述法律法规，把法律文本中的行政参与权变成公众在行政活动中能实际行使的权利，履行行政实现义务。

行政机关执行的法规范既包括权力机关制定的法规范，又包括自身有权制定的法规范，其行政实现义务贯穿于所有行政活动之中。行政机关在行政立法、行政决策和行政执法实践中，依照上述法规范，创造各种条件、机会和途径满足、促进并最终实现公众各种行政参与权的权能及相关权利。根据行政参与权实现进路,行政机关应当分别履行以下义务:其一,公开行政,实现公众行政知情权,使公众能够参入行政;其二,民主行政,实现公众行政参与权各项基本权能内容,使公众能够表达行政意见或利益诉求并影响行政结果;其三,责任行政,实现公众行政参与监督权,使公众受损害的行政参与权得以补救;其四,服务行政,履行对公众参与的支持、帮助和指导义务,促进行政参与权的最优实现。行政机关的行政实现义务是最主要的行政参与权的政府保障义务,下文还将专门对其展开阐述。

(三)救济保护义务

无救济则无权利,自然状态下人们与生俱来的权利因无权威机构救济与保护,而无法成为真正的权利。为改变自然状态社会无权威裁判者解决人们之间矛盾而导致的恐惧和不安,人们结集起来,把权力权让与人人都认可的共同体组织,作为权威的裁判者,保护大家的基本权利,这一共同体即为国家。为此,履行保护公民基本权利不受侵犯的义务成为国家存在的正当性基础,而公民基本权利发生侵害后,国家有义务进行救济和保护。可见,基本权利保护的需要决定国家的产生,也赋予国家保护义务,这是基本权利的客观价值秩序功能。行政参与权具有基本权利属性,当然也具有约束国家承担保护义务的客观价值秩序功能,国家应当履行保护义务,而且行政参与权是公权利,其义务主体主要是国家,其权利侵害也主要来自国家,故而,国家应当建构行政参与权的救济保护制度排除国家公权力机关的侵害。同时行政参与权又是主观公权利,具有主观权利的请求权功能。当行政参与权受到公权力侵害后,权利人可以要求国家履行救济保护义务。同样这里的国家当然包含了政府(行政机关)。

如果负有保障义务的行政机关能够自觉履行确认和实现行政参与权的义务,则行政参与权完成了由道德权利向法定权利,再由法定权利向实有权利的转换,那么公众行政参与权得以依法行使与实现。但是,正如孟德斯鸠所言:“一切有权力的人都容易滥用权力,这是万古不易的一条经验。"[13]公权力的强制力使其具有一种不断向外扩张的内在动力，在这种扩张的趋势面前，如果缺乏有力和有效的手段来遏制其扩张的行为，那么公权力的扩张就会变得肆无忌惮。[14] 质言之，若对具有天然扩张性和侵蚀性的公权力缺乏必要的制约、压力和责任，则公权力掌握者要么怠于行使职权，要么滥用职权，都会对公民权利形成侵犯。如在行政参与权保障过程中，行政立法机关可能不制定法规范确认公众行政参与权，或虽制定法规范，但克减公众行政参与权，甚至否认公众行政参与权；而行政决策和执法机关在行政实践中也可能没有吸纳公众参与行政，甚至拒绝公众参与行政活动。这时，需确立政府对公众行政参与权的救济保护义务，促使行政立法、决策、执法机关履行立法确认义务和行政实现义务，并通过追究相关行政机关及责任人的法律责任，倒逼其履行保障行政参与权的义务。这是行政参与权保障的最后屏障，谓之事后保障义务。

1. 政府不履行立法确认义务的救济

行政机关不履行行政立法义务属于抽象行政行为违宪或违法，在欧美国家可通过司法审查途径解决。在我国，根据《宪法》、《立法法》和《地方各级人民代表大会和地方各级人民政府组织法》的相关规定，行政机关不履行行政立法确认义务时，公民可以向同级权力机关或者上级行政机关提起审查请求。具体而言，国务院有立法不作为或制定的行政法规有损公众行政参与权时，公民可向全国人大常委会提起审查和监督的建议，全国人大常委会相关工作机构应当根据《宪法》《立法法》的相关规定，并比照行政法规备案审查的规定进行处理和反馈。国务院部委有立法不作为或制定的规章有损公众行政参与权时，公民可以向全国人大常委会或国务院提出审查请求，相关工作机构也应当根据《宪法》《立法法》的相关规定，并比照规章备案审查的规定进行处理和答复。地方政府的立法不作为或制定的规章有损公众行政参与权时，公民可向上级

---

〔13〕 [法]孟德斯鸠：《论法的精神》，张雁深译，商务印书馆 1986 年版，第 151 页。

〔14〕 参见潘爱国：《论公权力的边界》，载《金陵法律评论》2011 年第 1 期。

行政机关进行控告，上级行政机关认为规章侵权成立的，可以要求其修改，不进行修改的，可以自行变更或撤销，对于立法不作为成立的，可以责令补正；公民也可向同级人大进行申诉，同级人大常委会可以进行合法性审查，认为规章侵权成立的，可以要求其修改，不进行修改的，可以撤销违法的规章，对于立法不作为成立的，可以建议补正。当然，对于规章的合法性审查将来也可考虑纳入我国行政诉讼的范围。

2. 政府不履行行政实现义务的救济

行政机关不履行行政实现义务引起的争议中，有的属于抽象行政行为争议，如行政立法实现义务和部分行政决策实现义务不履行引发的争议，其救济方式可参考上述行政立法机关不履行立法确认义务的救济。行政机关不履行行政实现义务引发的争议中，较多属于具体行政行为纠纷，包括实现行政执法参与权和部分行政决策参与权。这些争议的解决，符合条件的，权利人可先提起行政调解，不能达成调解协议或虽达成协议，但行政机关仍不履行义务的，再提起行政复议，权利人若不服行政复议决定，则可提起行政诉讼。这些内容下文将进行具体阐述。

第三节　行政法权利维度行政参与权的政府保障义务

一、行政法权利维度行政参与权的政府保障义务之形成

行政参与权主要是行政法权利，是公众参与行政活动的权利，需在公共行政中行使与实现。公众行使行政参与权实际上是与行政机关分享公共事务的管理权，这无疑需要行政机关予以回应、合作和支持。如前所述，基于人民主权、参与式民主、正当程序、利益代表等原理，公众行政参与权具有正当性，亦即应当享有参与公共行政的权利，行政机关则必须承担保障行政参与权在公共行政中实现的义务，而且，行政机关在公共行政实践中对公众参与的具体保障，是公众行政参与权行使与实现的主要倚靠。

二、行政法权利维度行政参与权的政府保障义务之内涵

根据行政参与权在行政活动中实现的逻辑进路，行政法维度的政府保障义务涵括公开行政义务、民主行政义务、责任行政义务和服务行政义务，并贯穿于行政立法、行政决策和行政执法等行政领域之中。

公众要行使行政参与权，应当能够参入行政过程之中。这就要求行政机关公开行政，将行政活动向社会开放，提高行政透明度，让公众能够顺利迈入政府行政的门槛，从而进入行政过程之中，行使各种参与权的权能。对于公开行政与行政参与的关系，不少学者都有过精辟的论证，如“信息公开是公众有效参与的基本条件和前提”〔15〕，“行政公开是参与式行政的必然要求”〔16〕。这些论者的观点都一致表明公开行政是行政参与的先决条件。因为只有政府公开行政，公众才能知道行政活动是否开展以及进展情况，才有可能进入行政过程表达意见与诉求，也才知道如何与行政机关进行博弈，并影响行政结果，实现参与行政的目的。因此，公众行政参与权的实现，需以行政机关公开行政为前提，亦即公开行政是行政机关满足行政参与权实现的前提性义务。从权利义务关系的维度而言，行政机关履行公开行政的义务直接满足的是公众行政知情权，公众只有在行政机关履行公开行政义务的前提下，才能了解行政活动开展的各种信息，也才有进一步参入行政活动过程中行使行政参与各项权能的可能。因此，行政知情权是公众能够参与行政的前提性权利。行政机关满足公众行政知情权实现的义务，亦即公共行政的义务，则为实现公众行政参与权的前提性义务。

行政机关公开行政使公众有了参与行政的可能，为使这种可能成为事实，并达致公众参与促进或制约行政权之目的，公众还需要具备行政参与的权能，并实现这些权能。行政参与权包含行政活动介入权、行政

〔15〕　姜明安：《公众参与与行政法治》，载《中国法学》2004 年第 2 期。

〔16〕　莫于川：《公众参与潮流和参与式行政法制模式——从中国行政法民主化发展趋势的视角分析》，载《国家检察官学院学报》2011 年第 4 期。

意见表达权、意见获合理回应权、合法合理意见获采纳权、参与决定权和参与实施权等民主性权能。这些权能汇集起来就是公众能够以主体身份参加行政、表达意见且能使民意融入行政结果,这无疑是民主性权利。这些民主性权利的实现,都需要行政机关履行相应的满足义务,将其转化为对行政行为的要求,实质就是民主行政。而相对于行政参与的前提性权利——行政知情权而言,行政参与的各项权能是行政参与本身应当具有的权利,如前所述,可谓之行政参与的本体性权利。那么,行政机关满足行政参与本身各项民主性权能实现的义务,亦即对行政机关民主行政的要求,可称为本体性义务。

另外,即使明确了行政机关满足行政参与权实现的义务,也不能保证公众行政参与权的实现。因为有时行政机关可能不会自觉履行上述义务,甚至有可能阻碍公众行政参与权的行使,因而还需科以行政机关一种确保其履行上述义务之义务——责任行政的义务。首先,要求行政机关在公共行政中树立自觉履行满足公众行政参与权实现义务的责任意识。其次,如果行政机关不履行相关义务,应当承担相应的法律责任,上级行政机关和专门行政机关应当在权限范围内加强对相关行政机关履行义务的监督,并依法追究和落实相关行政机关不履行义务的法律责任,确保公众行政参与权的实现。同样从权利义务关系的维度来看,在行政参与过程中,行政机关承担满足行政参与权实现的责任行政义务,意味着具有行政参与资格的公众同时也具有监督行政机关是否履行满足行政参与权实现义务的权利,如对不履行义务的行政机关可以向法定机关进行投诉、举报和控告,要求对受到侵犯的行政参与权进行补救并追究义务机关相应的法律责任等。这种监督权可称为参与监督权,它对于确保行政参与权的实现起补救作用,因此,又可称为补救性权利。与此相对应,行政机关也需要满足公众参与监督权的实现,这也是对行政机关责任行政的要求,可称为补救性义务。

行政机关在行政实践中能够做到公开行政、民主行政和责任行政,可以保障公众得以行使行政参与权,但并不能保证行政参与权的行使取得积极效果。而在行政实践中,受主客观因素影响,如参与者的素质和能力、组织行政参与需要人力和物力等资源支持，公众行政参与权的行使可能会增加行政成本，降低行政效率，甚至会因非理性参与而损害公共利益。因此，为了使公众行政参与权依法、有序、合理行使，优化公众参与行政的质量，提高参与式行政的效率，充分发挥行政参与权的积极功能，行政机关还需采取一切手段促成和帮助公众正确有效行使参与权。这就是行政机关的促进性义务，这需要行政机关为公众提供参与知识、参与经费以及参与指导等服务，亦即需要行政机关履行服务行政义务。

总之，公众行政参与权的实现，需要以行政机关公开行政为前提，民主行政为根本，责任行政为后盾，服务行政为补充。这四者实质上就是对行政机关在公共行政中满足公众行政参与权实现的义务要求。因此，遵循行政机关履行上述义务的逻辑进路，行政法维度政府保障义务之构成内容依次为公开行政、民主行政、责任行政和服务行政。根据四者与行政参与权实现的逻辑关系，又可分别称为前提性义务、本体性义务、补救性义务和促进性义务。其中，民主行政的义务是政府保障义务的根本和核心。

三、行政法权利维度行政参与权的政府保障义务之内容

行政法权利维度行政参与权的政府保障义务之实质是对行政机关从事各种行政活动的具体义务要求。公众行政参与权在公共行政中的有效行使，正是需要行政机关履行各种具体义务，且这些义务应当明确化。这就要求行政机关公开行政、民主行政、责任行政和服务行政的义务内容进一步充分展开。

（一）前提性义务——公开行政

公开行政是指行政活动的依据、过程和结果等向社会公开，使社会公众能够知悉行政活动的相关信息。行政机关公开行政直接满足公众的行政知情权，并进而实现公众的行政参与权。公众只有在知政的基础上才能有效参政。因此，公开行政的义务是满足公众行政参与权实现的前提性义务，其核心要求是行政信息公开，建设透明政府。

具体而言，在公共行政中，行政机关除依法必须保密的信息外，应当以社会公众易于获得的方式，及时公开全面、准确、真实的行政信息，以便社会公众能够有效参与行政和监督行政。首先，行政机关公开信息一定要及时。对于行政机关应主动公开的信息，信息一旦形成，就须立即向社会公开，尤其是涉及社会公共事件的信息，更应在第一时间向社会公开，使公众能够在明确真相的基础上，客观、正确、理性地对公共事件进行评论和监督，从而避免谣言以讹传讹造成负面的社会影响，甚至消解政府的公信力；对于依公众申请公开的行政信息，若符合信息公开条件，行政机关能够立即公开的，应当立即公开，不能立即公开的，也应当在法定期限内公开，以满足公众的知情权和进一步的参与权。其次，行政机关公开的信息应当全面、准确和真实。全面是指行政机关应当对信息的全部情况予以披露，包括公开行政动议、行政依据、行政过程和行政结果等；准确是指行政机关对自身发布的信息应充分核实，认定无误后才能发布；真实是指行政机关不得提供虚假的信息误导社会公众。[17]

当然，为使行政机关更好地依法履行公开行政的义务，需要国家制定法律建立政府信息公开法律制度，确认行政知情权。当行政知情权尚未得到国家法律的明确规定时，行政机关则应当先制定行政法规、规章确认它，同时保障其实现。当相关行政机关没有依法履行公开行政的义务时，亦即侵犯了公众的行政知情权时，专门行政机关或上级行政机关应当给予救济保护。公众可以通过行政调解、行政复议等方式请求专门行政机关或上级行政机关予以保护，以督促相关行政机关履行公开行政的义务。如果专门行政机关或上级行政机关不履行救济保护义务，当事人可以向司法机关提起行政诉讼，请求司法机关给予救济。

（二）本体性义务——民主行政

“在公共治理时代，民主行政成为‘治理’的新典范，成为多元治理

〔17〕 参见方世荣、石佑启主编：《行政法与行政诉讼法》，北京大学出版社 2005 年版，第 60 页。

主体之间的公共事务治理机制。”[18]民主行政以公民积极的参与行为为典型特征和重要的管理运行方式。[19] 而行政参与行为权利化之必然，使民主行政的核心要求聚焦为行政机关全面满足公众行政参与权的实现。这是行政参与本身应具有的权能，故而谓之行政参与的本体性权利，行政机关满足其实现的义务则可称为本体性义务。如前所述，行政参与权是蕴含行政活动介入权、行政意见表达权、意见获合理回应权、合法合理意见获采纳权、参与行政决定权和参与行政决定实施权等权能内容的民主性权利。这些权利首先需要国家法律的确认，国家法律确认之后，行政机关应当全面满足公众这些民主性权利的实现。这意味着行政机关应当在公共行政中履行以下义务：吸纳公众参与，满足公众的行政活动介入权；倾听民意，满足公众的行政意见表达权；及时回应民意，满足公众的意见获合理回应权；吸收民意，满足公众的合法合理意见获采纳权；特定情形下，与公众协商甚至共同作出行政决定，满足公众的参与行政决定权；特殊条件下，吸纳公众共同实施行政决定，满足公众的参与行政决定实施权。为满足行政参与权各项权能的充分实现，这些义务需分别加以具体化。

1. 吸纳公众参入行政

公众要参与行政活动，必须获得行政参与的资格和机会，亦即获得介入行政的可能。这是公众的行政活动介入权，是公众参与公共行政的基础性权能。与此相对应，行政机关应该满足公众介入行政活动的权利要求，吸纳公众参入行政。

首先，行政机关应当依法认可符合法定条件的公众之行政参与资格，承认其应有的参加行政活动权利。认可的法定标准一般应采取政治、身份以及利益关联的三重标准。具体而言，一是享有政治权利；二是为中国公民；三是与行政活动有利益关系，包括个人利益关系与公共利

---

〔18〕 公维友、张全新：《公共治理与民主行政的发展》，载《山东社会科学》2014 年第 4 期。

〔19〕 参见冀鹏元、刘伟红：《民主行政视野下的公民参与浅析》，载《行政论坛》2003 年第 6 期。

益关系，个人利益关系主要表现为财产性利益，此时的公民是利害关系人，公共利益关系表现为公共性利益，此时的公民已经是大众身份。[20]凡是符合以上法定条件的公众，行政机关都应承认其参与主体资格。外国人和无国籍人一般不具有行政参与资格，如果是利害关系人，应当认可其具有参与和自己有利害关系的行政决策和行政执法的资格，但不应确认其参与行政立法的资格。

其次，行政机关应当为具有参与资格的公众提供行政参与的机会。公众获得参与机会有两种方式：一是被邀请或被允许参加行政机关启动的行政活动，二是主动提起的行政动议获得行政机关的认可。对于第一种情况，即行政机关发起行政活动，应当为公众介入行政过程提供便利条件和途径，如向公众发放调查问卷，提供问政热线电话，通过网络征集公众意见，开办政务论坛，以及举行论证会、座谈会、听证会等，并且还需把参加行政活动的方式、地点、时限及时通知具有参与资格的公众。对于第二种情形，即对于公众依法提起的行政议案（包括行政立法议案、行政决策议案和行政执法建议等），需要求行政机关予以受理并及时审查，若具有必要性和可行性，行政机关应当启动相应的行政程序（行政活动）。

行政机关否认和忽视公众依法具有的参与资格，未提供参入行政过程的机会，以各种缘由违法阻止有参与资格的公众介入行政机关已发动的行政活动，或对于公众有权主动发起的行政动议，行政机关不启动相应的行政程序等，都是未履行吸纳公众参入行政之义务的表现，有悖民主行政的要求。

2. 征集并倾听公众意见

行政参与不只是出席行政活动，公众不是行政活动的旁观者或旁听者，而是行政事务的共同治理者。公众介入行政过程后，需要表达自己的行政建议或利益诉求，并力求影响行政结果。为实现影响行政结果之

---

〔20〕 参见陈振宇：《城市规划中的公众参与程序研究》，法律出版社2009年版，第84～85页。

目的，公众应当具有表达建议或利益诉求的权能，亦即行政意见表达权。公众在行政活动中有目的地展示自己的治理知识和利益诉求，具体包括陈述相关信息，提出治理建议，表达利益要求，与行政机关进行辩论等，为政府提供立法、决策和执法的相关信息和方案，为行政机关信息识别、利益衡量、方案选择，以及最终作出行政决定提供事实依据，从而提高行政决定的正当性和效率。

为满足公众行政意见表达权的实现，要求行政机关进行行政立法、行政决策和行政执法时应当经过征集民意的程序，亦即征求社会大众或利害关系人的意见。具体而言：第一，行政机关应当为社会公众，尤其是利害关系人提供充分表达意见的条件和平台。这需要行政机关积极创造各种机会，开辟多种途径和方式，提供便捷的表达场所，征求和收集各方利益代表的意见。第二，准予参与人完全充分地表达主张与诉求，充分满足参与人的意见表达要求。这要求行政机关征集意见的对象范围应当广泛，尤其需要覆盖所有利害关系人，应给予参与人充足的时间和机会表达意见；行政机关不能只向自己圈定的部分公众代表征集意见，不能因有些参与人提出的意见与行政机关意见不一致，甚至批评政府，而阻止这些参与人表达意见。第三，认真倾听或阅读参与人提出的意见。在行政机关征集意见的过程中，对于参与人口头表达的主张和诉求，行政机关应当认真倾听，而不能充耳不闻；对于参与人书面提出的意见，行政机关则应认真阅读，而不能束之高阁。以上义务要求都是行政机关民主行政的基本表征，行政机关若不履行这些义务，则会堵塞民意。

3. 合理回应公众意见

参与人一旦提出了意见，就应当获得行政机关的合理回复，这是公众所具有的意见获合理回应权。与此相对应，行政机关需要合理回应公众意见，这也是行政机关对待公众参与应有的诚意，是尊重民意的体现，更是民主行政的必然义务要求。这一义务能约束行政机关必须认真倾听和考虑民意，从而防止行政机关对民意表达置之不理。缺乏这一义务约束，公众意见虽然表达却不能引起行政机关的认真对待，也就没有影响行政结果的可能，公众行政意见表达权只是一种单方表达意愿的权利,会失去应有的价值。正如有学者所言,"无实质性回应的'公众参与',在民众看来只是一种愚弄和政府的'作秀'"[21]。

为满足公众意见获合理回应权的实现,首先,行政机关应当整理并汇总征集到的公众意见,做到认真细致,完整全面,不能有任何遗漏。其次,对汇总的意见进行客观、公正地审查、分析和判断。最后,对征集到的公众意见进行合理的回复。合理回复的具体要求又包括:一是时间上合理,对于公众提出的行政意见,行政机关应当在法定时限内回复,没有法定时限要求的,也应及时回复,不能久拖不回或迟延回复;二是质量上合理,要求对公众意见的回复有针对性,而且内容充分、准确和真实;三是态度上合理,要求行政机关认真对待公众意见,不得敷衍了事;四是方式上合理,要求行政机关根据回应的对象,采用参与人能够及时获得回复信息的方式进行回应与反馈。

但是,行政机关对公众意见进行合理回应,并非要求对每一个参与人的每一条意见都要进行回复,若如此,会耗费不必要的行政成本。因而"合理回应"也具有一定的裁量性。这主要是指行政机关对哪些公众意见需要进行回复,具有一定的裁量权。行政机关裁量的依据有二:一是根据提出意见的参与人数规模决定回复的实际可能性。一般而言,若提出意见的参与人较少,则应当逐一回应,若提出意见的参与人很多(如网络征求意见),逐个作出回复不太可能,则可按照分类办法对同类意见统一回复。二是根据参与人与行政活动的利害关系程度决定回复的必要性。一般而言,利害关系程度越高,则越具有回复的必要性。如在较大规模的行政参与中,一般是按意见分类予以回复,但对于其中的主要利害关系人,需要逐一反馈。

4. 采纳公众合法合理意见

参与人表达的意见即使获得了行政机关的回应,但如果行政机关并未吸收和采纳,也不能影响行政行为的结果,从而使行政参与权失去促

〔21〕 王锡锌主编:《行政过程中公众参与的制度实践》,中国法制出版社 2008 年版,第 301 页。

进或制约行政权的功效。因此,为使行政参与权的价值真正得到实现,公众需具有提出的合法合理意见获得行政机关吸收和采用的权能,亦即合法合理意见获采纳权。这要求行政机关在公共行政中应当采纳公众提出的合法合理建议或诉求,从而满足公众合法合理意见获采纳权的实现。当然,公众意见获得行政机关采纳的前提是合法合理。首先是指参与人的建议或诉求合法合规;其次是指参与人的建议或诉求有正当理由,或具有充足的事实根据,或经过正当程序而产生。公众合法合理意见获得行政机关的采纳是民主行政的实质体现。

对于公众合法合理意见获采纳权,行政机关应当做到下列基本要求:其一,行政机关在行政过程中作出行政决定时,应当吸收和采用参与人合法合理的意见,或者要以参与人合法合理的意见作为参考依据,亦即行政决定虽然没有直接采用参与人的意见,但对参与人提出的建议进行了充分考量,能反映参与人主要的行政主张或利益诉求。其二,当行政机关没有吸纳参与人的建议或诉求时,应当说明理由,并及时向参与人反馈。其三,应以参与人容易知晓的方式及时全面地公开公众意见的采纳情况。如果行政机关不履行上述义务,对参与人的意见"只听不取",则民主行政将徒有其表,流于形式。

5. 特定情形下与公众共同决定

这是行政机关满足公众参与决定权实现的义务。一是重大行政决定需要公众代表参入予以监督,行政机关应当吸纳公众代表出席政府的表决会议,并给予其对作出行政决定发表意见的机会。二是当行政决定涉及众多公民和组织的利益,且各方建议和诉求有重大分歧,相持不下,行政机关难以识别其价值和正当性,从而很难决定建议和诉求的取舍时,行政机关应当引导公众代表一起协商作出决定,若协商不成,则允许公众代表和相关行政部门代表通过多数决的方式投票决定。若此时完全由行政机关决定公众意见取舍,"行政机关反而因此有更多机会被利益集团所俘虏"。〔22〕 这种"俘虏"是可以矫正的,大致是通过行政机关决

〔22〕 参见翁岳生主编:《行政法》(上),中国法制出版社 2009 年版,第 606 页。

定过程的民主化从而将大量的利益集团(利益代表)都包含在内。[23] 赋予各利益代表特定条件下的参与决定权便是防止"管制俘获"(regulatory capture),使行政决定过程充分民主化的策略。否则,行政决定将会失去正当性和可行性。当然,如前文所述,行政机关满足公众参与决定权的义务只适用特殊条件下的行政决定。

6. 特定条件下吸纳公众参与行政决定的实施

这是行政机关满足公众参与实施权实现的义务。参与实施权是社会公众参与行政决定执行的权能。对于民主行政的最后结果而言,是实施符合民意的行政决定,实现个人合法权益和公共利益的双赢。一般情况下,如果行政机关满足了公众上述五种权能,由行政机关单独实施行政决定,已能体现民意并实现公共行政的目的。但在下列三种情况下应当赋予公众参与实施权:一是在特定行政领域,与行政活动没有利害关系的公民协助执行行政决定,可以帮助行政机关减少行政成本,更为有效地实现行政管理目标,维护公共秩序和公共利益。二是对行政立法、行政决策、行政执法实施情况的评估,公众有权参与评价,并提出相关意见和建议。三是利害关系人在行政机关怠于实施已吸纳自己合理诉求的行政决定的前提下,参与跟其利益相关的行政决定之实施,如主动提出实施与自己利益相关的行政决定的建议,督促与协助行政机关顺利实施行政决定等。对于上述第一种情况的公众参与实施权,行政机关应当支持鼓励符合条件的公众协助执行公务,为协助行为提供方便,对协助行为予以保护。对于上述第二种情况的公众参与实施权,行政机关则应当吸纳公众代表参与行政决定实施效果的评价,并采纳公众提出的合理意见,改进行政决定实施中发现的问题。而就第三种参与实施权而言,行政机关应当接受利害关系人关于行政决定实施的建议,及时启动实施程序,及时执行行政决定,以及必要时接纳利害关系人协助执行行政决定。

---

〔23〕 参见[美]朱迪·弗里曼:《合作治理与新行政法》,毕洪海、陈标冲译,商务印书馆2010年版,第335页。

（三）补救性义务——责任行政

责任行政、权责统一，是民主行政的内在要求，且是民主行政的重要保障。行政权源于人民授权，政府行使行政权应当对人民负责，接受人民的监督，违法行使职权或不履行职责，都应当承担法律责任。行政机关行使行政权进行公共事务管理时应当保障公众行政参与权的有效行使，公众对此享有参与监督权。参与监督权是公众对行政机关履行满足行政参与权实现义务的情况进行举报（投诉）和监控的权利，包含对行政机关义务履行的举报（投诉）权，以及未履行相关义务的控告权等。行政机关未履行满足公众行政参与权实现的义务，应当接受公众的监督，并进行纠错和补正，这是行政机关对实现公众行政参与权的责任担当，也是责任行政的体现，是对公众行政参与权实现的补救性保障义务。

公众享有参与监督权后，可以在行政过程中，对行政机关履行满足行政参与权实现义务的情况进行举报（投诉）和指控。如果有参与权的公众有理由认为行政机关工作人员未履行满足其各项参与权的权能实现的义务，诸如未发表行政公告，未通知其参与行政活动，未征求其意见，或虽征求了意见但并未采纳其合法合理意见等，都可以向工作人员所在行政机关、上级行政机关或主管部门举报投诉，要求纠错和补正。对不自觉接受有参与权的公众监督且未履行相应义务的行政机关，权利人可以向履行调解职能的行政机关提出行政调解申请，若调解不成，权利人可以向上级行政机关申请复议，申请人不服行政复议决定，符合起诉条件的，还可向法院提起行政诉讼，通过司法监督使行政机关承担相应的法律责任，履行满足行政参与权实现的义务。公众通过行使参与监督权，能够督促行政机关更好地履行满足行政参与权实现的义务。

国家应当通过立法确认公众的参与监督权，并建立行政参与权救济制度，包含举报投诉、行政调解、行政复议和行政诉讼等。在公共行政实践中，公众行使参与监督权时，各级行政机关应当接受这种监督。具有参与权的公众认为行政机关工作人员未履行满足行政参与权的义务，向原行政机关提出举报投诉，并申请启动行政参与程序时，行政机关应当受理并及时向申请人作出回应，对能够补正和履行的，应当及时补正和履行,不能补正和履行的,应当说明原因,对因此给申请人其他合法权益造成的损害,应当给予赔偿。有参与权的公众向专门行政机关或上级行政机关提出有关行政参与权争议的行政调解或行政复议申请后,符合受理条件的,专门行政机关或上级行政机关也应当及时受理,并在法定期限内作出调解协议或复议决定,且督促义务机关履行满足行政参与权实现的补救义务和承担相应的法律责任。若行政决定已经执行而不能恢复行政参与程序,专门行政机关或上级行政机关应督促义务机关对给申请人其他合法权益造成的损害给予赔偿。经过司法监督(行政诉讼)程序的,义务机关应当自觉执行法院有关行政参与权争议的裁判。

(四)促进性义务——服务行政

服务行政是公共行政发展的趋势,传统管制行政向服务行政转变是当代政府职能转型的必然要求。在参与式行政中,政府同样应当履行服务行政的职责,加强对公众参与的指导和帮助,为公众参与行政提供更好的条件,提升公众参与的能力,调动公众参与的积极性,在公众能够参与行政过程表达意见和诉求的基础上,提高参与的质量和效率,促进行政参与权有效行使以及行政参与目标最优实现。此为政府保障公众行政参与权的促进性义务。其具体内容主要包括以下四个方面。

1. 加强公众参与的培训与指导,提高公民公共性品格和参与水平

公众参与行政不但要促进合法行政,更应促成最佳行政。而高质量的行政参与需要参与者素质、品格、技术与能力的支撑。虽然公民自身可通过自我学习和参与实践训练不断提升参与品格和能力,但是由于学习和参与都需要成本,加之很多行政活动与自身利益并无直接利害关系,即使有利害关系,也存在“搭便车”心理[24],故而,公民自觉学习提升参与水平的动力不足,这样会导致公众参与能力及积极性不足,从而影响行政参与的效能。基于政府对公众行政参与权的促进性义务,需要行政机关提供提升公众参与品格和能力的培训和指导等服务,保障公众参与的合法、有序、理性和高效。具体包括:(1)公民教育——参与品格

---

〔24〕 参见陈晓勤:《邻避问题中的利益失衡及其治理》,载《法学杂志》2016年第12期。

的提高。教育公民懂得公民权利与义务、公共利益与私人利益关系的内涵，培养公共意识和大局观，养成公共品格，学会理性参与，知晓让步、妥协、共赢等。(2)参与法律知识培训——参与素质的提高。指导学习宪法与行政法知识，理解参与原则、参与要求、参与对象和参与程序，学会依法参与。(3)参与技术学习——参与能力的提高。指导学习网络参与技术、信息搜集与识别、提案书写，以及谈判、沟通和辩论技巧等，促进高质量的公众参与。这些教育和培训的方式包括：通过政府官网指导公众参与学习，发布公众参与指南；进行社区教育，印成宣传小手册，进行社区宣传、指导和学习；定期举办提高公众参与能力和技术的培训班等。

2. 促进个体利益组织化，提升公民参与行政的博弈能力

公众参与行政从参与主体来看，主要有两种：一是作为个人的公民参与；二是法人或其他组织的参与。这两种参与主体的参与能力和效果不可相提并论。公民个人虽然也可参与各种行政活动，发表行政意见，如通过网络留言参与行政立法或行政决策的网络意见征集活动，或者作为公民代表参加行政机关举行的座谈会、论证会和听证会等。但是行政参与是多元利益的交涉和博弈过程，个体利益往往要与各种强大组织利益进行较量，其目的都是欲说服行政机关采纳自己的意见和利益诉求。在这场博弈中，一些强大的利益集团(组织)往往具有竞争优势，他们与行政机关交往较多，掌握的行政信息更准确与全面，提出的意见和诉求更有针对性和说服力，因此，政府很容易被他们说服而听取他们的意见和诉求。[25] 而孤单的个人则完全处于劣势地位，其掌握的行政信息有限，表达的意见可能因欠缺说服力而难以获得政府的重视，这样的行政参与当然是不公平的，也很难实现促进公共行政合法、合理与科学的价值目标。

改变这种现象的可能方案就是，行政机关应当支持、指导和帮助一些有组织化可能的分散利益个体成立社会组织，在一些较强利益博弈的

---

〔25〕 See Amitai Etzioni, *The Capture Theory of Regulations—Revisited*, Society, Vol. 46:4, p. 319 – 323(2009).

行政立法与决策中，使行政参与成为各利益代表之间，以及各利益代表与政府之间公平的交流、互动和磋商的场域。促进个体利益组织化实际上是保障公民的结社权，这是政府应当履行的职责，一般是负有不得阻碍和禁止公民结社的消极义务。而这对于公民参与行政而言，则是具有服务性质的促进性义务。因为公民个人无需组织也能基本实现行政参与，亦即公民无需保障结社权也能行使行政参与权。但是很多情况下，如果不把分散的利益组织化，公民个体参与因其参与力量薄弱，其利益主张往往会被一些强大组织利益所吞噬[26]，其利益诉求可能得不到政府采纳，结果虽然参与了行政，发表了意见，提出了利益诉求，但并未真正实现参与目的，从而导致了参与结果的不平等，最终的行政决定也可能会失去正当性与科学性。因此，公民需要政府的帮助，促使公民个体组织起来，指导培育各种社会组织，使行政参与成为各种利益组织的公平参与，促进行政决定的利益均衡和科学合理，从而实现行政参与的应然功能。具体而言，其一，政府应当积极促成符合条件的各行各业依法成立各种社团组织，并引导它们代表社团利益积极参与公共行政；其二，促进已成立的社团真正代表成员利益参与行政，凝聚成员基本共识，表达成员共同诉求，切实保护和实现成员共同利益。“社会组织的发展需要政府提供多维度的支持：在系统层次上，需要提供足够的生态容量、多元性支持以及有效的选择机制；在个体层次上，需要提供专业知识和社会网络的支持、差异有效的能力培养、多样化的外部资源以及顺畅的政策倡导。”[27]

3. 建立公众参与的奖励制度，鼓励公众有效参与

公众参与行政的目的有二：一是基于维护参与者的个体利益；二是为了促进公共利益（当然也会间接影响个体利益）。前者无需政府过多动员和激励，而后者往往由于参与成本较高以及参与结果不确定等因素

---

〔26〕 参见王锡锌：《利益组织化、公众参与和个体权利保障》，载《东方法学》2008 年第 4 期。

〔27〕 郁建兴、腾红燕：《政府培育社会组织的模式选择：一个分析框架》，载《政治学研究》2018 年第 6 期。

的影响,加上“搭便车”心理的作用,从而导致公民致力于公益参与的积极性欠缺。为调动公众参与行政的积极性,鼓励合法、有序、高效的公众参与,政府应建立行政参与奖励制度,确定奖励主体、对象、标准、种类、内容和程序等。奖励主体可为采纳公众意见作出行政决定的行政机关;奖励对象则是为了维护公共利益,积极参与公共行政、提出合理可行行政建议、促成行政目标有效实现的参与人;奖励标准包括参与次数、意见建议采纳情况、对行政目标实现的贡献等;奖励可设物质奖励和荣誉称号;奖励程序可分为依职权奖励和依申请奖励。

4. 加强对公众参与行政的财政投入,为公众参与提供物质保障

公众有效行使行政参与权需要经济成本,也需要各种资源支持。经济上公众参与需承担交通费、住宿费、资料费、误工费等,资源上需要网络、场地、数据、资料等支撑。因此,基于个人目的之参与,公民可能愿意承担这些成本,当然也有的因客观条件所限而不得不放弃参与。个人目的参与也有利于促进依法行政(监督行政权),政府也应当鼓励和支持。基于公共目的之参与的公民,因参与成本因素而放弃参与的可能性更大。而行政机关吸纳公众参与本身也需承担经济成本,如网络平台建设,举办座谈会、论证会、听证会等,一些行政机关因考量经济负担,也不愿吸纳公众开展参与活动,或者不全力开展公众参与。这样势必会影响行政参与的效果与发展。因此,为促进行政参与的有效开展,政府应当为公众参与行政提供物质保障,包括经费支持和资源供给。政府财政应提供专项的行政参与经费,用于公众参与的网络平台建设和举办论证会、座谈会、听证会、公民调查等参与活动的费用,以及用于奖励提供富有成效的建议的公共参与者等。对于公共目的之参与者因参与行政活动所用的交通费、食宿费、材料费、住续费等应当给予报销;而对于个人目的之参与者应免收听证费、救济费用等,降低其参与成本。[28]

至此,通过上文的分析与论证,可以勾勒出行政参与权的政府保障

〔28〕 参见高存山:《公众参与行政立法激励机制探讨》,载袁曙宏主编:《公众参与行政立法中国的实践与创新》,中国法制出版社 2012 年版,第 298 ~ 299 页。

义务构造之整体框架，其中行政法权利维度的政府保障义务是主要构成内容。

“社会的变迁，治理模式的变革及其带来的其他规范性价值的转变，意味着公共管理者以及政府组织内外的领导者都必须面临一个不断强化的，必须履行的责任，那就是，在所有类型的公共决策过程中，必须让公民参与进来。”〔29〕换个角度而言，赋予公众与政府合作治理公共事务的权利，是社会变迁与民主政治发展的必然要求，也是政府治理能力现代化的必然路径。

然而，公众参与行政必然要分享政府的决策权力。〔30〕这实际上需要政府分权和放权。因而，要使政府切实履行保障公众行政参与权的义务，对于行政机关工作人员尤其是行政官员来说，必须具有改变行政专断观念的勇气和决心。这对于专断观念积弊已久的一些行政官员来说，绝非轻而易举之事。这首先需要证成并阐明政府的保障义务，为消除专断式行政提供说服的理据。如前阐述，行政参与权的政府保障义务具备了宪法正当性和行政法理据。而规范形态的政府保障义务在我国虽然也能基本证立，但在政府保障义务内容的具体规定上，我国现行行政法制度还有不少缺位，需要通过改革和完善，全面嵌入政府保障义务的内容。其次，要使行政参与权的政府保障义务得到切实履行，不但需要证成、构造和展开政府保障义务，还需建构完善的义务履行机制。如何在现行行政法制度中全面嵌入政府保障义务的具体内容并建构完善的政府保障义务履行机制，下文将进行进一步探讨。

---

〔29〕［美］约翰·克莱顿·托马斯：《公共决策中的公民参与》，孙柏瑛等译，中国人民大学出版社 2010 年版，第 4 页。

〔30〕参见王锡锌主编：《行政过程中公众参与的制度实践》，中国法制出版社 2008 年版，第 21 页。

第五章 行政参与权的政府保障义务之履行机制与要求

第一节 政府保障义务的履行机制

一、政府保障义务履行机制的形成路径

权利的实现需要义务主体履行相应的义务,[1]公法权利之实现尤其如此。行政参与权属于公众享有的行政法权利,并具有基本权利属性,其实质是公众在政府主导下,与行政机关共同治理公共事务。公众行政参与权的实现需要行政机关把部分行政权放还社会公众,与公众分享公共决策权力,[2]保障公众有权参与管理行政事务,否则的话,公众参与行政将很难有效展开。因而,行政参与权的主要义务主体是行政机关,其实现更倚重行政机关的承认、支持与满足。根据公众行政参与权从道德权利转化为法律权利,再由法律权利转化为实有权利的保障进路,政府保障义务也需完成由道德义务向法定义务,进而向实际义务的转化。当然,在公众行政参与权的实现过程中,不仅需要行政机关履行主要义务,还需要权力机关和司法机关共同提供保障。首先,立法机关(含行政立法机关)把道德维度的义务法制化为法定义务,即把公众行政参与权对应的政府保障义务进行法规范确认;其次,行政机关再将法

---

〔1〕 See Samuel Stoljor, *An Analysis of Rights*, St. Martin's Press, 1984, p. 36.

〔2〕 参见[美]约翰·克莱顿·托马斯:《公共决策中的公民参与》,孙柏瑛等译,中国人民大学出版社2010年版,第48页。

定义务在行政实践中履行落实，即行政机关在各种行政活动中履行法律规定的实现行政参与权之义务；最后，当立法机关不履行法制化义务以及行政机关未履行行政实践中的实现义务时，再由救济机关（主要是行政机关和司法机关）履行相应的救济保护义务，若司法机关与行政机关不履行救济保护义务，权力机关还应再进行监督与救济。可见，行政参与权的政府保障义务履行机制之形成路径可概括为"立法确认→行政实现→救济保护"。其中"立法确认"是事前保障，"行政实现"是事中保障，"救济保护"是事后保障，三者形成完备的保障义务机制，这也是行政参与权完整的保障体系。

由于本书探讨的主要是政府保障义务，需从中抽离出权力机关和司法机关的义务，根据行政参与权实现的逻辑进路和现代政府的多重权责，政府保障义务仍然由立法确认义务、行政实现义务和救济保护义务依次构成。因此，可根据上述政府保障义务体系来构建政府保障义务的履行机制。

二、政府保障义务履行机制的构成要素

对政府保障义务履行机制进行解析与展开，其构成要素主要包括六个方面，即义务主体、义务分工、运行目标、运行机理、履行原则、制度保障。

（一）义务主体

行政机关当然是政府保障义务的主体。但根据不同行政机关在行政参与权保障中承载的职责，具体的义务主体又可分为：行政立法机关、行政决策机关、行政执法机关和行政救济机关。

（二）义务分工

根据行政机关职责分工，行政立法机关主要履行对行政参与权及政府保障义务的立法确认义务，以及公众行政立法参与权的实现义务；行政决策机关主要承担公众行政参与权在行政决策实践中的实现义务；行政执法机关主要承担保障公众行政参与权在行政执法实践中的实现义务；行政救济机关则主要履行对行政参与权受侵害后的救济保护义务。

以上行政机关的保障义务既有分工，又相互配合与制约，共同构成行政参与权的政府保障义务体系。

（三）运行目标

通过政府保障义务分工及履行，共同保障公众行政参与权的实际享有与有效行使，从而实现参与式行政的应有功能。

（四）运行机理

根据行政参与权的保障进路确定政府保障义务的履行逻辑理路：若国家权力机关尚未进行公众行政参与权和政府保障义务的立法确认，则首先由具有立法权的行政机关对其进行法规范确认，完成权利、义务的法制化，这是行政参与权的事前保障；其次由行政机关依法在各种行政实践活动中履行保障行政参与权实现的法定义务，使公众行政参与权有效行使，实现行政参与之目的，这是行政参与权的事中保障，也是最重要的保障环节；最后，行政机关若不履行事前和事中保障义务，再由救济机关进行补救，这是行政参与权的事后保障。

（五）履行原则

1. 依法履行原则

依法履行原则要求各义务主体必须依法履行相关保障义务，否则将承担相应的法律责任。具体要求包括：第一，行政立法机关分别依据宪法、法律及其他上位法规定，对公众行政参与权及政府保障义务进行法制化；第二，行政立法机关、行政决策机关和行政执法机关严格依照法律规定，在行政实践中履行满足行政参与权实现之义务；第三，行政救济机关依照法定救济方式和程序对受侵害的公众行政参与权进行救济和保护。

2. 全面履行原则

全面履行原则是义务履行的基本要求。政府保障义务的全面履行原则要求各义务主体必须依照法律规定完全履行义务，保障公众行政参与的各种权能得到确认、保护和实现，而不能部分履行，甚至不履行义务，从而导致公众行政参与权不能得到充分地确认、保护与实现。具体而言，行政立法机关应确认公众行政参与的应有权能和政府保障的各种义务，以及保障行政立法参与权的有效实现；行政决策机关应当充分满足公众行政决策参与权的实现；行政执法机关需完全履行实现公众行政执法参与权的各种义务；行政救济机关应落实行政参与权的各种救济保护义务。

3. 及时履行原则

效率是公共行政的目标之一。作为参与公共行政的权利，公众行政参与权的行使理当具有时效性，而公众行政参与权的行使与实现依赖政府相应义务的履行，只有政府义务及时履行，行政参与权才能得以及时行使与实现，这样，才不会妨碍行政效率，并可及时发挥行政参与权的积极作用，提高行政效率。及时履行原则的主要意涵是要求行政机关在行政活动中应当尽快满足公众行政参与权的行使与实现：能够当场满足的，应当立即满足，不能当场满足权利行使要求的，至少应当在作出相应行政决定之前满足，而不能任意迟延履行满足义务，甚至拖延到行政决定作出后才履行一些次要义务，使得重要义务无法履行。对于救济机关而言，也需要在法定期限内及时启动救济程序，对公众受侵害的行政参与权进行适时保护，对义务主体未履行义务能够及时补正的应当及时补正，不能及时补正的，也应当在法定期限作出其他补救决定。

4. 诚实履行原则

“诚信为一切行政权之准则，也为其界限”[3]，实际上，诚信也是政府行政的基本准则和界限，自然也涵盖政府义务的履行要求。行政权政府保障义务的诚实履行原则主要是公共行政实践中的行政机关满足公众行政参与权实现义务的履行要求，即要求行政机关在行政实践中真诚对待公众权利的行使，尽心尽职地支持、帮助和促进公众行政参与权的行使与实现，而不能漠视、敷衍甚至欺骗行使行政参与权的公众。例如，对公众行政信息公开的要求，若属于应当公开的行政信息，不能假借属于国家秘密或其他不应公开的信息而不向申请人公开，或借口信息不属于本机关保管而不公开，或虽公开但只公开其中部分次要信息，而隐瞒

〔3〕 罗传贤：《行政程序法基础理论》，台北，五南图书出版公司 1993 年版，第 65 页。

重要信息,甚至公开虚假信息欺骗申请人。又如,对公众行政意见的表达,不管提出什么意见,行政机关都应当认真聆听,听后还应真诚对待,并作出负责任地回应,属于合法合理要求或正确建议的应当采纳,确实不应采纳的,也应当说明理由,而不能不加理睬,或者虽然听闻,但任意找个理由告知意见不合理不能采纳,敷衍了事。

(六)制度保障

政府保障义务的履行需要制度依据,这也是行政参与权的法制保障。国家应当建构和完善行政参与权和政府保障义务的确认制度、实现制度和救济保护制度,形成行政参与权的法制保障体系,为权利的行使和义务的履行提供健全的法制保障。

第二节 政府保障义务履行的要求

为充分保障公众行政参与权,政府保障义务履行的基本要求是:立法确认全面、行政实现有效、救济保护可靠。

一、立法确认义务之履行要求

传统宪制的国家机关职能框架中,由人大或议会承担立法职能,行政机关则根据人大或议会制定的法规范,组织管理行政事务。但是,随着社会发展,基于行政管理的专业性、复杂性与多变性,人大或议会立法有时难以准确、及时地供给科学可行的行政法规范,这时就需要权力机关授权更具专业性和应变性的行政机关进行立法,于是行政机关获得立法权,行政立法的正当性也得到各国宪法和法律的认可。事实上,由于行政机关在行政管理上的专业优势及适应能力,大量行政管理的法规范都由行政机关制定。[4] 可见,在行政参与权及政府保障义务的法制化路径中,行政立法必不可少。

---

〔4〕 参见谢立斌:《论国务院的职权立法权》,载《政法论坛》2018 年第6 期。

（一）中央行政机关立法义务之履行要求

行政立法体系由中央立法与地方立法构成。中央行政机关立法是指中央政府及其工作部门的行政立法，如我国国务院及其部委的立法活动。对于中央政府立法而言，其义务要求为：其一，在职权范围内对全国性行政事务进行立法时，确认公众行政参与权利及行政机关保障义务；其二，将法律已确认的公众行政参与权的政府保障义务具体化，便于在行政实践中实施；其三，在遵守法律保留原则的前提下，对国家基本行政领域的公众参与权，中央行政机关根据授权先通过行政立法加以规定，但不得限制公众行政参与权和减少自身保障义务，待制定法律的条件成熟时，应及时提请国家最高权力机关制定法律。对于中央政府的工作部门而言，主要是在针对其主管的部门行政事务进行立法时，确立该行政领域中公众享有的行政参与权及部门行政机关的保障义务，如我国生态环境部制定的《环境保护公众参与办法》等。

（二）地方行政机关立法义务之履行要求

中央行政立法规定的是全国性行政事务中公众行政参与权和行政机关保障义务，这些行政法规当然也适用地方行政管理。但是如同全国人大给地方人大留下立法空间一样，基于中央行政机关的立法特点以及地方行政管理的特殊性，中央行政机关也给地方行政机关留下了立法余地。地方行政机关立法与地方人大立法的事权基本一致，[5]立法职责也相近，故而，二者在行政参与权法制化义务要求上也基本一致。二者不同的是在法规范性质、效力等级和创制规则权限方面存在差异。同级权力机关立法的效力高于行政机关立法，创制法规则权限也大于行政机关立法。基于上述差异，相对重要的行政参与权及行政机关保障义务应以地方权力机关立法形式加以规定，无必要或来不及由地方权力机关立法时，才由地方政府立法。而且，因时间问题而由行政机关立法先行的立法事项，待制定地方性法规的条件成熟后，应当再由地方人大立法。

---

〔5〕 参见苏海雨：《地方立法的冲突规范与秩序构建》，载《甘肃政法学院学报》2019 年第 1 期。

这样更有利于科学、合理、全面地确认公众的行政参与权，尤其是确定行政机关的保障义务，因为由政府机关自己给自己设定义务，再自己履行义务，可能会具有天然的权力分工缺陷和义务履行程序瑕疵。

二、行政实现义务之履行要求

行政实现义务履行的基本要求是指，行政机关严格根据法定义务，公开行政、民主行政、责任行政和服务行政，从而分别实现公众的前提性参与权、本体性参与权和补救性参与权，完成公众行政参与权从法定样态到实有样态的转换，并最终实现参与式行政的价值目标。具体要求涵盖以下四个方面。

（一）公开行政义务之履行要求——公众行政知情权的实现义务

公开行政是行政机关保障公众行政知情权实现应当履行的义务，即通过开放行政、公开政府信息，满足公众行政知情权的需求。行政知情权是公众基于政府信息所有者为参与和监督行政事务而享有的知晓行政是否启动、为何启动、何时启动、如何进行、结果如何等政务活动信息以及由此形成各种行政活动资料的权利。行政知情权是公众参与行政必须具备的前提性权利，从了解行政信息、查阅行政资料等权利行为来看，也具有介入行政之意涵，故而也可称为广义的行政参与权。作为公民权利，其正当性基础在于人民主权和言论表达自由，其目的是参与行政和监督行政。“没有知情权的保障，民主主义就不能得到真正实现，因为主权者不能获得有关政治的信息就不可能作出正确的判断。”〔6〕质言之，行政知情权是本体性行政参与权实现的必要手段和前提。没有行政知情权的行使，公众便不知道行政活动是否开展、何时开展、开展内容、所涉利益、是否影响自己利益等，从而使公众不知参与、不能参与、不懂参与，当然也就无法监督行政。正如学者所言，“信息对公众参与权的有

〔6〕［日］杉原泰雄：《宪法的历史——比较宪法学新论》，吕旭、渠涛译，社会科学文献出版社2000年版，第190页。

效行使具有关键的影响"[7]。一方面,基于行政管理的需要,政府信息的所有权与使用权被分离,政府实际掌控了行政信息;另一方面,基于参与行政和监督行政的需求,公众又必须行使行政知情权,需要请求政府将行政信息输出反馈回来。故而,公众行政知情权具有请求性、接收性和互动性,需要政府回应与输出,即政府必须履行信息公开的义务,这也是负责任的政府之职责所在,否则,公众行政知情权无法实现,公众参与行政也将成为空谈。具体而言,行政知情权的实现,需要行政机关从以下六个方面依法切实履行公开行政的义务。

1. 明确政府信息公开义务主体

政府信息是具有行政权能的组织因行使行政权所拥有和形成的数据、记录、文件和资料等信息。因此,只要具有行政职权、从事行政管理的组织都掌控一定的行政信息,从而都有义务公开行政信息。但由于行政主体主要是行政机关,因而,行政机关掌控着主要的政府信息,也是主要的政府信息公开义务主体。在此讨论的政府信息公开义务主体主要是指行政机关。为了使信息公开落到实处,避免相互推诿,有必要将负有信息公开义务的行政机关区分为信息管理者、信息公开具体实施者和信息公开监督者,并明确和落实其义务分工与配合机制,这样才能使行政信息公开落到实处。

信息管理者是聚集信息材料并对信息进行管理的行政部门,其中既包括政府信息综合管理机构,如我国的政府办,又包括具体管理某一方面信息的部门,如电子数据管理部门(大数据管理局)、档案管理部门以及保密机关等。政府信息综合管理机构是行政信息公开工作的主管部门,负责汇总、协调和发布综合信息,指导和监督信息实施机关搜集、报送、认定、公开信息等行为,并负责协调涉及多部门的信息公开情况。电子数据管理部门应当整合行政机关的电子信息,建设数据开放平台(电子政务网站),统筹、协调和推进政府电子数据开放与共享,以方便公众

---

[7] 王锡锌:《公众参与和行政过程——一个理念和制度分析的框架》,中国民主法制出版社2007年版,第115页。

检索、查阅和利用。档案管理部门应向已获得信息主管部门批准的查阅档案资料申请人及时提供掌管的档案材料。保密机关则主要依法对申请公开的信息进行定密和解密。

信息公开实施者是因行使行政权、履行行政职能而收集、制作、形成并掌握行政信息从而承担本部门信息公开具体任务的行政机关，所以，对公众行政知情权的实现更为重要，一般应由专门工作机构履行本行政机关的信息公开义务。

信息公开监督者是专门监督政府信息公开工作的机构。一方面，这些机构应当经常主动监督检查各行政机关的信息公开工作情况，并对其进行考核评估，发现问题和不足的，可提出改正建议；另一方面，其负责受理公民对政府信息工作的申诉，负责处理行政信息公开争议，并作出处理决定，责令不履行信息公开义务的行政机关履行相关义务，并可建议其上级机关追究责任人的行政责任，从而督促行政机关履行公开行政的义务。为保障公众行政知情权，国外一些国家往往建立有专门的、独立于政府信息主管和执行部门之外的信息监督机构，如信息专员、信息公开委员会、信息裁判所等，[8]这无疑有助于督促行政信息义务的履行，值得借鉴。

2. 平等对待权利主体

政府信息属于公众所有。[9] 只要行政信息具有公共性，且不属于法律、法规明确规定不予公开的范围，信息公开工作机构就有义务满足公众要求公开其有权获悉的行政信息，且不能有差别地对待。就权利主体范围而言，所有本国公民应当享有完整的行政知情权。外国人也享有知情权，但有一定限制，限于有权申请公开与自己有直接利害关系的信息。当然，对于公民而言，也要防止滥用行政知情权的行为，以免增加行政管理和司法救济的成本。

---

[8] 参见林爱珺：《知情权的法律保障》，复旦大学出版社2010年版，第154～155页。

[9] 参见[美]斯蒂格利茨：《自由、知情权和公共话语——透明化在公开生活中的作用》，宋华琳译，载《环球法律评论》2002年第3期。

3. 全面、彻底、及时、准确公开行政信息

有学者认为，实质意义的政府信息公开要满足现代社会治理对政府信息公开的要求，提供全面、及时、准确的“信息输出”与“信息回应”，并且公开行政过程，形成有效的公众参与。[10] 笔者则认为，在全面、及时、准确公开信息的基础上，还应增加“彻底”公开的要求。

全面公开信息是政府行政信息公开的广度要求，属于应当公开的静态信息内容范围。原则上，所有已形成的行政信息，即只要符合行政信息的构成就应当公开。质言之，行政机关因行使行政权和履行行政职能而形成的记录、文件和资料等所有信息载体都属于公开范畴。涉及公共利益的应当主动公开，应当主动公开而不公开或者涉及特定人的利益的，则依申请公开。不公开信息的例外情况一定要基于正当理由，并符合法定条件，且经过合法认定程序。如涉及保密的行政信息如何定密、涉及商业秘密和个人隐私的如何衡量公私益关系、涉及公共安全的信息怎么判断公开后会危害公共安全等，而不得随意以涉及国家保密、商业秘密、个人隐私和危害公共安全等为由拒绝信息公开。

彻底公开信息是政府行政信息公开的深度要求，是动态的行政信息公开（政务公开），要求行政信息公开贯穿行政全过程，包括行政程序启动的通知、行政依据的告知、行政过程的开放以及行政决定的公布和理由的说明等所有政务活动内容，而不仅是对行政结果和相关材料的公开。故而，行政机关不能随意将行政信息以属于尚未形成行政结果的过程性信息为由，而不向公众公开。

及时公开信息是政府行政信息公开的效率要求。行政信息一旦形成，属于依职权公开的信息，能以电子信息固定的，信息公开工作机构应当及时在官网发布；重要信息还应在当天政府公报和权威报纸上通告；属于公民办事依据和流程的材料，应当及时在部门办公现场展示；属于特定人应当获悉的信息，应当及时通过便于当事人知晓的方式，如电子

---

〔10〕 参见王锡锌主编：《公众参与和中国新公共运动的兴起》，中国法制出版社 2008 年版，第 113 页。

邮件、电话等方式送达或通知当事人，以使当事人及时获得信息。权利人向行政机关提出信息公开申请的，符合信息公开条件的，能当场查阅的材料必须当场提供；需要多部门联合提供材料，或者需要主管部门批准申请的，相应机关也应在法定期限内完成协调工作或作出是否批准的决定。一旦协调完毕或作出批准决定，应当立即将相关信息材料提供给申请人。

准确公开信息是行政信息公开的质量要求。行政信息公开必须遵守诚信原则，做到实事求是和准确无误，而不能误导甚至欺骗社会公众。具体而言，首先，要求公开的信息真实，即公布的信息内容是客观存在的，公众是可查证的，是经得起实践和时间检验的。尤其是公布的各项行政指标和数据应当核对无误，有其来源和依据，而且需将数据来源和依据也向公众公开。其次，要求公开的信息完整，即公开的信息是完全周延的，能够覆盖信息的全部，而不能选择性公开，如只公布次要信息，不公布重要信息；只公布政绩（只报喜），不披露问题（不报忧）；只公布结果信息，不公布应当公开的过程信息；等等。最后，要求公开的信息明确，即信息内容是确定的，让公众能够明确知道需要了解的行政内容，从而决定自己参与行政的行动方案。反之，行政机关公开行政信息不能含糊其词，敷衍了事，让公众无法确切知晓行政依据、程序和目的等行政信息，从而影响公众参与权的实现。

4. 构建合理的公众信息获取平台

行政机关要做到全面、彻底、及时、准确公开行政信息和政务活动，需有合理的信息发布平台和信息输出通道，这样公众才可能全方位、多渠道、快速便捷地获取政府信息和知晓政务情况。由于行政信息具有电子信息和纸质材料等不同样态，公众获取信息的条件和要求也各有差异：有的习惯通过传统途径获取行政信息，有的喜欢通过网络平台了解政务情况，有些地区的公民上网还不是很便利，交通也还不够发达……因此，为满足不同情况的公众获取各种行政信息的诉求，政府应当构建传统媒介和现代网络相结合的信息获取平台，构建立体综合的信息发布和输出平台体系。对此，既可以通过政府公报、权威报纸、现场展览、电视、会议等传统媒介和场域，又可以采用门户网站、电子邮件、官方微博和公众号等新兴媒体和通道，全方位、多渠道地发布和传输信息、开放政务活动，使公众能够通过不同路径、渠道和方式及时、全面地获得所需的信息和政务情况。

5. 采用便于公众知晓和获取信息的公开方式

为适应各种不同需求，信息应当通过广播、电视、报刊、网站、图书馆、官方出版物等多种方式公开。[11] 对于依职权公开的行政信息，行政信息公开主管部门应督促行政信息公开工作机构及时公布行政信息，并对已形成纸质材料的信息进行整理、编撰和汇总，制定信息公开指南和目录簿，在官网上公示并置放于本部门的办公场所，便于公众随时查看；需要在档案馆查阅的，应当作出特别说明。行政信息公开工作机构应当切实履行上述义务，且在本部门官网上及时公布相应电子行政信息，分门别类整合形成数据库，建立网络信息索引，提供检索信息的网络链接，方便公众检索和查阅数据库的各种信息。对于依申请公开的信息，能够当场解决的则现场公开；不能当场解决的，在法定期限内作出决定后，行政信息公开工作机构应根据申请人的不同情况，采取最便于申请人知晓的方式通知受理情况和答复情况。应当向申请人公开的信息材料应通过最快捷的方式提供，如对于网络和交通都还不够发达地区的申请人，应当采取邮寄、电视通告、报纸公告等多种方式通知或送达当事人；对于网络发达地区的申请人，可以采取电子邮件、微信等方式通知；对于交通发达和路途较近地区的当事人，还可以由工作人员送达。

6. 公开行政的义务完全履行的结果

政府信息公开义务主体完全履行公开行政义务的理想图景是：(1)对于政府而言，政府信息公开成为常态。除真正属于国家秘密、信息公开明显危及公共安全或者侵犯他人商业秘密、个人隐私等情况外，其他行政信息都能向社会公开；政务过程能完全开放，行政权在阳光下运

---

[11] 参见王敬波：《政府信息公开国际视野与中国发展》，法律出版社2016年版，第126页。

行,行政机关没有"暗箱操作"。(2)就社会公众来说,能及时准确查询和了解所需的行政信息,并能因此而顺利参入行政过程,获知行政结果;公众行政知情权得到完全满足;公众行使行政参与权与监督权成为可能。这也是公开行政所应达致的目标。如果上述目标已经实现,则说明行政机关全面履行了行政公开的义务,公众行政参与的知情权得以实现,同时也为民主行政——公众本体性行政参与权的实现奠定了基础。

(二)民主行政义务之履行要求——狭义行政参与权的实现义务

行政机关公开行政信息、开放政务过程,只是使公众参与行政有了可能,尚无法实际实现公众的行政参与权。公众要能真正参入行政,与行政机关分享公共事务治理权,共同依法高效地完成行政任务,促进行政目标的最优实现,还需要行政机关具有强烈的合作行政意识和思维,并且付诸行动;积极创造各种公众参与的条件和机会,真诚吸纳公众参与行政管理;认真对待公众参与,允许并鼓励公众真实地表达诉求和提出建议;多渠道倾听民意,把民意作为行政决定的重要依据,甚至与民众共同作出和实施行政决定。这是对行政机关民主行政的总体要求,且需渗透全部行政领域,即在行政立法、行政决策和行政执法中都需吸纳公众参与行政,保障公众各种参与权的权能的行使,形成参与式行政。质言之,要求行政机关在行政活动中,全面满足公众参与各种本体性权能的行使,从而实现行政参与权的应有功能。其义务履行的具体要求如下。

1. 行政活动介入权的实现义务

行政介入权是指公众有权参入行政活动,或主动提议启动某项行政程序获得认可而进入行政过程,或进入行政机关已经启动尚未结束的行政过程,从而获得参与行政的时间与空间,为其他参与权的权能的行使打下时空基础。行政活动介入权对行政参与权的实现具有不可或缺性。公众行使行政参与权,首先必须有权进入行政过程,这是在任何行政参与领域中都稳定存在、也不可缺少的权利;若无权进入行政活动过程,则其他权能都将因缺乏行使的时间和空间而无从发挥作用。

公众行政介入权包括行政发起权(动议权)和行政加入权。行政发起权是指社会公众有权向行政机关主动提议开展行政立法、行政决策和行政执法等行政活动,若获得行政机关认可则启动行政程序,也就意味着公众介入了该行政过程。例如,某市民认为该城市需加强电动车的规范管理,提议制定行政规章或行政规范性文件对其进行规制。行政加入权是指公众加入行政机关已经启动的行政立法、行政决策和行政执法等行政过程的权利。例如,某设区的市启动了制定养犬管理规章的行政立法活动,该市民众参加该规章制定过程中的座谈会。二者权利内容有所差别,发起权是公众主动提议启动并介入行政过程之中,具有主动性;加入权是公众参加行政机关已经启动的行政程序之中,一般需要以行政机关告知为前提,具有一定的被动性。所以,二者所针对的行政机关实现义务也有所不同。

对于公众行政发起权,行政机关应当提供接受公众提议发起行政活动的平台、机构和渠道;及时受理和答复公众发起行政活动的申请。符合行政活动启动条件的,行政机关应当接受动议并及时启动行政程序,且告知申请人开始的时间和场域;不符合行政活动开展条件的,行政机关则应书面说明理由,并告知申请人。不同行政领域的公众行政发起权,行政机关的具体义务要求也有所不同,即行政立法发起权、行政决策发起权及行政执法发起权,针对行政机关的实现义务的具体要求有所差异,以下分别述之。

社会公众具有行政立法的发起权,源于公民是行政立法的主要利益保护主体和执行者。行政立法本质上是公共利益和个体利益的合理配置,然而"作为公共利益主体的社会总代表,只是抽象的人格主体,并不能真正消化公共利益,最终仍需将其分配给社会成员享受"[12]。也就是说,公共利益的最终目的也是实现公民个体利益,因此,利益的最终归属是公民,此所谓立法为民,而且行政法规、规章的执行,离不开公众的守法行为。作为行政立法的主要利益主体的社会公众最清楚哪些权益需要进行立法保障,哪些社会问题需要法律规制,然而由于它们不属于人

〔12〕 叶必丰:《行政法的人文精神》,北京大学出版社2005年版,第107页。

大立法的事项范围,或者由于人大立法的条件尚不成熟,所以需要赋予社会公众以行政立法的发起权。我国一些地方规章的制定办法中对此都有所体现。这不仅仅是提起行政立法议案的权利,而且包含使立法议案纳入行政立法计划,进而启动行政立法程序的权利。当然,基于对公民认识理性、专业知识的局限性、利益主体的自利性以及行政立法的可行性等因素的考量,公众的行政立法动议是否纳入行政立法计划,并启动行政立法程序,需要经过政府的理性判断,再作出决定。但是这种决定既是权利又是义务。具言之,行政立法机关应当安排专门的受理机构,处理社会公众的行政立法动议;主动向公众征询立法项目,受理公众提起行政立法议案的申请,并在法定时间内进行调研,根据调研结果,作出正确判断,决定是否纳入行政立法计划。不管是否纳入立法计划,都应及时通知提案人;没有纳入行政立法计划的,必须说明理由,从而保障公众行政立法的发起权。如果对公众发起行政立法的议案置之不理,或者虽然受理但作出错误决定的,则应当承担相应法律责任。

与公众享有完全的行政立法发起权不同,公众仅享有有限的行政决策发起权。因为行政决策是政府为执行法律、法规、规章而制定对公众具有约束力的措施的权力,因此,行政决策一般应由政府发起,公众一般不具有行政决策的发起权。只有直接涉及公众重大利益、需要决策机关纳入行政决策计划而未能纳入的事项,有关公民才能提起行政决策的建议。对于公众有权提起行政决策动议的事项,主管的行政机关有义务受理,并及时进行反馈。具有行政决策必要性与可行性的,应当适时启动决策程序,并且告知发起人;不符合行政决策条件的,也需将附有不纳入行政决策理由的书面决定书送达提议人。

从参加行政程序的角度而言,一般情况下特定相对人都能参加行政执法,因为行政执法需要相对人履行义务或行使权利。这也是行政执法与行政立法、行政决策的主要区别。但是这种“参加”不是“参与”。行政执法的参与是指,为促进行政执法的合法、公正和效率,相对人参入执法过程,并行使发起、陈述、申辩、听证、抵抗与促成等权利,从而形成对行政机关的监督、制约与配合。因此,行政执法介入权,不仅是指相对人参加了行政执法，也是指为行使其他行政参与权的权能而介入行政执法过程。若不保障公众尤其是相对人行政执法过程的参入权，行政机关可能未经相对人参入执法过程，直接作出行政决定。例如，在房屋所有权人不知情的情况下，行政机关直接认定其房屋是违法建筑，并且拆除房屋，这样无疑会侵害相对人的合法权益。

公众行政执法过程的介入权包括行政相对人的介入权和普通公众（案外人）的介入权，而且也包含发起权和加入权两种权能。同样先阐释公众行政执法的发起权。其一，相对人的行政执法发起权。相对人可以申请某项针对自己的执法行为，如申请行政许可、行政给付、行政救助等；行政执法机关应当受理申请、作出决定、反馈决定和说明理由。我国《行政许可法》比较全面地确立了行政相对人发起申请许可的权利，以及行政机关的受理和处理义务。其二，普通公众的行政执法发起权。社会公众为了维护公共利益和公共秩序，可以向行政机关提议开展某项行政执法——既有对特定违法行为的举报和执法请求，如公民发现某企业生产假冒伪劣产品，提议市场监督管理部门进行行政处罚；也有针对一般性违法行为的执法建议，如某市市民提供该市建筑行业的噪声和扬尘污染问题严重的相关信息，并提议城管部门加强专项执法整治。对此，行政机关负有受理、调查与反馈的义务。这种普通公众行政执法发起权的主要功能是对行政执法进行监督约束，防止行政机关不作为，从而维护公共利益和公共秩序。

公众行政加入权是主要的行政介入权。行政活动一般由行政机关启动，行政程序启动后，行政机关告知有参与资格的公众参入行政过程。这种权利的实现要求行政机关：(1)开放已启动的行政过程；(2)告知行政活动开始的时间和地点；(3)告知参与行政活动的期限、场所、方式；(4)提供参加行政活动的便利条件和机会，采用多种参与形式和便捷的参与平台，如网络公开征求意见、网络对话（问政）、社区调查、座谈会、听证会、评议会、咨询会等，同时确定交通便利的参与场所，降低参入行政的成本。同样，不同行政领域的加入权，行政机关的具体义务也有所差别。

针对行政立法加入权和行政决策加入权的行政机关义务要求基本相同,如通知义务和接受义务、保证加入时间、提供参加场所;对公众提议的立法和决策事项确认启动程序后,通知其他社会公众参入等。不同的是时间和空间的具体要求有所差异:公众行政立法加入权的时间始于立法规划和计划,即立项程序阶段,然后贯穿各个阶段;行政决策加入权始于决定阶段,贯穿执行过程。

相对人行政执法加入权始于调查取证阶段,贯穿全过程。普通公众对重大行政执法案件的重要程序,如听证会等,可以加入行使监督权,也可以协助行政执法机关开展重大专项执法活动,如提供信息、参与执行等。执法机关的具体义务要求包括:告知义务、通知在场义务、举行听证会义务等。

满足公众行政介入权实现义务完全履行的标志是:有参与行政活动资格的公众能够顺利介入想要参与的各种行政活动,形成行使其他行政参与权的权能的有利条件,从而能在合理的时间和场域进一步行使其他参与权利。易言之,如果公众参与已经进入上述状态,则表明行政机关实现公众行政介入权的义务已经落实。

2. 行政意见表达权的实现义务

公众参入行政过程后,为行使行政参与权其他权能创造了时空条件,随即参与人行使的是行政意见表达权。因为公众参与行政,其目的主要是表达自己的行政主张和诉求,并使最终的行政决定体现自己的意见。[13] 想要实现以上参与目的,公众参入行政后,需要能够在规定的期限和场域及时、充分地向行政机关表达自己的行政意见,即实现意见表达权。公众行政意见表达权的内容主要包括:(1)向行政机关陈述自己的利益诉求,如请求确认和保护自己的合法权益,对行政机关拟作出不利于自己的行政决定提出申辩;(2)向行政机关表达行政建议,如就某项行政立法草案提出相关立法建议,或者就某项行政决策提出自己的方案;(3)对行政机关的违法失职行为提出批评和改进意见;等等。公众意

〔13〕 参见李卫华:《行政参与主体研究》,法律出版社2012年版,第147页。

见表达权的行使方式包括:单向表达和双向交流。前者是指行政机关不在场,公众通过网络、电子邮件、意见箱等途径提出自己的建议和利益诉求;后者是指公众通过行政机关举行的行政调查、座谈会、论证会、听证会等形式,当面向行政机关表达意见,并且可与行政机关进行意见交涉,甚至辩论。

公众行政意见表达权的客体是各种行政活动,表达的对象是组织行政活动的行政机关,即聆听者是行政机关,故而其行使与实现同样依赖行政机关相应义务的履行。对此,行政机关的义务要求主要有:其一,要求行政机关必须为公众提供充分表达意见的机会和条件,如及时开放行政过程,通知公众参入行政活动的时间和地点,给公众合理的表达期限和方便的表达场域等。其二,提供便捷的表达渠道和接受平台,传统方式和现代方式相结合,单向表达和双向交流相结合;开展多种意见征集方式,如官网留言、官方邮件、微信公众号、问政热线电话、办公场所设置意见箱、社区调查、街头走访、田野调研等;举办现场意见交流会,如市民议事会、座谈会、论证会、听证会等。其三,准予公众依法充分自由地表达利益诉求和行政建议,让公众敢于表达意见,真实表达诉求和意见,不得阻止甚至打击报复说真话的公众。其四,认真全面地聆听公众的诉求和建议,不可事先限定话题范围,使议题预设结构化,也不能选择性聆听,只听奉承之语和相同意见,不听逆耳之言和不同意见,甚至闭耳塞听,充耳不闻,让公众行政意见表达失去意义。

对于公众行政意见表达权,行政立法机关、决策机关和执法机关都负有实现之义务,但具体要求有所不同,而且对于不同公众的行政主张和诉求,义务履行方式也有所不同。

行政立法涉及公众人数众多,存在各种利益的交涉、博弈与均衡,而且行政立法一旦生效后对公众权益的影响具有普遍性和持久性。因此,总体上,行政立法的公众参与广度与深度比行政决策和行政执法要求更高,亦即民主性要求更强,须更广泛地反映民意。由此,行政立法机关对公众行政意见表达权实现义务的履行要求更加全面和严格。首先,在意见征集的广度上应当尽量覆盖所有利益群体的公众(相对人),采取面向行政立法所有相对人的开放式意见征集方式，如网络公开征求意见。同时为了避免部分相对人不习惯或不方便上网表达意见，行政立法机关还应辅之以社区访谈、村落调查等方式。其次，为保证各利益群体意见都能够充分表达并相互沟通与交涉，实现行政立法利益保护的公平与均衡，行政立法机关还必须举行座谈会、论证会等，采取具有交涉性和论辩性的公众意见表达方式；涉及重大利益或者各利益群体意见分歧较大的情形，还应举行博弈性和抗辩性更强的听证会。最后，行政立法机关应当合理选取各利益群体代表，负责通知他们参加上述座谈会、论证会或听证会，让每位参与人充分表达诉求和建议，并且公平对待各利益代表的诉求与主张。

行政决策机关对于公众行政意见表达权实现义务之要求，须根据行政决策的重要性而定。对于涉及国计民生和公众切身利益的重大行政决策而言，行政决策机关的义务与行政立法机关基本相同。提供公众意见表达权实现的路径，必须采取开放式意见征集和互动式意见交涉相结合的方式，而且对于重大决策事项存在重要分歧或者涉及重大利益调整的，必须举行听证会。这样既可以保障意见征集的全面性，又可以保障各种意见充分交流乃至博弈，从而实现重大行政决策公平和降低重大决策风险。而对于一般行政决策而言，为保障决策的科学性、民主性与可行性，当然也应当向利益相关人征求意见，保障其对行政决策的意见表达权。但是，对提供何种表达方式则具有较大裁量性。行政决策机关既可以只采取开放式意见征集形式，也可采取互动式的座谈会形式，而一般无需举行听证会这种高对抗、高成本的意见博弈方式。

行政执法机关对于公众行政意见表达权的实现义务主要因参与人的不同而有不同要求。行政执法机关对于利害关系人意见表达权的保障义务要求比对一般公众的义务要求严格。在行政执法过程中，有法律上利害关系的公众（相对人）有权就行政决定所涉及的法律问题和事实问题进行辩解，提出不同于行政机关的理由或处理意见。与之对应的，行政执法机关有专门告知的义务，有认真聆听的义务，有平等对待不同利害关系人的主张和诉求的义务，还有不因申辩而作出不利于相对人处理决定的义务。对有可能影响相对人重要权益的行政决定,行政执法机关还应当举行听证会。作为行政执法案外人的一般公众虽然也具有向行政执法机关提出执法建议的表达权,但行政执法机关只需为其提供意见表达的机会即可。如在办公场所提供意见箱,或设立群众来访接待室等,而无需专门面向其征集意见,更无需采取座谈会、论证会甚至听证会等互动性和论辩性的意见表达方式。此外,行政执法机关对公众意见表达权的实现义务要求还与行政执法的种类有关,如损益性行政执法机关与授益性行政执法机关的义务要求便有所不同。对于损益性行政执法,诸如行政处罚、行政强制、行政征收等,义务主体的义务要求羁束性强、裁量性弱。由于这些执法行为会对行政相对人的权益产生不利影响,执法机关必须充分保障相对人的陈述和申辩权,对相对人利益影响较大的,还应当举行听证会,保证利害关系人参加听证会并进行充分辩论,且不得因相对人的抗辩而作出对其更为不利的行政决定。对于授益性行政行为,如行政给付、行政奖励、行政许可等,义务主体的义务要求则具有裁量性。如果相对人之间不存在利益竞争,执法机关只需履行一般的程序义务即可,在作出行政决定之前,是否征求相对人意见,由执法机关裁量;如果相对人之间存在利益竞争或有较大异议,则允许相对人提出意见,涉及较大利益的,还需举行听证会。

行政机关是否完全履行满足公众行政意见表达权的义务,可从以下两方面进行衡量:其一,公众尤其是行政相对人在行政立法、行政决策和行政执法活动中,是否充分真实地表达了有关行政主张和利益诉求;其二,行政机关是否完全接收到公众表达的行政主张和利益诉求。只有达到上述两方面效果,才能表明行政机关满足公众行政意见表达权的义务得以全面履行。如果公众没有表达机会,则说明行政机关根本没有履行义务。如果公众充分真实地表达了行政意见,但行政机关并未完全接收到其意见或建议,或者公众虽然有表达意见的机会,但未完全真实表达意见,都表明行政机关未完全履行相关义务。

3. 意见获合理回应权的实现义务

参与人为实现影响行政结果之目的,依次行使行政参与的各种本体性权能，环环相扣作用于行政过程。参与人参入行政过程表达了自己的利益诉求和行政主张后，有权知晓其行政意见是否被行政机关“接听”，以及行政机关是否对其意见进行了处理、是如何处理的、处理结果的理由是什么等。从权利视角看，亦即参与人有权请求行政机关对其行政意见的接受情况、处理结果及其理由进行回复与反馈。对此项权能，行政机关实现义务的要求有：其一，确定专门的行政意见处理机构和负责人，认真、负责、准确地处理和反馈公众意见。其二，全面整理参与人的意见，并以恰当方式告知参与人其意见的收阅情况。这些告知方式包括：网络系统的自动回复、官方权威媒体统一公布、“一对一”专门通知参与人等。其三，认真梳理参与人的意见，对其进行科学分类。仔细分析各类意见的合法性、合理性和可行性，决定采纳哪些意见，不采纳哪些意见，并注明采纳或不采纳的理由和依据。其四，选择合理的方式及时向参与人反馈意见处理情况。采纳或不采纳都需书面告知理由和依据，要让每一位提出意见的参与人都能知道自己提出的行政建议和利益诉求的处理情况及其原因。合理回复的要求并非指行政机关对公众行政意见的反馈都需一对一地进行告知，而是根据参与人的人数、参与方式以及参与人与行政活动的利害关系等情况决定反馈方式。一般而言，若提出意见的参与人较少，则应当逐一回应，若提出意见的参与人很多（如网络征求意见），逐个作出回复不太可能，因而可按照分类办法对同类意见统一回复。另外，参与人与行政活动的利害关系程度越高，则越应采取针对性较强的回复方式，比如在较大规模的行政参与中，一般是按意见分类予以回复，但对于其中的主要利害关系人，则需要逐一反馈。及时回复的要求是指，能够当场回复的当场回复，不能当场回复的，应当在作出行政决定前回复；有法定期限的则遵守法定期限。总之需要给予参与人合理的异议和申辩时间，而不能在作出行政决定后再告知反馈意见。

同样，行政机关对不同行政领域的公众意见获合理回应权之具体义务也有不同要求。行政立法机关对参与人提出的意见应当采取全面性回应与针对性反馈相结合的方式。采取面向社会公开征求意见接收的公众建议，应当在该立法环节结束前（如起草阶段应当在立法草案形成前）以官网公告方式进行分类回复；涉及利益分配且分歧较大的立法问题，应当邀请各类意见的代表以召开新闻发布会的方式当场集中反馈；通过立法座谈会、社区及农村调查等方式获取的特定公民意见，能够当场回复的应当当场反馈，不能当场回复的，需在该立法环节结束前通过“一对一”书面通知方式进行反馈；对于立法听证会上各方利益代表的意见，都应完整无误地记入听证笔录。由于听证会各方代表的意见具有争辩性，行政立法机关一般很难当场作出回应，但是要求听证会结束后，及时认真分析和公平评判听证笔录，并在作出相应行政立法决定前进行统一书面反馈，且应当一一书面送达各位听证代表所有意见的处理情况，并说明意见采纳或不采纳的依据。

行政决策机关回应参与人意见的义务要求由行政决策种类决定。具有行政立法性质的重大行政决策，即涉及不特定多数人重要利益的行政决策之义务要求与行政立法基本相同；涉及特定人的重大行政决策由于提出决策意见的行政相对人是特定的，涉及利益又具有重要性，因此，行政决策机关应当采取针对性的回应方式一一反馈；一般行政决策满足上述合理回应的一般要求即可。至于及时性要求，任何行政决策机关都应在行政决策结果形成之前进行回应。

行政执法中一般是特定相对人提出执法意见和利益诉求，故而一般强调执法机关回复的针对性和当场性。执法机关对于相对人现场提出的陈述或申辩，一般应当场作出回应，并且说明理由；不能当场答复的，应当在作出行政决定前告知。当场回应可以是口头形式，之后回复则应书面通知。对于听证会上利害关系人发表的意见，行政执法机关的回应义务要求与行政立法及重大行政决策基本相同。而行政执法机关对于一般公众（非执法相对人）的执法建议之回应义务只需满足合理回应的一般要求即可，但是由于这类参与人一般也是特定的公民，所以回复方式应当以书面通知本人为宜。

行政机关满足公众行政意见获合理回应权的义务是否全面有效履行，主要考量以下指标：其一，参与人的行政主张与利益诉求均能得到及时、准确、合理地回复；其二，参与人能及时获悉行政机关对其意见的处理结果和依据;其三,参与人对处理结果较为满意或少有异议。

4. 合法合理意见获采纳权的实现义务

合法合理意见获采纳权其实蕴含在意见获合理回应权之中。但是意见获合理回应权重在强调公众意见必须被行政机关接收和反馈,主要约束行政机关认真对待表达,防止行政机关对表达闭耳塞听或者虽然接收但置之不理,而不能约束行政机关作出行政决定必须采纳表达的意见,从而反映民意。而约束行政决定反映民意是行政参与的核心价值与功能。因此,公众合法合理意见获采纳权是行政参与权作为民主性权利的核心,该权利对于行政参与特别重要,是民主行政的根本标志,也是实质性行政参与的体现,故而应当独立成为行政参与的本体性权能。行政意见获合理回应权反映的是行政参与的互动性,体现的主要是行政参与的正当程序价值;而合法合理意见获采纳权体现的是行政参与的合意性(民主性),赋予了行政参与的实效价值。

为满足公众合法合理意见受行政机关采纳的权利之实现,行政机关应当自觉履行以下义务:

(1)及时、准确地识别和判定公众意见的合法性与合理性。公众意见获得行政机关采纳的前提是参与人提出的行政主张或利益诉求具有合法性与合理性,而此定性权理当归属行政机关。但是该定性权既是权力,更是义务,行政机关必须依法及时作出准确判断,而不能随意认定,排斥吸纳应当吸取的正确民意,从而影响行政结果的民主性、科学性乃至合法性。及时之要求是指行政机关在接收公众意见后需尽快对其合法性与合理性进行识别与判定,能够当场判定的应当当场判定,不能当场判定的,至少应当在相关行政决定作出前判定完毕。合法性之判断标准主要看参与人是否有资格提出意见、提出意见的程序是否合法、意见内容是否合法、行政主张有无事实根据、利益诉求是否属于法律保护范畴(合法利益)以及利益保护有无损害公共利益和他人合法利益。合理性判断标准主要是指在合法前提下,考量行政主张是否具有可行性,能否推动行政目标的实现,利益诉求有无行政保护的必要性,是否影响他人利益的平等保护,以及是否影响社会公平和浪费行政资源。

行政立法机关、行政决策机关和行政执法机关在判定参与人意见的合法性与合理性的义务要求上也各有不同。对于行政立法机关的义务要求最高，因为行政立法更具专业性与复杂性，对公众影响持久而深远，涉及多种信息的比较识别和多元利益的博弈与权衡。因此，对于参与人提出的立法主张和利益诉求能否纳入行政立法规范，需要行政立法机关进行更为科学、严谨地分析和研判，在合法性之基础上，特别需要重点判断参与人意见与诉求纳入行政立法的必要性与可行性。基于上述原因，对于行政立法中公众提出的建议和诉求，应当由行政机关法制机构工作人员、所涉行政管理部门工作人员以及相关专家组成工作小组，共同识别其合法性与合理性，提出是否采纳的意见与理由，并由行政立法机关负责人批准。但就识别时限而言，不能苛求当场判定，只需在参与环节相关决定作出前完成。具有准行政立法性质的行政决策，决策机关对参与人行政主张或利益诉求之合法性与合理性的判定基本等同行政立法机关的严格要求，但是判断主体无需是法制机构人员，只需由决策部门工作人员和相关专家组成即可；针对特定相对人的行政决策，决策机关对特定相对人提出的建议与诉求应当尽可能当场给予判定，判定主体可由决策机关工作人员组成，识别重点在于衡量参与人利益保护的合法性和公平性。行政执法机关对行政相对人陈述与申辩的判断重在审查其合法性以及事实根据，判断主体为直接执法人员，当然应不少于两人，而且一般应当场判定；对于案外人的执法建议在合法性基础上重在考量其必要性与可行性，判断主体为行政执法机关负责人与法制机构工作人员。

（2）根据公众意见的合法性、合理性情况以及与行政行为的关联程度（利害关系程度），分别将其作为行政决定的参考意见、事实依据或构成内容进行采用，并说明理由，尤其是采取少数人意见的应作出特别说明。作为参考的公众意见要求具有合法性与一定的合理性，并属于参与行政活动的管理规制范畴，这种公众意见只需在行政结果中有所体现即可；作为事实依据的参与人意见属于行政行为事实层面的信息，需要证据充足且符合客观实际；直接纳入行政行为内容的参与人意见必须同时具备合法性、必要性、可行性和相关性，属于行政机关作出有关行政决定时应当解决的问题或保护的利益的意见，行政机关必须完全采纳，并反映在最终行政结果（决定）之中。这一要求适用所有行政活动中的义务主体。当然对行政立法中纳入最终法律文本条款中的公众立法建议之合法性、合理性及关联性要求最严，需有充分的必要性与可行性，属于行政立法必须解决的社会问题和利益问题。

（3）以便于参与人知晓的方式，及时全面公开意见采纳情况及理由。这一义务要求实际蕴含于行政机关的回应义务之中，故而与公众意见获合理回应权对应的行政机关义务要求基本相同，在此不再赘述。

如果通过上述义务之履行，公众合法合理的行政主张和利益诉求能够在行政结果中得到反映与体现，行政结果（决定）能够得到公众普遍认可，并且公众能够有效执行，就表明行政机关完全履行了满足公众合法合理意见获采纳权的实现义务，公众参与便取得实效，行政参与权功能便得以实现。

5. 参与行政决定权的实现义务

如前所述，公众参与行政决定权属于行政参与本体性权能中的特殊权能，该权能赋予了特定条件下公众参与相关行政决定的权利。参与行政决定权主要适用于特定情形的行政参与，所以，其义务主体履行义务的要求需根据具体情形来确定。若是作出重大行政决定，行政机关应当吸纳前期参与的公众代表出席表决会议，并保障其监督建议权，而无需满足其表决权；若是行政决策涉及多元利益博弈，行政机关很难权衡利益作出决定，则应保障各利益代表的公平参与决定权，包括协商决定权和参与表决权，而不应当被少数强势利益所俘获。

行政机关满足公众参与行政决定权实现之义务履行结果表现为：（1）公众代表出席了重大行政决定的表决会议，行使了对行政决定的监督建议权，行政决定最终反映了民意；（2）符合协商决定条件的行政决策，有参与权的公众参与了协商过程，充分行使了协商决定权，行政决策结果体现了各参与人的意志；（3）需公众投票表决的行政决定，有投票权的公民都公平行使了投票权，且行政决定是参与人票决的结果。

6. 参与行政决定实施权的实现义务

如前所言，参与行政决定实施权也仅适用三种情形，相应义务主体的具体义务要求也有所不同。对于行政相对人参与实施反映自己利益诉求的行政决定权，相应行政机关应当接受相对人合理的执行建议与主张，及时启动执行程序，必要时吸纳相对人共同执行决定，而不能拖延实施，甚至拒绝实施。例如，房屋征收补偿方案的落实、行政给付和行政许可等决定的执行、重大民生工程决策项目的实施等。就公众对日常性行政管理的协助权而言，相应行政机关应当接受有利于提高行政管理效率的协助，并积极倡导、鼓励和支持，对维护公共秩序和公共利益有较大贡献的公民，还应给予奖励。同时也要对协助行政管理的公众给予正确引导，防止公民滥用协助权，好心办坏事，妨碍行政管理效率甚至侵犯他人合法权益。对于社会普遍关注的行政决定实施情况，行政机关则应当吸纳公众代表参与评估过程，并认真听取公众评估意见和吸纳合理意见。

行政机关是否达到满足公众参与行政决定实施权实现义务的履行要求，主要考察在具备上述权利行使的三种情况下：相对人的实施行政决定建议是否采纳；反映其意见的行政决定是否有效实施；公众协助行政机关日常性公共秩序管理的合理意愿是否得以实现；公众的评估意见是否听取并及时反馈；提出实施中存在问题的正确改进方案是否得以落实。

（三）责任行政义务之履行要求——公众行政参与监督权的实现

公众行政参与监督权是公众参与行政的专门性权利，该权利的配置，是为防止行政机关不履行满足公众行政参与权实现之义务，以及当行政机关发生侵害公众行政参与权行为之后，使行政机关承担相应的补救义务与责任，保障公众行政参与权的实现。其权能是监督行政机关履行满足公众行政参与权义务，而不是监督其他义务的履行，但对行政机关而言，也是一种责任行政的要求。

具体而言，行政机关对于公众行政参与监督权的实现，应当从以下几方面加以保障：

第一，具有自觉履行满足公众行政参与权义务的责任意识，把相关义务作为行政职责之一,认真履行行政参与各种权利实现之义务。

第二,将行政机关不履行满足行政参与权实现义务的行政救济方式以及义务主体责任法制化,为公众行政参与监督权之行使提供多种路径和方式。这些救济路径包括:行政举报(投诉)、行政调解、行政复议和行政诉讼等。不履行法定义务的行政机关承担法律责任的方式包括:及时补正公众参与程序、对造成特定相对人的相关损失进行赔偿、对责任人给予行政处分等。

第三,设立专门处理行政参与纠纷的行政机构,及时受理和处理公众参与的救济请求,并作出公正的处理决定,督促未履行满足公众行政参与权义务的行政机关履行相关义务。

第四,未履行相关义务的行政机关在受理公众的行政参与补救请求或者收到其他救济机关对行政参与纠纷的处理决定书后,对需要补正且能够补正参与程序的,应及时补正;无法补正的,则采取其他补救措施。

行政机关完全履行满足公众行政参与监督权义务的结果表现为:公众未能实现行政参与权的救济申请得到及时处理;能够恢复和补正的公众参与程序得以补救;因不能恢复和补正公众参与程序而造成的特定相对人的实际利益损失能够获得公平赔偿;相关责任人的法律责任得以追究。

(四)服务行政义务之履行要求——促进公众行政参与权最优实现的义务

为使公众行政参与权得到最优实现,达致行政参与的最佳目标,行政机关应当履行指导、帮助和促成公众参与的义务,这是服务行政在参与式行政中的体现,是服务行政的新模式,[14] 也是最佳行政参与对行政机关服务行政的更高要求。由于行政机关这些义务的履行目的在于为公众参与提供指导与帮助等优质服务,促成行政参与权实现的最佳效能,因此,相对于行政机关上述满足行政参与权实现的基本义务而言,这种义务可称为行政机关的促进性义务。这些义务要求具体包括:

---

〔14〕 参见孙兵:《公众参与:服务行政的合法证成与动力供给》,载《河北法学》2010 年第 7 期。

第一，促成公众参与的组织化：指导公民依法成立社会组织，引导社会组织健康发展，并提供一定活动经费支持，监督社会组织真实代表成员参与行政活动。最终实现在保障个体参与的基础上，推进合法、合理的组织化参与。

第二，开展公众参与的培训和指导：指导公众依法、有序、理性和有效参与，提高公众参与能力。可采用社区公众参与的宣传教育、开播网络公众参与教育课程、进行公众参与成功实例展示和宣讲、组织公众参与知识专题培训班等形式，培养公民参与意识、提高公民参与水平。

第三，加强公众参与的物质保障：各级政府提供专项经费预算，纳入国库开支，使公众参与的一切合理开支由国家财政负担，降低公众的参与成本。

第四，充分调动行政参与积极性：对有效促进公共行政目标实现的参与行政的公民或组织进行奖励；对行政机关及其工作人员履行满足公众参与权义务情况进行考核，并纳入工作业绩考核范畴；对认真自觉履行义务且取得应然实效的行政机关及其工作人员给予奖励；对违法限制或抵制公众参与的行政机关工作人员给予一定惩戒。

行政机关满足公众行政参与权最优实现的促进性义务，是一种倡导性义务，具有裁量性，其履行要求具有渐进性，即行政机关应当逐步履行这些义务，使公众参与意识和能力渐次提高，公众参与物质保障不断加强，参与机制日益优化，力求达到最佳的行政参与效果。

三、救济保护义务之履行要求

公众行政参与权是主观公权利，蕴含请求权的权能。立法机关未进行立法确认行政参与权的，属于未履行宪法层面的义务，侵犯的是公民基本权利维度的行政参与权，此时行政参与权属于宪法保护的权利，根据宪法权利主观面向的消极受益权功能，[15]公民能够请求国家机关给

---

〔15〕 参见张翔：《基本权利的受益权功能与国家的给付义务——从基本权利分析框架的革新开始》，载《中国法学》2006 年第 1 期。

予宪法救济,国家负有宪法救济义务。如果立法机关已经通过立法将其确定为法律权利,而行政机关在行政活动中未依法履行实现义务,导致行政参与权利受到侵害,公众能够请求救济机关给予救济保护。此时,行政参与权是公众的行政法权利,行政机关未履行义务的行为属于行政行为,其救济应是行政法方式。当然对于行政参与权侵权纠纷的救济方式也主要是行政法救济方式,包括举报投诉、行政调解、行政复议和行政诉讼等。但这里主要探讨行政机关的救济保护义务,因此,其救济保护义务主要是举报投诉、行政调解和行政复议等行政救济。当然在涉及公众参与的行政诉讼中,行政机关也具有应诉义务和自觉履行生效裁判的义务。

由于行政参与权的客体是行政活动,保障行政参与权的义务主体主要是行政机关,因此,行政参与权纠纷主要是行政纠纷,具有很强的行政性。同时关于公众行政参与权是否可以行使、怎样有效行使,行政机关应当履行哪些义务、如何履行义务,行政机关自身更加清楚,所以,由行政机关解决行政参与权纠纷更加专业,也更有效率。而且在各国行政行为(行政权)的监督机制中,都设有上级行政机关和专门行政机关的监督机关。这些监督机关也具有救济功能,且具有经常性和易得性。因此,为了发挥行政救济的专业性优势,提高行政参与权救济的效率,并且降低救济成本,及时补救与恢复公众受侵害的行政参与权,应当确立行政救济优先原则,将行政救济作为其他救济制度的前置程序。

行政救济是利用行政权监督行政权,其处理的是行政机关不履行相关义务侵害行政参与权的行为,具体涵括:行政立法机关在颁布的行政法规范中未依法确立公众行政参与权;在制定行政法规范过程中不满足公众行政立法参与权之行使与实现;行政决策机关作出决策时不满足公众行政决策参与权之行使与实现;行政执法机关执法过程中不满足公众行政执法参与权之行使与实现。在这些公众与行政机关产生的行政参与权纠纷中,有的属于抽象行政行为争议,有的属于具体行政行为争议。而行政机关不履行保障行政参与权之义务中,从广义行政参与权的保护看,还包括侵害行政知情权和参与监督权等。这些权利的保障义务要求有所区别,解决纠纷的具体方式也有所不同。

基于行政救济机关的义务视角,行政救济又包含依职权的救济和依申请的救济。前者是基于行政权职责产生的行政救济机关保护义务——行政救济机关对一些不履行相关义务的行政机关,应当主动进行监督纠错。后者是行政参与权作为主观公权属性要求行政救济机关履行的救济义务——行政救济机关因权利人的申请而解决行政参与权纠纷,此时行政救济机关遵循"不告不理"原则。因此,行政救济机关的义务包括依行政职权产生的义务和依权利人申请产生的义务。下面将分别从这两方面进行阐述。

(一)依行政职权的行政救济义务

在行政权的内部监督制度中,上级机关具有监督下级机关行政行为的职责,专门机关也具有监督职责。前者主要是上级监督并纠正下级机关的抽象行政行为,包括行政立法和具有普遍约束力的行政决策(制定规范性文件)侵害公众行政参与权的行为,如违反比例原则、公平原则设定公众参与权利与义务,克减行政参与权,甚至不规定参与权等行为。监督方式主要是上级行政机关依职权对下级的行政规章或者行政规范性文件进行备案审查,发现侵害行政参与权的条款可以撤销和变更,或者责令下级行政机关自行改正,若下级行政机关应当设定的公众参与权未设立的,则可责令其修改补充。专门行政机关主要是监督同级或下级行政机关工作人员的职权行为。通过监督检查,发现同级或下级行政机关工作人员在行政执法中有违法侵害公众行政参与权的,应当给予行政处分,并责令其改正。例如,我国原来的行政监察机关具有监督行政机关工作人员在行政活动中履行满足公众行政参与权的义务,现在的监察委员会应继续履行该监督职责,特别是对行政领导相应保障义务的履行进行监督。因为行政领导对公众参与的态度和行为严重影响行政参与权实现之可能,甚至有学者认为,如果公民参与没有首先得到政府领导人的认可，公民参与就不可能被引入。[16]

（二）依权利人申请的行政救济义务

根据行政机关不履行保障义务行为的性质以及相应的行政参与权救济保障要求，有以下三种行政救济方式。

1. 举报投诉

我国《政府信息公开条例》已明确规定了公众对行政机关不履行信息公开义务的，可以向有关机关举报投诉，请求救济和保护其行政知情权，亦即确立了政府对公众行政知情权受侵犯的举报投诉之救济义务。这种救济保护义务同样也应适用狭义行政参与权的保障。

一是权利人对行政机关工作人员不履行满足行政参与权义务而向所在机关举报投诉，要求纠错和补正，所在机关若不依法处理，权利人再向上级行政机关或相应的主管部门投诉，也可直接向上级行政机关或相应的主管部门举报投诉。各救济机关对有正当理由的举报投诉申请，应当受理，并及时作出处理决定，并书面告知举报投诉人。对能够补正和履行的，应当督促责任人启动行政参与程序，及时补正和履行。责任人不能补正和履行的，应当说明原因，对因此造成举报投诉人其他合法权益的损害，应当给予赔偿，并追究相关责任人的法律责任。

二是公众对行政立法机关不依法确认公众行政参与权而向上级行政机关检举投诉，申请上级行政机关审查下级行政机关立法行为，并作出相应处理。基于行政参与权的主观公权属性，并根据《立法法》和《法规规章备案条例》的相关规定进行体系解释，公民可以向上级行政机关申请审查下级行政机关的立法行为。上级行政机关初步审查后，发现属于尚未依职权进行备案审查的行政立法的，应当在法定期限内受理公民申请并进行处理。审查机关应当要求下级行政立法机关在法定期限内提供不履行确立公众行政参与权义务的答辩书，若答辩理由成立，则驳回检举投诉人申请；若理由不成立，则向下级行政立法机关发出履行义

---

〔16〕 参见［美］约翰·克莱顿·托马斯：《公共决策中的公民参与》，孙柏瑛等译，中国人民大学出版社2010年版，第138页。

务通知书，并通知检举投诉人，且向社会公告。

2. 行政调解

解决行政参与权纠纷的行政调解是指，具有参与权的公众认为行政机关未履行满足其行政参与权的义务，向行政调解机构申请行政调解，在行政调解机构的主持下，以争议双方自愿为原则，依法组织申请人与行政机关双方进行沟通与协商，促使双方达成和解协议，从而解决行政参与权侵权纠纷的行政救济方式。

行政参与权侵权纠纷之所以能够采用行政调解方式进行解决并予以救济，其法理在于：其一，公众行政参与权的实现与行政机关行政权的运行之间具有过程的协商性和结果的合意性，这与行政调解的原则与机理相契合，使公众与政府有关行政参与权的纠纷有了调解的正当性基础；其二，行政机关与公众有关行政参与权的纠纷更多涉及行政程序问题，往往事实比较简单明了，正当性依据较为明确，争议解决不困难，适合运用调解方式解决。

但是，不是所有行政机关不履行保障行政参与权义务引发的行政参与权侵权纠纷都能适用行政调解方式，行政参与权侵权纠纷救济的行政调解需要具备以下条件：(1)行政机关保障义务类型属于行政实现义务，即在行政实践中满足行政参与权有效行使之义务，不包含行政立法确认义务；(2)行政机关不履行或不完全履行上述义务；(3)行政机关不履行或不完全履行义务的行政行为侵犯的只是申请人行政参与权，而未因此而损害申请人的人身权、财产权等其他合法权益；(4)行政参与权侵权争议双方愿意调解；(5)应在行政调解机构主持下进行。

对于符合行政调解的行政参与权侵权纠纷，行政调解机构应当及时受理调解申请，在法定期限内召集双方进行平等协商，尽量促成调解协议，并敦促双方履行调解协议。但行政调解程序不是终局程序，行政调解协议也不具有最终法律效力，如果双方不能达成调解协议，或者申请人对调解协议有异议，以及行政机关不履行调解协议，申请人都可以继续提起其他救济申请。

3. 行政复议

行政复议制度是一种比较成熟的以行政权监督行政权方式解决行政争议的行政监督与救济方式。包括我国在内的一些国家都有该制度安排。行政参与权纠纷的解决也可适用它。当行政机关不履行行政参与权实现义务时，涵括行政立法、行政决策与行政执法之参与权实现义务的不履行，公众认为因此而侵害其行政参与权的，都可以提起行政复议。因为行政参与权实现义务属于特定的行政机关给付义务，应当属于公众主观请求权的范围，而不应当因为这种实现义务发生在行政立法和行政决策等抽象行政行为之中而排除在行政复议受案范围之外。

行政复议机关应当及时受理符合受案范围的申请人的复议请求，除涉及国家秘密、商业秘密和他人隐私的行政参与权侵权争议外，复议机关应在规定期限内公开审查，并按复议委员会多数人意见作出复议决定，可以根据具体情况分别作出驳回申请决定、撤销决定、确认决定、变更决定与履行决定等。当行政机关未履行满足行政参与权的义务已经导致公众其他实体权利受到损害时，复议机关还应当作出相应的赔偿决定。行政复议决定具有执行力，但不具有终局效力，当事人不服，且符合行政诉讼起诉条件的，可以向法院诉讼。

此外，英国的行政裁判所对于公众行政参与权的行政救济方式，具有一定借鉴意义。行政裁判所独立于行政系统之外，解决公众和行政机关的行政争议，组成人员是来自不同行政领域的不同利益代表，裁判结果较为专业、独立、公正和有效，其中，还设有解决行政知情权争议的行政信息裁判所。[17] 行政知情权属广义的行政参与权，因此，这给我们提供一种思路——可将行政信息裁判所拓展为行政参与裁判所，扩大解决行政参与权争议的范围，将其延伸至解决行政参与权之行政实现义务履行之纠纷，当然其中不包括行政参与权立法确认义务履行之争议。为提高行政参与权行政救济的专业性及效率，我国在行政救济方式的设置上，可借鉴英国行政知情权的救济制度经验，并结合我国国情，考虑在国

〔17〕 参见林爱珺：《知情权的法律保障》，复旦大学出版社 2010 年版，第 155 页。

家司法行政部门设立专门的行政参与救济机构——行政参与裁判所，组成保持独立性和专业性的行政参与救济委员会，由各级政府法制工作人员、行政法学者及行政领域专家组成，履行行政参与权纠纷的行政救济职能，受理具有行政参与权的公众的权利救济请求，并依法对行政参与权实现纠纷进行裁决。当然此裁决也不是终局的，申请人不服的，既可以向上级司法行政部门的行政参与裁判所申诉，也可把不履行行政参与权实现义务的原行政机关作为被申请人向上级行政机关复议，或作为被告向法院起诉。

最后要提及的是，为了充分保障行政参与权，国家应建立行政参与权救济的行政诉讼制度，确立行政机关应诉义务和自觉履行生效判决的义务，也确立了国家司法机关的救济保护义务。虽然对行政机关侵犯公众行政参与权设置了行政救济制度，赋予了行政救济机关较多救济义务，但行政救济毕竟是利用行政权监督行政权的内部救济，有其天然的局限性，其救济作用有限。故而，公众认为行政机关在行政实践中未履行实现行政参与权之义务，侵犯了其行政参与权的（也可能因此而侵犯其他权利），应当有权向法院提起诉讼，请求法院进行审查，救济其受损的权利。法院应当受理并作出公正审理与裁判。不管是行政立法，还是行政决策以及行政执法活动，行政机关未履行满足公众行政参与权实现义务皆有具体的侵权对象和实际权利损害，这是行政机关最低限度的参与程序给付义务，若不履行或不完全履行，权利人便失去了参与机会或者未能完全行使参与权等，所以权利人除了申请行政救济外，也能够提起司法救济。当然，如前所述，基于行政参与权纠纷的专业性以及减少法院讼累的原因，可以设定行政救济程序前置规则。

第六章　我国行政参与权的政府保障义务之履行现状、困境及突破

行政参与权的实现除了自身权能，即狭义行政参与权（本体性权利）需要政府保障外，还需政府保障广义行政参与权，包括行政知情权（前提性权利）和参与监督权（补救性权利）。这些权利都需要政府依次履行立法确认、行政实现和救济保护义务。本章遵循行政参与权保障的实现逻辑：前提性权利（行政知情权）→本体性权利（狭义行政参与权）→补救性权利（参与监督权），根据政府保障义务"立法确认→行政实现→救济保护"的履行进路，对我国现行行政法律制度、公共行政实践以及救济保护现状进行观察，分别展开分析立法确认义务、行政实现义务和救济保护义务之履行困境及缘由，[1]并提出突破困境的可行性路径。

第一节　前提性权利——行政知情权的政府保障义务之履行现状

行政知情权属于行政参与的前提性权利，即公众参政首先必须知政。从行政知情权具有了解行政的权能角度观之，其具有参与行政的意

〔1〕 基于行政参与权的基本权利属性，国家对其负有保障义务，因而，其中的立法确认义务也涉及权力机关的义务，救济保护义务则涉及法院的义务。当然，本章主要探讨的是行政机关（政府）的立法确认义务、行政实现义务和救济保护义务。

涵,故而又可称为广义行政参与权。狭义行政参与权的实现必须以行政知情权的保障为前提条件。因此,政府首先应履行保障公众行政知情权之义务,包括立法确认义务、行政实现义务与救济保护义务。那么政府这些义务的履行状况如何?行政知情权是否获得充分保障?还存在哪些问题需要改进?以下将对上述问题进行分析与阐释。

一、行政知情权的立法确认义务履行之评估

(一)立法制度状况

从广义上来说,我国的政府信息公开制度包括党与政府有关知情权的方针政策和国家关于行政知情权的立法。但由于在此讨论的是行政知情权的立法确认义务,所以,考察的制度范围限于国家法律制度,即政府信息公开的法律规范。以下将根据上述立法机关确认行政知情权的义务要求,对我国法律制度体系从国家立法到地方立法进行全面透视,分析其履行情况。

1. 我国行政知情权的宪法确认

行政知情权具有宪法权利属性的观点已为多数学者认可。[2] 宪法也是行政法的重要渊源,因此,为了加强行政知情权的法律保障,国家应当在宪法中确认行政知情权,为其保障提供宪法依据。

综观我国《宪法》规定,虽然没有"知情权"之类的话语表达,但在总纲和公民基本权利规范中,可以通过宪法解释推演出知情权的确认。首先,在《宪法》总纲中,第2条确立了人民主权和参与民主原则,第27条又肯定了人民对国家机关的监督原则。人民主权表明行政权属于人民,那么,因行使行政权而形成的政府信息也理应属于人民且应向社会公开,即公众应当享有了解政府信息的权利;另外,公民参与和监督国家事

〔2〕 参见郭道晖:《知情权与信息公开制度》,载《江海学刊》2003年第1期;黄德林、唐承敏:《公民的"知情权"及其实现》,载《法学评论》2001年第5期;刘飞宇:《论知情权的请求权能》,载《国家行政学院学报》2004年第6期;朱炜、滕艳萍:《从观念到宪法基本权利——知情权的一般法理》,载《杭州师范学院学报(社会科学版)》2005年第1期。

务的前提应是有权了解国家管理过程和有关政务内容。这些宪法规范虽然都不是基本权利的直接表达，但具有国家目标条款的规范效力，能够约束国家机关履行保护公民相关基本权利的义务。[3] 其次，在基本权利规范中，《宪法》第35条赋予了公民言论和出版自由权，第41条则确认了公民的表达权和监督权。同样，这些基本权利的行使必然要求公民享有知情权（包含行政知情权），甚至可以认为其本身就涵摄了知情权。故而从公民这些基本权利的赋予更能合理推定公民知情权的宪法认可，以及国家保障义务的确立。

可见，我国宪法虽然没有明确表达行政知情权，但行政知情权及国家保障义务却蕴含于宪法规范之中。当然，行政知情权的保障需要更为明确的宪法规范表达，所以将来还需要加强宪法解释或在条件成熟时修改宪法。

2. 行政知情权的法律、法规和规章确认

对具有基本权利属性的公众行政知情权，立法机关负有立法确认义务。最早，立法确认义务只由权力机关负担，但随着社会发展，行政机关也具有了立法职能，有学者认为这属于代议机关授权立法。[4] 之后，随着行政机关立法职能的加强，立法成为行政机关固有的职权，并获得宪法授权，如我国宪法已明确授予国务院行政法规制定权。我国《立法法》具体规定了设区的市以上的人大和政府的立法权。这些立法权对于公民权利保障而言，则是一种立法义务。因此，在我国，设区的市以上的人大和政府都有立法确认行政知情权的义务。

公众行政知情权的权能可以解构为信息申请权、信息获得权和信息救济权，与此对应的政府保障义务主要涵摄及时受理与答复、全面公开、准确公开、彻底公开、负责任公开、救济保护等义务，亦即保障公众知悉政府信息的可得性、及时性、全面性、准确性（真实性）、彻底性和可救济

---

〔3〕 参见张慰：《"文化国"的秩序理念和体系——以国家目标条款带动的整合视角》，载《南京大学法律评论》2015年第1期。

〔4〕 参见武玮厚、汪栋：《论行政立法的性质和边界》，载《黑龙江省政法管理干部学院学报》2004年第5期。

性。国家应当通过立法将上述公众权利和政府义务内容进行具体的法制化,从而为行政机关在行政实践中履行实现公众行政知情权之义务提供法定标准和依据。

我国立法机关确认行政知情权及政府保障义务主要有两种方式:一是通过制定专门的政府信息公开规范确认和保障行政知情权;二是在其他行政法律制度中确认公众知情权和政府信息公开义务。在专门的政府信息公开制度建构方面,国家层面上,全国人大尚未制定专门的政府信息公开法律,只有国务院制定了行政法规《政府信息公开条例》(2007年颁布,2019年修改),但大部分地方政府都颁布了政府信息公开规章。下面将分别对《政府信息公开条例》以及地方立法典型文本中有关公众行政知情权及政府保障义务的确立情况进行叙述。

(1)《政府信息公开条例》的评述

21世纪以来,我国改革开放不断推进,亟需政府从单向封闭管制型向开放合作治理型转变,政府必须加强依法行政、信息开放、社会监督和公众参与,由此催生了政府信息公开法制化的需求。随着政府信息公开实践不断推进和地方立法经验的积累,制定统一的政府信息公开法律制度的条件相对成熟且势在必行。2007年4月国务院颁布了《政府信息公开条例》,2019年4月对《政府信息公开条例》进行了修改。《政府信息公开条例》(2019)虽然立法目的主要基于保障政府工作透明度和依法行政,尚无"公众行政知情权保障"的明确表述,但已经包含了不少相关权利内容条款,尤其规定了许多行政机关的保障义务。

首先,《政府信息公开条例》(2019)确认了公众获得政府信息的申请权和行政机关的答复义务。《政府信息公开条例》(2019)第27条规定,公民、法人或者其他组织可以向地方各级人民政府以及以自己名义履行行政管理职能的县级以上地方人民政府部门申请获取相关政府信息。与此相对应的,《政府信息公开条例》(2019)对行政机关的答复和处理义务进行了较为详细的规定,体现了正当程序、平等对待和便民高效等依法行政要求,具体包括当场和及时答复,告知,说明理由,区分处理,正确衡量申请人利益、公共利益和他人利益,更正错误,按照申请人要求形式或其他适当形式公开信息等义务。

其次,《政府信息公开条例》(2019)诸多条款表达和体现了公众的信息获悉权,而且从多方面明确了行政机关相应的义务。其中,《政府信息公开条例》(2019)明文规定了行政机关及时、准确公开信息义务,并且在全面公开义务方面也有较大体现,确立了"公开为常态、不公开为例外"原则,列举了各级行政机关应当公开的一般信息和重要信息。同时也对信息公开范围设定了不少限制,规定了保密信息、法律与行政法规禁止公开信息和"三安全一稳定"审查机制,设定了内部信息、过程性信息、行政执法案卷信息的相对不公开制度,这些限制留给了行政机关较大裁量权,可能影响信息公开的全面性和彻底性。另外在可得性、负责任公开、救济保护等义务方面,规定了行政机关以便于知晓方式公开、提供各种各样便利的线上线下信息获取平台和方式、建立较为完善的政府信息公开申请渠道和处理程序,细化了信息公开义务主体,设定了不履行信息公开义务的责任,明确了行政机关编制公布信息公开指南、目录并及时更新的工作要求,以及依法收费、减免费用等义务要求。

最后,《政府信息公开条例》(2019)赋予了公众监督救济权,并确定了行政机关相应的监督救济义务。具体而言,《政府信息公开条例》(2019)赋予了公众对行政机关不履行信息公开义务行为的举报投诉权、行政复议权及行政诉讼权,并规定了上级行政机关和主管机关的调查处理、考核评议、责任追究等监督救济义务。当然,行政复议和行政诉讼一般只限于具体行政行为,考核评议未明确公众的参与权利。关于《政府信息公开条例》(2019)的立法确认义务之履行情况。(见表6-1)

表6-1　《政府信息公开条例》(2019)的公众行政知情权立法确认义务履行情况

公众行政知情权		行政机关保障义务	
信息申请权	规定了申请权内容	答复与处理义务	明确且较为详尽,但未规定信息不存在的说明理由义务

续表

公众行政知情权		行政机关保障义务	
信息获取权	通过规定行政机关义务体现公众对政府信息获取权的及时性、准确性和可得性	及时公开义务	明确
		准确公开义务	明确
		全面公开义务	范围较全面,但有限制
		实质公开义务	较谨慎
		责任公开义务	较明确
信息监督救济权	规定投诉举报权、行政复议权、行政诉讼权	救济保护义务	对投诉举报的查处、考核评议、监督检查、行政复议、行政诉讼、责任追究

注:公众行政知情权的立法确认义务包括对公众行政知情权本身的确认,又包括对行政机关保障义务的确认,表6－2至表6－7亦同此。

(2)专门的政府信息公开地方立法之考察

我国专门的政府信息公开地方立法主要表现为规章形式。至今为止绝大部分有立法权的省、市政府都制定了专门的政府信息公开规章,可以将其界分为《政府信息公开条例》(2007)颁布前的规章和颁布后的规章。下面将对以上两类规章确认公众行政知情权和行政机关保障义务的情况分别进行分析。

《政府信息公开条例》(2007)颁布前的规章是在以“非典事件”为主要标志的信息公开公共事件推动下而陆续出台的,这些规章可以以《广州市政府信息公开规定》(2003)、《上海市政府信息公开规定》(2004)[5]、《湖北省政府信息公开规定》(2004)、《江苏省政府信息公开

〔5〕 该规章虽已废止,但可反映《政府信息公开条例》(2007)颁布前具有行政立法权的地方政府对行政知情权的立法确认义务履行情况。

暂行办法》(2006)等为样本进行分析。为回应公众要求及时、全面、准确(真实)公开政府信息的知情权保障强烈吁求,这些规章确认公众知情权和行政机关保障义务的基本情况如下:其一,大多数规章明确规定了"保障公众知情权"之立法目的,确立了"公开为常态、不公开为例外"的基本原则,同时也强调了认真公开和真实公开原则。与此对应的,有些规章还规定了公开信息内容不真实的法律责任。其二,政府信息公开范围的规定较全面和明确,主动公开信息范围较为具体明确,有的还确立了政府信息相对公开制度,包括涉及商业秘密和个人隐私信息、过程性信息、行政执法信息、行政内部信息等都可有条件地公开,而不是绝对不公开,这有利于防止任意扩大信息公开的排除范围。其三,大部分规章对公众信息公开申请的受理与答复的程序规定较为翔实,凸显了信息公开的及时与便民原则;有些规章还确立了重要行政决定作出前有关信息的预公开制度,即行政过程的公开,彰显了信息公开的实质性。其四,在救济和保护方面,一般都确认了公众的纠错权、举报权、投诉权和评议权等,以及行政机关的更正错误信息、查处举报和投诉、组织考核和评议等监督纠错义务,同时建立责任追究制度,规定了行政机关不履行信息公开义务等法律责任。当然,这些规章也存在一些不足之处,比如,立法要求和制度内容不够统一,信息公开义务主体和责任主体不够明确,不少规章的信息公开程序显得粗糙,未规定说明不公开信息(含不存在信息)理由的程序义务,救济权利也显不足,不少规章未确认公众不服行政机关不履行信息公开义务的行政复议权和行政诉讼权。(见表6-2)

表6-2　《政府信息公开条例》(2007)颁布前专门政府信息公开地方立法的公众行政知情权确认义务履行情况

公众行政知情权 (有"保障知情权"的明确表述)		行政机关保障义务 (有明确的义务表述)	
信息 申请权	直接确认	答复义务	规定较为详尽,但有些规章未规定说明不公开信息和不存在信息的理由

续表

<table>
<tr><th colspan="2">公众行政知情权
（有“保障知情权”的明确表述）</th><th colspan="2">行政机关保障义务
（有明确的义务表述）</th></tr>
<tr><td rowspan="5">信息
获取权</td><td rowspan="5">有个别规章明文表达了信息获取权，例如，《江苏省政府信息公开暂行办法》（2006）、《广州市政府信息公开规定》（2003）；多数规章通过规定行政机关义务体现公众对政府信息获取权的及时性、准确性和可得性</td><td>及时公开义务</td><td>明确</td></tr>
<tr><td>准确公开义务</td><td>明确</td></tr>
<tr><td>全面公开义务</td><td>范围较全面</td></tr>
<tr><td>实质公开义务</td><td>较为彻底</td></tr>
<tr><td>责任公开义务</td><td>义务主体较多，但责任主体不够明确，规定了部分不履行义务的责任</td></tr>
<tr><td>信息监督
救济权</td><td>大部分规定了信息纠错权，并规定了举报投诉权，少数规定了行政复议权和行政诉讼权，个别规定了行政赔偿权</td><td>救济保护
义务</td><td>主要是内部监督救济，有少数规章确定了行政复议和行政诉讼，部分规章未明确规定对公众举报的查处，有的规章确立了行政机关的赔偿义务</td></tr>
</table>

《政府信息公开条例》（2007）颁布后的规章中，《天津市政府信息公开规定》（2008）[6]、《湖南省实施〈中华人民共和国政府信息公开条例〉办法》（2009）、《浙江省政府信息公开暂行办法》（2012、2015、2019）、《云南省政府信息公开规定》（2013）、《北京市政府信息公开规定》（2014）等规章具有代表性，可作为样本分析。由于这些规章必须遵循《政府信息

〔6〕 该规章虽已废止，但可反映《政府信息公开条例》（2007）颁布后具有行政立法权的地方政府对行政知情权的立法确认义务履行情况。

公开条例》(2007)的基本原则和规定,且不得与之相冲突,故而基本秉承《政府信息公开条例》(2007)的立法精神,立法态度较为谨慎,内容上也与《政府信息公开条例》(2007)大体保持一致,但立法技术更为成熟,更加注重可操作性,且在一定程度上适应了新形势下信息公开的新要求。具体表现为:指定专职人员负责信息公开工作;确认了公众知情权的行政复议与诉讼救济保障;强调了否定性答复也须说明理由的程序义务,包括决定不公开说明理由、信息不存在说明理由、不予更正说明理由、部分不公开说明理由等;明文规定政府信息公开工作社会评议应向公众征求并采纳合理意见;重大投诉举报结果向社会公布;主要信息内容需公众知晓或者参与,部分信息涉及国家秘密的解密或删除;涉及公众切实利益的行政会议公开;倡导网络信息的整合与协调,加强电子化管理,规定了更为丰富的政府信息发布方式和渠道。

但这些规章也存在一些问题:对信息公开范围的限制较多,不少规章把一些相对不公开的信息当成了绝对禁止公开的信息,如内部信息、执法信息和过程性信息等;有些规章未确立重要行政决定信息的预公开制度,[7]不利于行政过程的公开与参与;一些规章未确立信息公开的全面和真实原则,也未明文规定公开虚假错误信息的法律责任等。(见表6-3)

表6-3　《政府信息公开条例》(2007)颁布后专门政府信息公开地方立法的公众行政知情权确认义务履行情况

公众行政知情权(有“保障知情权”的明确表述)		行政机关保障义务(有明确的义务话语表达)	
信息申请权	直接确认	受理与答复义务	规定较为详尽

---

〔7〕 政府信息预公开制度是指涉及公众重大利益,或有重大社会影响的事项在正式行政决定前,行政机关应当将拟定的方案和理由向社会公布,在充分听取公众意见和建议后进行调整,再作出行政决定的制度。

续表

<table>
<tr><th colspan="2">公众行政知情权
（有“保障知情权”的明确表述）</th><th colspan="2">行政机关保障义务
（有明确的义务话语表达）</th></tr>
<tr><td rowspan="5">信息获取权</td><td rowspan="5">通过规定行政机关义务体现公众信息获取权的及时性、准确性和可得性</td><td>及时公开义务</td><td>明确</td></tr>
<tr><td>准确公开义务</td><td>有规定，但有些规章未强调真实要求</td></tr>
<tr><td>全面公开义务</td><td>有些规章未明确“公开为常态、不公开为例外”“国家秘密”“三安全一稳定”等限制，但列举公开的事项范围更广，更具可操作性</td></tr>
<tr><td>实质公开义务</td><td>主要是材料和结果公示，有些规章绝对禁止行政过程中的信息公开</td></tr>
<tr><td>责任公开义务</td><td>义务主体较多，但责任主体不够明确，明确了部分不履行义务的责任</td></tr>
<tr><td>信息监督救济权</td><td>信息纠错权：大部分有规定；举报投诉权：有规定；行政复议权和诉讼权：赋予，但限于具体行政行为；行政赔偿权：未明确规定</td><td>救济保护义务</td><td>监督救济包括考核评议、监督检查及公众的举报投诉与行政机关的查处，以及公布不准确信息的更正，并有各种法律责任追究；基本规定了对具体行政行为的行政复议和行政诉讼</td></tr>
</table>

（3）非专门性规定政府信息公开的行政法规范之审视

信息公开是公共行政的基本要求。因此，一般而言，只要是规范和调整行政活动的法律都应当确认公众知情权和行政机关信息公开义务。由于行政法规范浩如烟海，因此，这里的考察范围只能选取法规范样本，主要包括：一是行政立法、行政决策和行政执法三大行政行为制度中的代表性文本;二是环境行政领域重要法律制度的代表性文本;三是考察的行政法律制度文本,包含国家层面立法和地方立法。

其一,行政立法制度。对我国行政立法制度中的《行政法规制定程序条例》(2001、2017)、《规章制定程序条例》(2001、2017)、《山东省政府规章制定程序规定》(2015)、《福州市人民政府规章制定程序规定》(2016)等几部代表性法律规范文本进行分析可知,这些法律制度文本对行政立法机关的信息公开义务都有确定,并在一定程度上体现了行政立法信息公开的及时性、全面性和彻底性。其基本情况如表6-4所示:

表6-4 行政立法制度中的公众行政知情权立法确认义务履行情况

行政立法制度	公众行政知情权	行政机关保障义务
《行政法规制定程序条例》(2001、2017)	通过规定行政机关信息公开义务体现公众行政立法信息获取权	1. 遵循立法公开原则; 2. 年度立法工作计划公开; 3. 起草草案及其说明公开,但国务院决定不予公开的除外; 4. 送审稿或者修改稿及其说明"可以"公开; 5. 立法结果公开; 6. 行政法规修改和废止公开
《规章制定程序条例》(2001、2017)	通过规定行政机关信息公开义务体现公众行政立法信息获取权	1. 遵循立法公开原则; 2. 年度规章制定工作计划公开; 3. 规章草案及其说明应当公开,但依法需要保密的除外; 4. 送审稿或者修改稿及其说明"可以"公开; 5. 立法结果公开; 6. 规章修改和废止公开
《山东省政府规章制定程序规定》(2015)	通过规定行政机关信息公开义务体现公众行政立法信息获取权	1. 遵循立法公开原则; 2. 五年立法规划和年度立法计划公开; 3. 未规定起草规章草案公开; 4. 除需要依法保密的外,应当公开规章草案送审稿意见; 5. 立法结果公开; 6. 未规定规章修改和废止公开

续表

行政立法制度	公众行政知情权	行政机关保障义务
《福州市人民政府规章制定程序规定》(2016)	通过规定行政机关信息公开义务体现公众行政立法信息获取权	1. 遵循立法公开原则; 2. 除依法需要保密的,公开规章草案送审稿; 3. 立法结果公开(文本公开); 4. 未规定公开年度立法计划、起草规章草案; 5. 可推定规章修改废止公开

从表中可以看出,《行政法规制定程序条例》(2001、2017)确立的行政立法信息公开贯穿了立项、起草、审查、决定公布以及修改废止的全过程,当然也有一些“除外”限制和“可以”的裁量性规定。《规章制定程序条例》(2001、2017)与《行政法规制定程序条例》(2001、2017)对行政立法信息公开义务的确立情况基本相同。《山东省政府规章制定程序规定》(2015)在行政立法信息的全面性上有所缺失,如未规定起草阶段规章草案向社会公开等,但信息公开义务的刚性亦即实质性有所加强,裁量性减弱,如审查阶段要求除涉及秘密信息外的规章草案送审稿意见“应当”公开,而不是“可以”公开。《福州市人民政府规章制定程序规定》(2016)对立项阶段年度立法计划、起草阶段的规章草案都未明确规定公开要求。虽然这些要求上位法已基本上作了相应规定,若下位法不再作具体规定,立法实践中行政立法机关应当遵守上位法的相关义务要求。但是从立法的可操作性以及对地方政府信息公开义务的更高要求来看,下位法应当作出更加具体明确甚至更严要求的规定,并且应当在文本中说明“本法没有规定的,适用上位法的有关规定”。否则,可能影响行政立法实践中信息公开的全面性和彻底性。

综上分析,行政立法制度对公众知情权和行政机关保障义务的确认主要集中在以下几方面:第一,从中央立法到地方立法,都确定了遵循立法信息公开的原则;第二,信息公开基本贯穿了立法全过程,但地方立法未能将中央立法要求更加具体明确到立法各个环节;第三,立法模式主要是“应当”的刚性模式,也有“可以”的裁量模式;第四,行政立法制度文本中基本上未规定行政立法机关不主动公开应当公开的立法信息时，公众可以申请信息公开，即信息申请权未予以明确。所以，总体上这些行政立法制度体现了政府信息公开的基本义务要求，但是在信息公开的全面性和实质性上还有进一步改进之处。

其二，行政决策制度。早期的行政决策立法对决策信息公开的有关规定较少，但政府信息公开实践的推进以及对科学决策、民主决策、公开决策要求的不断提高，推动了重大行政决策的专门立法。地方政府纷纷制定重大行政决策的专门规章，而确认公众决策知情权和行政决策机关信息公开义务成为这些立法的重要制度内容。在地方政府专门行政决策立法发展的基础上，2019 年国务院颁布了《重大行政决策程序暂行条例》，确立了公众重大行政决策知情权和行政机关相应的信息公开义务。下面将从国家立法到地方立法，选取《价格法》（1997）、《城乡规划法》（2007、2015、2019）、《重大行政决策程序暂行条例》（2019）、《浙江省重大行政决策程序规定》（2015）、《上海市重大行政决策程序规定》（2020）、《云南省重大行政决策程序规定》（2016）等行政决策法律制度文本为样本进行分析。这些行政决策制度对公众行政知情权的立法确认义务履行情况如表 6－5 所示：

表 6－5　行政决策制度中的公众行政知情权立法确认义务履行情况

行政决策制度	公众行政知情权	行政机关保障义务
《价格法》（1997）	无明文规定，可推定听证知情权	无明文规定，可推定听证信息公开
《城乡规划法》（2007、2015、2019）	确认了查询权；通过规定行政机关义务体现对公众知情权的保障	1. 及时公布批准的城乡规划； 2. 确定规划草案公开； 3. 未规定规划修改阶段信息公开
《重大行政决策程序暂行条例》（2019）	没有明文确认公众知情权，通过规定行政机关信息公开义务体现对公众知情权的保障	1. 公布决策草案及其说明； 2. 公开听证； 3. 要求决策结果及依据公开

续表

行政决策制度	公众行政知情权	行政机关保障义务
《浙江省重大行政决策程序规定》(2015)	“明文表述”的方式确认了公众的知情权	1. 可以制定决策事项目录,向社会公布; 2. 明确表达“保障公众决策知情权”; 3. 要求公告决策方案或者公众关注的相关内容,但依法应当保密的事项或者内容除外; 4. 规定决策结果除依法不公开的外应当公布
《上海市重大行政决策程序规定》(2020)	“明文表述”的方式确认了公众的知情权	1. 决策机关可确定重大行政决策事项目录、具体标准,向社会公布; 2. 明确表达“保障公众知情权”; 3. 规定应当公布决策草案征求公众意见; 4. 逐步推行专家、专业机构论证意见的公开; 5. 要求向社会公布重大行政决策结果,依法不公开的除外
《云南省重大行政决策程序规定》(2016)	未明文表达公众知情权,通过规定行政机关信息公开义务体现对公众知情权的保障	1. 规定应当采取适当方式扩大公众知悉重大行政决策范围; 2. 有条件地将重大行政决策事项草案向社会公开征求意见; 3. 明确“依照本规定应当公开重大行政决策事项而未公开征求意见的,不得提交政府讨论决定”

从表中可知,《价格法》(1997)颁布较早,而且至今未有修改,所以没有直接确认公众价格决策的知情权,也未规定决策机关的信息公开义务,但该法第23条设立了重要价格决策的听证会制度。《城乡规划法》颁布于2007年,2015年、2019年进行了修改,为适应政府信息公开的新要求,对公众规划决策知情权和行政机关信息公开义务进行了一定确认。2019年颁布的《重大行政决策程序暂行条例》比较全面地体现了决

策机关的行政决策信息公开义务要求，信息公开及于决策制定和决策结果。《浙江省重大行政决策程序规定》(2015)的信息公开要求较为具体，而且以“明文表述”的方式确认了公众的知情权和行政机关保障公众知情权的义务，但未规定决策执行情况的公开。《上海市重大行政决策程序规定》(2020)对公众知情权和行政机关信息公开义务的确认也较为具体，尤其规定了“逐步推行专家、专业机构论证意见的公开”。《云南省重大行政决策程序规定》(2016)对决策机关信息公开的规定较为简略，赋予了决策机关信息公开较大裁量权，也未明文表达公众知情权，但值得肯定的是其规定了“未公开征求意见的法律后果”。

通过对以上几个代表性行政决策法规范文本的分析可知，行政决策法律制度对政府信息公开义务的规定总体上比较全面，但存在专门立法和单行立法、国家立法与地方立法的差异。从发展趋势看，立法者的知情权保障观念越来越强，对行政机关的义务要求也不断提高。不足之处是，有些立法未明确表达知情权保障原则，信息公开也未及于行政决策全过程，而且未明确规定行政机关未主动公开应当公开信息的情形下公众的信息申请权。

其三，行政执法制度。同样从国家立法到地方立法选取典型的行政执法法规范文本进行分析，包括《行政许可法》(2003、2019)、《行政处罚法》(1996、2009、2017、2021)、《行政强制法》(2011)、《辽宁省行政执法程序规定》(2011)等。这几部法规范文本对行政机关信息公开义务都有所规定，有些还明文确认了公众信息获取权。其基本情况如表6－6所示：

表6－6　行政执法制度中的公众行政知情权立法确认义务履行情况

行政执法制度	公众行政知情权	行政机关保障义务
《行政许可法》(2003、2019)	1. 明文确认公众对行政机关作出的准予行政许可决定和许可监督记录的查阅权； 2. 通过确定行政机关	1. 确定许可公开原则； 2. 委托许可公开； 3. 应当在办公场所提供全面、准确、可靠的有关许可信息，在行政机关网站上公布许可事项；

续表

行政执法制度	公众行政知情权	行政机关保障义务
	信息公开义务体现公众知情权	4. 满足公众对许可结果和许可监督记录的查阅权； 5. 公开听证，涉密涉私除外； 6. 不履行公开义务的法律责任
《行政处罚法》（1996、2009、2017、2021）	通过确定行政机关信息公开义务体现公众和相对人的知情权	1. 确立了处罚公开原则； 2. 规定告知处罚内容及事实、理由和依据； 3. 规定未告知处罚内容事实、理由和依据，不得作出行政处罚； 4. 听证公开举行，但涉密涉私除外； 5. 处罚的实施机关、立案依据、实施程序和救济渠道等信息应当公示； 6. 电子技术监控设备设置地点应当向社会公布，并及时告知当事人记录的违法事实； 7. 应当依法公开具有一定社会影响的处罚决定； 8. 向社会公布处罚裁量基准
《行政强制法》（2011）	通过确定行政机关信息公开义务体现公众和相对人的知情权	1. 实施行政强制措施，应告知当事人理由和依据； 2. 违法建筑需要强制拆除的公开； 3. 告知当事人加处罚款或滞纳金的标准
《辽宁省行政执法程序规定》（2011）	明确表达了行政知情权，同时也明确规定了行政机关的保障义务	1. 明确执法公开的立法目的； 2. 确立行政执法信息公开的范围，包括行使行政执法权的依据、过程和结果； 3. 确认利害关系人、当事人信息获取权，本案相关材料查阅权，当事人及其代理人申请查阅、摘抄、复制行政执法卷宗中证据材料的权利，同时规定了涉密涉私的一般限制； 4. 要求执法事实、理由和依据公开； 5. 规定了听证公开

“行政许可不仅仅是一项权力，也意味着风险和责任。”[8] 为了保护公共利益和相对人合法权益，必须强调对行政许可的监督和参与，而其前提就是加强信息公开，保障公众和相对人的知情权。从表中可以看出，《行政许可法》(2003、2019)的信息公开规定，是我国国家层面的行政执法制度中较为全面和彻底的，有依据公开、条件公开、过程公开、结果公开甚至监督的公开等；在立法模式上既有全面的行政机关义务规定，也有对公众信息获取权的明文表达，而且义务表达皆使用“应当”式。《行政处罚法》(1996、2009、2017、2021)的政府信息公开主要是针对行政处罚的相对人，以保障相对人的知情权和参与权，当然也规定了对一般公众的信息公开，2021 年修订的《行政处罚法》强化了行政机关的信息公开义务。《行政强制法》(2011)有关信息公开义务的规定主要涵盖以下三方面：(1)设定行政强制应当公开听证或论证；(2)实施行政强制措施应当当场向当事人公开理由和依据；(3)违法建筑强制拆除的，应予公告。《辽宁省行政执法程序规定》(2011)是专门规定行政执法程序的法规范，对行政执法机关的信息公开规定较为全面、具体和严格，较为充分地体现了行政机关信息公开的全面性和彻底性，而且明确表达了知悉行政执法信息是相对人的权利，行政机关应当将行政执法信息向社会公开，彰显了保障公众权利和强调行政机关保障义务的立法理念。

综观我国行政执法制度对公众知情权及行政机关保障义务的确立情况，总体如下：首先，在立法模式上，国家层面的立法主要是通过赋予行政机关义务要求来体现对知情权的保障，只有个别条文直接确认了公众知情权内容，而地方立法则大多明文确立了公众尤其是相对人的知情权，也明文规定行政机关负有保障义务。其次，在义务强度上，采用“应当式”，而不是“可以式”，表明义务的刚性要求。最后，在信息公开的广度和深度上，信息公开贯穿整个行政执法活动，信息内容包括依据、过程和结果等全部信息，除涉密涉私限制外，少有其他限制，比较充分地体现了信息公开的全面性和实质性。但是，除个别条文规定了公众或相对人

---

[8] 王克稳：《论相对集中行政许可权改革的基本问题》，载《法学评论》2017 年第 6 期。

的信息公开的申请权外，一般没有确认公众信息公开的主动申请权。另外《行政强制法》(2011)的信息公开范围不够全面，未规定相对人财产强制执行信息的公开，如拍卖与划拨情况等，这样不利于对行政强制权的监督。

其四，环境行政法制度。环境治理关系国家可持续发展以及公众生产、生活质量，对公共利益和公民个体利益都会产生重要影响。环境治理领域的国家治理失灵甚至可能意味着全面的执政风险。[9] 为此，各国都非常重视环境行政信息公开和公众参与的制度建设，即将公众环境知情权和政府环境信息公开义务法制化。我国环境行政法律制度中的信息公开规定也比较具体完备，且明确表达了对公众环境知情权和参与权的确认。以下选取了其中代表性法规范文本进行分析。其基本情况如表6-7所示：

表6-7　环境行政法制度中的公众行政知情权立法确认义务履行情况

环境行政法制度	公众行政知情权	行政机关保障义务
《环境保护法》(2014)	设专章规定信息公开且明文确认了公众环境信息获取权	1. 表明环境行政机关应当依法公开环境信息的义务； 2. 确立环境信息公开内容的范围； 3. 全文公开建设项目环境影响报告书，涉及国家秘密和商业秘密的事项除外
《环境保护公众参与办法》(2015)	明文确认了公众环境信息获取权	1. 表明保障公众信息获取权的义务； 2. 要求公开公众参与有关的信息； 3. 规定了听证事项和过程的公开，涉密涉私除外

[9] 参见徐亚文、涂罡：《国家治理视域下的中国环境法治困境》，载《学术探索》2016年第8期。

续表

环境行政法制度	公众行政知情权	行政机关保障义务
《环境影响评价公众参与办法》(2018)	明文表述“保障公众环境保护知情权”	1. 公开建设项目环境影响评价公众参与相关信息； 2. 公开受理的建设单位环境影响报告书全文、公众参与说明以及受理阶段公众提出意见的方式； 3. 要求审批前公开建设项目基本情况、环境影响报告书编制单位名称、建设单位开展的公众参与情况和决定阶段公众提出意见的方式和途径； 4. 规定公告环境影响评价报告书审批决定全文； 5. 公开建设单位公众参与弄虚作假的失信信息
《河北省环境保护公众参与条例》(2014)	1. 明文确认公众知情权； 2. 具体规定了信息申请权、信息获取权、举报权、评议权、行政复议权和诉讼权等	1. 明确保障公众环境信息知情权； 2. 遵循公开原则； 3. 规定应当依法公开环境信息； 4. 具体规定主动公开信息的要求； 5. 明确对依申请公开的答复与处理要求； 6. 确定对虚假错误信息的纠错义务，即要求准确发布信息

《环境保护法》(2014)设专章规定了“信息公开和公众参与”，这在我国国家层面的法律中具有典型性。《环境保护公众参与办法》(2015)是专门关于环境保护公众参与的部门规章，对环境行政信息公开的规定更加具体，适用于环境立法、决策、执法等环境行政活动。《环境影响评价公众参与办法》(2018)是由我国生态环境部颁布的专门规范环境影响评价公众参与的规章，该规章比较详细地确定了有关规划环境影响评价和建设项目环境影响评价的信息公开，较好地体现了政府信息公开义务的全面性和实质性要求。《河北省环境保护公众参与条例》(2014)是我国为数不多的专门规范环境保护公众参与的地方性法规，从公众权利和政府义务视角对环境信息公开作了较为全面具体的规定，既包含主动

公开信息的义务要求,又包括已申请公开的义务要求,但对信息公开的限制较少。

综观我国环境行政法律制度,都明文确认了公众环境行政知情权,对环境信息公开义务的规定也比较全面和彻底,在信息公开的全面性、彻底性和可得性方面有较大进步,尤其是《河北省环境保护公众参与条例》(2014)为我们提供了比较完善的确认公众环境知情权和行政机关保障义务的立法样本。当然,对照充分保障公众环境行政知情权的标准,环境行政的立法仍存在不足,例如,未肯定部分行政过程信息公开,行政机关信息公开裁量权过大,大部分立法未明确行政机关不主动公开信息的情况下公众具有信息公开申请权等。

(二)我国行政知情权保障的立法确认义务履行情况小结

通过上述较为全面的信息公开法规范文本分析,可以肯定,行政知情权及政府信息公开义务已在我国行政法律制度体系中有了较为全面的规定。尤其是《政府信息公开条例》(2019),在国家立法层面确立了"公开为常态、不公开为例外"的全面公开政府信息原则,使政府信息公开义务主体更为明确,公开范围不断扩大,公开程序更加规范;确定了行政机关及其工作人员不履行公开义务的责任追究;取消了申请公开的"三需要"条件,赋予了公众对政府信息公开的监督权等,使国家层面信息公开制度进一步完善。但是,无论是专门信息公开的立法还是其他行政法律制度中有关信息公开的规定,都还存在一些问题。由于非专门立法解决的是特殊行政领域的信息公开问题,不具有普遍性意义(个别问题也在上文指出),而专门的信息公开立法具有普遍约束力,可以适用其他特殊行政领域的信息公开,因而,在此主要总结专门信息公开立法存在的不足,以便日后加以完善,并指导所有政府信息公开工作。

由于《政府信息公开条例》(2019)和大部分政府信息公开的专门立法主要是行政机关自我规制,基于效率目的考量和自我保护意识,难免会采取较为审慎的立法态度，故而也带来有些制度设计中的审慎性规定，[10]即客观上自己很难彻底捆住自己的手脚。因此，无论是原来的信息公开专门立法，还是《政府信息公开条例》(2019)，在公众行政知情权的确立以及政府保障义务的确定上还是存在以下不足之处。

1. 立法理念上权利保障意识不够彻底

这主要体现在立法目的和审查机制上。例如，《政府信息公开条例》(2019)和有些地方立法仍未明确"为了保障表达知情权和参与权"的目的，仍然确立过于严格的信息公开审查机制，为公众获得政府信息设置了不少限制，增加了行政机关对信息公开的控制权和裁量权，这样仍有可能将信息公开义务异化为行政职权。

2. 义务主体不够确定、专业和中立

我国政府信息公开立法中存在义务主体模糊问题。《政府信息公开条例》(2019)比《政府信息公开条例》(2007)建立了看似更为完备的信息公开管理体系：由各级人民政府组织领导，县级以上政府办公厅(办公室)或主管部门负责，再由各级人民政府及县级以上人民政府部门指定工作机构负责信息公开日常具体工作。这种管理体制有分工和职责安排，但具体工作机构仍不够确定，前文已分析的政府信息公开年度报告中一般都未对工作机构进行说明便为明证。由于未直接明确规定专门的信息公开工作机构，而是由各级政府及县级以上政府部门自行指定工作机构，从而导致信息公开的义务主体不统一、不专业和不中立，其实质是责任主体不够清晰，所以在实践中可能出现公众不知向行政机关的哪个机构申请信息公开，同时行政机关及其工作人员则存在推卸责任的可能。

3. 政府信息内涵界定不够精准

《政府信息公开条例》(2019)将政府信息界定为"行政机关在履行行政管理职能过程中制作或者获取的，以一定形式记录、保存的信息"。

[10] 参见王锡锌主编：《公众参与和中国新公共运动的兴起》，中国法制出版社2008年版，第123页。

这个界定不够精准和全面,在实践中难以正确把握和理解。首先,政府信息产生(形成)的来源范围表达不够清楚全面。“行政机关在履行行政管理职能过程中”限缩了政府信息公开的来源——政府信息的来源应当涵括全部职能活动,除履行职能的过程外,还包括履职准备和履职结果。其次,信息产生方式表述不够准确和充分。“制作或者获取”只是信息产生的方式之一,但不是全部,有些信息是在行政活动中自然形成的,不需要行政机关特别制作和获取,所以,行政机关容易以“没有制作或获取”为由谎称信息不存在。最后,信息载体形式表达不够具体,信息内容未能展开描述。“一定形式记录、保存的信息”比较笼统含糊,容易导致实践中行政机关随意裁量信息是否存在,进而把一些不想公开的信息载体形式排除在外。

4. 政府信息公开范围不够全面

《政府信息公开条例》(2019)和部分地方立法虽然确立了“公开为常态、不公开为例外”原则,前者还明确要求行政机关逐步增加信息公开内容,但由于采用列举的立法模式不够科学,肯定列举难以穷尽必须公开的信息,而否定排除又较原则和宽泛,从而导致了信息公开范围不够明确。另外,信息公开仍有不少限制,一些地方立法把内部信息、过程性信息、执法信息等相对不公开信息都确定为绝对不公开信息。《政府信息公开条例》(2019)虽然界定了不公开的内部信息、过程性信息和执法信息的范围,但仍存在扩大解释的空间。如此一来,难免为一些行政机关任意限制信息公开范围留下较大的裁量权,容易成为实践中行政机关规避信息公开的借口,从而导致信息公开不够全面。虽然其他具体的行政法制度,如行政立法、行政决策、环境行政对行政过程信息公开都有一定规定,但也不够彻底和充分。[11]

5. 监督救济途径不够畅通

我国政府信息公开立法对于公众知情权的救济保护义务有一定制度安排,包括内部监督和外部救济,赋予了公众举报权、行政复议权和行

---

〔11〕 参见姜明安:《论政务公开》,载《湖南社会科学》2016 年第 2 期。

政诉讼权。《政府信息公开条例》(2019)又增设了公众批评权和投诉权,但对公众批评、投诉及举报的处理规定不够具体,政府信息公开考核评议也未规定公众参与,而行政复议和行政诉讼又限于具体行政行为,救济范围有限,并且尚未建构融专业性、中立性和效率性于一体的行政救济制度。

二、行政知情权的行政实现义务履行之观察

(一)政府信息公开实践历程

我国是社会主义民主国家,政府一向重视民主行政,行政公开作为民主行政的前提也一直被倡导,政府信息公开目的日趋合理,信息公开力度不断加强,经历了严格保密基础上的政令公开、管理手段的政务公开、治理工具的政府信息公开的建设历程。[12] 中华人民共和国成立至十一届三中全会之前,行政机关一方面执行严格的保密制度,另一方面,群众路线传统使政府至少将政令公开,让老百姓知晓,以便于遵守和落实,当然信息公开也基本止于政令。

十一届三中全会后,随着民主法制建设的推进,为了加强行政监督,1988 年开始推行"两公开一监督制度",即办事制度和程序公开,办事结果公开,接受群众监督。后来"两公开一监督制度"发展为办事公开制度,即政务公开,并于 1997 年全面推行,实现了由"村务公开"到"乡镇政务公开"再到"县级以上政府政务公开(包括国务院部门政务公开)"。这一时期的政务公开主要是办事制度和结果公开,目的主要是监督行政权,防止权力腐败。

随着社会发展,政府行政理念不断进步,逐步由管理向治理转变,政府法治建设也不断加强,加之我国加入 WTO 组织,以及"非典"等公共事件的推动,使透明政府建设的要求更加迫切,行政公开由办事制度与结果公开转向更具体的政府信息公开。2004 年国务院颁行《全面推进

---

〔12〕 参见王锡锌:《公众参与的兴起和中国新公共运动的实践》,中国法制出版社 2008 年版,第 106 ~ 107 页。

依法行政实施纲要》,要求行政管理做到公开,政府提供的信息全面、准确、及时。2005 年中共中央办公厅、国务院办公厅提出《关于进一步推行政务公开的意见》,要求探索和推行信息公开立法,并把政务公开作为行政机关目标考核的重要内容。这一时期的信息公开目的不只是监督行政,还包括透明政府建设、促进依法行政、保障公民依法获取和使用信息,也蕴含一定的公众参与,但主要目的是促进依法行政和供个人使用,仍然具有较强的治理工具意义,而且主要是单向的信息公开,缺少良性互动。在信息公开立法上,这一时期不少地方政府制定了有关专门信息公开规章。在地方先行的基础上,2007 年国务院颁布《政府信息公开条例》。

2010 年以后,我国国家治理进一步向善治目标迈进,开始迈入善治目的之政务公开的实践历程。2013 年党的十八届三中全会提出了国家治理体系和治理能力现代化要求,其实质即为善治要求。民主与法治是善治的基本条件,而二者实现的关键是政务全面彻底公开。2014 年党的十八届四中全会从政务运作顺序、运作要素和重点领域信息三个层面设定了政务公开范围。[13] 2016 年中共中央办公厅、国务院办公厅颁布的《关于全面推进政务公开工作的意见》提出:把政务公开贯穿政务运行全过程。[14] 在善治理念和新的政务公开政策推动下,政府信息公开实践进入新时代。这一时期重提政务公开,其内涵不同于此前的政务公开,不仅包括政务内容(制度、结果)公开,还包括具体信息公开,不仅仅是静态信息公开,更要求动态信息公开以及行政过程公开。[15] 实践中,公共行政更加注重信息公开的全面、精细、彻底和实效。

(二)政府信息公开的具体举措

1. 上网工程建设

行政实践中,政府通过各种形式主动公开应当公开的政府信息,履

---

〔13〕 参见姜明安:《论政务公开》,载《湖南社会科学》2016 年第 2 期。

〔14〕 参见程琥:《〈政府信息公开条例〉的修改》,载《国家检察官学院学报》2016 年第 3 期。

〔15〕 参见姜明安:《论政务公开》,载《湖南社会科学》2016 年第 2 期。

行公众行政参与权的行政实现义务。这些方式包括报纸登载、新闻发布会、电视和广播播放、信息公示栏、宣传手册传递和网络（门户网站、微信、微博）公开等。网络方式之外的信息公开方式传递速度、范围受限，影响公众对信息的获取。故而随着网络普及和信息时代来临，通过网络公开政府信息成为最为便民和有效的方式。1999 年开始的“政府上网工程”，以互联网这一高效率的公开手段，有力地促进了政府信息公开和行政知情权的实现。[16] 通过政府上网工程的全面实施，从中央到地方，各级政府和工作部门纷纷加入“政府上网工程”，至今，我国已有 8 万多个政府门户网站。各级政府和工作部门建立门户网站（官网），开辟政府信息公开（政务公开）专栏，提供信息公开指南和信息公开目录，信息公开范围不断拓展，同时也向纵深发展。在信息公开的全面性上，信息内容要素涉及组织机构、法规文件、规划计划、财政信息、人事信息、行政审批、应急管理、工作动态、公告公示、年度工作报告、重点领域信息等。另外，一些行政机关回应了大数据时代对政府信息公开的新要求，建立了数据开放系统，方便公众查询各种数据信息。在信息公开的彻底性上，有些政府官网开辟“政务五公开”栏目，包括决策公开、依据公开、管理公开、服务公开和结果公开。在信息公开的及时性方面，政府信息更新也有所改善，大部分信息公开门户网站能做到及时更新信息，网站公告的各种信息至少是当月信息，个别官网能够更新至当日，克服了过去的“僵尸网站”长期停留旧信息的现象。总之，“政府上网工程”的不断发展和完善，大大方便了公众对政府信息的查询和获取，增强了政府信息的可得性，对实现公众行政知情权起到了不可替代之作用。

2. 行政服务中心信息公开

行政服务中心是行政信息集中之地，也是行政机关履行实现公众知情权义务的主要场所。近年来，政府采取多种手段和方式对信息进行及时、有效地公开，保障公众的信息获取权：其一，建立信息公开专栏，主动公开各部门重要行政信息；其二，设置信息公开电子滚动屏幕，及时公布

---

〔16〕 参见张龙：《行政知情权的法理研究》，北京大学出版社 2010 年版，第 184 页。

并更新相关信息;其三,有些行政服务中心为保障公众及时、方便、快捷地获取政府公开的信息,设有政务公开查阅点,并指定专门工作人员负责具体操作,指导查阅人员查阅信息;其四,对依申请公开的行政信息,一些行政部门设置了专门的信息公开申请受理机构,安排专门人员负责公民信息公开申请的处理和回复,使公众信息公开的申请大部分能得到及时答复和处理。

3. 信息公开年度报告发布

政府信息公开工作年度报告是行政机关对上年度政府信息公开工作的总结,既是评价政府信息公开工作成效的重要依据,又是政府信息的总公开。故而《政府信息公开条例》(2007)对其进行了较为具体刚性的要求,内容涵括公开机制及推进情况、主动公开信息情况、依申请公开信息情况、因政府信息公开被复议被诉讼情况、收费情况、存在问题及改进情况等。《政府信息公开条例》(2019)还增加了工作考核、社会评议和责任追究结果情况。实践中,绝大部分行政机关都能按法定公开时间和内容在其门户网站上公开年度报告。根据中国社科院国家法治指数研究中心、法学研究所法治指数创新工程项目组的《政府信息公开工作年度报告发布情况评估报告(2018)》的调查数据,评估的54个国务院部门,有52个及时完成了年度报告发布工作,只有2个部门未及时发布;评估的31家省级政府只有1家未按时公布年报;49个较大的市中有2家未按时公布年报;100个试点区县有6个未按时公布年报。[17] 可见,在政府信息公开年度报告公布及时性上,整体状况较好,少数地方政府问题相对突出。据上述报告记载,拉萨市政府网站直至该报告成稿时仍未打开,汕头市的年度报告则至报告成稿时仍未发布,而这样的情况在

[17] 参见中国社科院国家法治指数研究中心、法学研究所法治指数创新工程项目组:《政府信息公开工作年度报告发布情况评估报告(2018)》,中国社会科学出版社2018年版,第40页。

基层行政机关还有不少。[18] 从发布内容看，绝大部分国务院部门和省级政府的年度报告能够涵盖《政府信息公开条例》规定的内容。各部门各地方年度报告内容进一步细化，大部分年度报告做到了要素齐备，[19] 但个别年度报告存在欠缺重要因素、数据不准确、政府信息公开工作机构普遍描述不详、部分报告未分类说明依申请公开答复结果和涉公开复议诉讼情况等问题。[20] 年度报告的发布本身是政府信息的一次全面公开，其发布情况说明我国公众行政知情权的实现有了长足进步，但需要注意的是，在公众对政府信息获得的全面性、准确性和保障性方面仍有不少需要改进之处。

（三）行政实践领域中的信息公开

1. 行政立法信息公开

我国有关行政立法的法规范都确认了行政立法信息公开义务。在行政立法实践中，从国务院行政立法到地方行政立法，行政立法机关基本上能够将立法信息公开贯穿于行政立法的各个环节，如立项计划和立法规划的公开、立法草案稿及其说明的公开、送审稿的公开以及最后正式法律文本的公布；公开形式主要包括政府公报、权威报纸和政府官网。同时，为了保障公众行政立法参与权，行政立法机关往往还会举行座谈会、听证会等听取公众意见，这其实也是行政立法过程的公开，体现了政务过程公开的要求。

---

〔18〕 参见中国社科院国家法治指数研究中心、法学研究所法治指数创新工程项目组：《政府信息公开工作年度报告发布情况评估报告（2018）》，中国社会科学出版社 2018 年版，第 41 页。

〔19〕 参见中国社科院国家法治指数研究中心、法学研究所法治指数创新工程项目组：《政府信息公开工作年度报告发布情况评估报告（2017）》，中国社会科学出版社 2017 年版，第 26～27 页。

〔20〕 参见中国社科院国家法治指数研究中心、法学研究所法治指数创新工程项目组：《政府信息公开工作年度报告发布情况评估报告（2018）》，中国社会科学出版社 2018 年版，第 42～43 页；中国社科院国家法治指数研究中心、法学研究所法治指数创新工程项目组：《政府信息公开工作年度报告发布情况评估报告（2017）》，中国社会科学出版社 2017 年版，第 48～56 页。

2. 行政决策信息公开

在制度上,我国从国务院到具有行政立法权的地方政府对重大行政决策程序进行了立法。其中,对重大行政决策信息公开作了规定,要求公布决策项目计划和决策草案,公开反馈公众意见及其处理情况,向社会公布重大行政决策结果,既包括重大行政决策预公开和过程公开,又包括结果公开。行政决策实践中,行政决策机关基本能够按照立法要求公开重大行政决策信息,一般是在官网政务公开栏目公布行政决策结果,有的行政机关也能就部分决策草案向公众征集意见,特别是在重大项目建设环境影响评价方面,行政决策信息公开较为全面和彻底。但由于制度规范没有行政立法完善,加之行政决策具有更强的执行性,且与政府政绩密切相关,所以,决策机关有时为追求效率和政绩,只重视决策结果公开,对行政决策预公开和过程公开的义务往往履行不到位。由此也导致了公众对一些决策了解和参与不够,对决策结果缺乏认同,进而引发了一些群体性事件,产生了较大的社会风险。如近几年发生的 PX 项目事件、垃圾焚烧厂选址事件、城市交通管理限牌事件等。

3. 行政执法信息公开

行政执法信息公开是政府信息公开的一部分,不能将其误解为所谓的"执法信息"不公开。执法信息公开是常态,不公开的"执法信息"只是例外。该"例外"是指那些公开后会影响违法行为调查处理的信息,具体情形包括合理预计可能干预执法、剥夺个人获得无偏私裁定的权利、可能侵犯个人隐私、可能影响秘密信息来源的确认、会对执法造成风险、可能置任何人个人人身安全于危险中等信息。[21] 行政执法信息公开包括对社会公众的公开和对当事人的公开。涉及公共利益的行政执法信息应当向社会公开,主要涉及当事人个人利益的执法信息一般只有当事人可以申请公开。我国有关行政执法的法规范大多明确规定了公开原则,要求行政执法的依据、过程和结果都需公开,有的还确认了当事

〔21〕 参见王敬波:《政府信息公开国际视野与中国发展》,法律出版社 2016 年版,第 80 页。

人的行政执法信息知悉权、对受理申请或立案有关信息获得权以及案件相关材料查阅权。

在行政执法实践中，信息公开主要集中于行政许可、行政处罚、行政给付、行政征收等领域。行政许可信息公开的主要方式是官网开辟行政审批公示专栏，常常定期公开一些重大行政许可项目。除此之外，还可以在行政机关办公场所公示行政许可依据、条件和申请书样本等材料，或在报纸发布项目招标和土地拍卖公告等，还有以听证会形式进行的许可过程公开。行政处罚信息除规定依据和结果在官网向社会公开外，其他行政处罚信息一般只面向当事人公开。随着行政公开意识不断增强，行政机关在作出处罚决定前，一般能告知当事人处罚决定的事实、理由及依据，也能依法公开举行行政处罚听证会。在行政执法机关官网的政务公开栏目上能阅读到一些行政处罚规定和典型行政处罚案件的结果。有些行政机关还开辟了行政处罚信息查阅通道。关于行政征收信息，行政征收机关一般会在官网上公示收费项目和收费情况，或者在行政机关办公场所公示栏公开本部门征收情况，如房屋征收信息的公开(如补偿信息公开)。就行政给付信息公开而言，主要涉及廉租房、救济款、最低生活保障费等信息公开。近年来，为规范行政机关给付行为，对其加强监督，防止权力滥用，保障给付公平，一些行政机关开始在信息公开专栏公布行政给付情况，尤其是社会保障房的分配方面。公民申请公开相关给付信息的，一般也能得到较为满意的答复与处理，但整体上，这一领域的信息公开较为薄弱，尤其是民政部门低保金、救济资金、物资等的发放信息的公开。

(四)行政知情权的行政实现义务履行情况小结

由于《政府信息公开条例》的颁布与实施，以及党和政府对政务公开的大力倡导和积极推进，我国政府信息公开取得显著进步，政府信息公开范围不断拓展，政府信息公开的门户网站陆续建立，信息公开方式日趋丰富，公民的行政知情权得到较大满足。但是综观我国政府信息公开实践，仍存在一些问题。

1. 信息公开不够全面

在依职权公开方面,行政机关不管是网上公开还是现场公布,信息内容不够全面,且多为法律、法规、政策文件、会议、工作动态和办事流程等信息。具体的政务信息,包括决策信息、执法信息存在选择性公布现象:(1)只公布结果,不公布履职过程的重要信息;只公布数据,不公布数字由来。(2)有多重行政执法职能的行政机关,往往只公布某一方面的信息,如只公开审批信息,不公开处罚信息、征收信息等。(3)信息公布时间不完整,不及时更新信息。此外,对公民申请公开的信息,有时以不属于公开范围等理由拒绝公开。

2. 信息公开不够彻底

一些行政机关误读"过程性信息不公开"内涵,[22]把过程性信息相对不公开等同于绝对不公开,往往只公开行政结果,不公开行政依据和行政过程。还有的行政机关则将本应公开的行政信息认定为国家秘密或工作秘密而不向公众公开。

3. 信息公开存在随意性

不少情况下,行政信息是否公开取决于行政机关的"自由"裁量,有些行政机关甚至把根据《政府信息公开条例》(2019)规定必须公开的信息,也变成了选择性公开的信息——重要但公开可能会给行政机关自身带来"麻烦"的信息不公开,无足轻重的信息则为了"敷衍"而公开。

4. 信息公开法律责任难以落实

对行政信息公开监督不够到位,行政信息不公开难以追究相关责任者的法律责任。这也是信息公开随意化和不彻底的原因之一。"由于没有形成有效的法律责任机制,许多地方的政务公开还只是事务性、程序性的公开甚至走走形式,办事结果的公开多,办事过程、决策程序的公开少,事后公开多,事前、事中公开少,无关痛痒的内容公开多,民众真正关

---

〔22〕 人们常常错误地将政府信息等同于行政决策或行政决定,将政府信息的制作或获取过程等同于行政决策或行政决定的作出过程,从而将行政决策或行政决定作出之前制作或获取的信息全部认定为过程性信息。参见杨登峰:《论过程性信息的本质——以上海市系列政府信息公开案为例》,载《法学家》2013 年第 3 期。

心的信息公开少。"[23]虽然这是学者2011年对地方政务公开状况的描述，但现在这种情况仍然存在。

三、行政知情权的救济保护义务履行之总览

我国立法确认了政府对行政机关侵害公众行政知情权进行救济保护的义务，包括对当事人举报投诉的答复处理和对行政复议案件的审理，还将行政参与权保护纳入行政诉讼受案范围，确立了法院的救济义务，督促和倒逼行政信息公开义务机关履行义务，从而保护公众行政知情权。

（一）举报投诉的答复与处理

对于公众对行政机关不履行信息公开义务的举报投诉，《政府信息公开条例》（2019）进行了明确规定，一些地方政府也通过制定专门规范性文件进行了具体细化，如安徽省人民政府办公厅2011年印发的《安徽省办理政府信息公开举报暂行办法》。实践中，各级政府一般在政务服务网设立统一政务咨询投诉举报平台，接受公众举报和投诉；在各部门政府信息公开查阅和受理点也设立了政府信息公开意见监督投诉箱，接受群众评议、举报和投诉。例如，2018年，Z省共接到各类投诉11,620件（同比下降59%），其中，省级部门收到举报投诉10,101件，各设区市及其部门收到举报投诉1519件，均作了妥善处理。这是来自政府信息公开年度报告的数据，[24]表明Z省各级政府及部门对公民的举报投诉予以重视并能较好处理。但有学者对各地进行社会调查，结果是：公众认为知情权受到侵害后，一般不将举报作为首选的救济方式采用，因为，他们担心得不到接受举报的义务机关的及时答复。[25] 这说明Z省对公众信息公开举报的有效回应与处理尚未成为全国的普遍现象，行政机关

---

〔23〕 莫于川：《公众参与潮流和参与式行政法制模式——从中国行政法民主化发展趋势的视角分析》，载《国家检察官学院学报》2011年第4期。

〔24〕 数据源于Z省2014—2018年政府信息年度工作报告。

〔25〕 参见王敬波、李帅：《我国政府信息公开的问题、对策与前瞻》，载《行政法学研究》2017年第2期。

这一义务的履行可能仍存在不少问题。

（二）行政复议状况

当公众行政知情权受到侵害后，若侵权发生在具体行政行为中，权利人具有向上级行政机关提起行政复议的权利；复议机关负有通过行政复议对权利人进行救济的义务。基于行政复议救济方式的便捷性，《政府信息公开条例》（2007）实施以来，我国公民因政府信息公开纠纷而申请行政复议案件呈现逐年增长态势，有不少行政机关因不履行信息公开义务而被依法纠正。下面将分别以Z省和H省为例进行分析。Z省和H省2014—2018年有关政府信息公开行政复议案件基本情况分别如表6－8和表6－9所示：

表6－8　Z省2014—2018年受理政府信息公开行政复议案件情况

年份	案件总数量/件	维持具体行政行为案件		被依法纠错案件		其他情形案件	
		数量/件	占比/%	数量/件	占比/%	数量/件	占比/%
2014	1323	1107	84	65	5	151	11
2015	6302	5863	93	181	3	258	4
2016	1489	987	66	147	10	355	24
2017	1586	845	53	231	15	510	32
2018	1328	833	63	211	16	284	21

资料来源：Z省2014—2018年政府信息公开年度工作报告。

表6－9　H省2014—2018年受理政府信息公开行政复议案件情况

年份	案件总数量/件	维持具体行政行为案件		被依法纠错案件		其他情形案件	
		数量/件	占比/%	数量/件	占比/%	数量/件	占比/%
2014	524	335	63.9	90	17.2	99	18.9
2015	1091	630	57.7	227	20.8	234	21.5
2016	1059	589	55.6	196	18.5	274	25.9

续表

年份	案件总数量/件	维持具体行政行为案件		被依法纠错案件		其他情形案件	
		数量/件	占比/%	数量/件	占比/%	数量/件	占比/%
2017	1292	797	61.7	192	14.9	303	23.4
2018	1501	805	53.6	207	13.8	489	32.6

资料来源：H 省 2014—2018 年政府信息公开年度工作报告。

分析表 6-8 和表 6-9 可以发现：其一，从行政复议案件数量来看，Z 省 2014—2018 年的政府信息公开复议案件，2015 年数量较多，其他年份保持在 1300—1600 件之间，基本呈增长趋势。H 省 2014—2018 年的政府信息公开复议案件除 2014 年数量在 1000 件以下，其他 4 年保持在 1000—1501 件之间，且完全呈逐年增长态势。这些数据和情况说明有较多的具体行政行为行政知情权争议可以通过复议程序解决。其二，从复议决定来看，除个别年份出现一些小波动外，Z 省和 H 省的维持决定（占案件总数的比例）基本上呈逐年下降趋势，这跟《行政诉讼法》修改后，复议机关作出维持复议决定也可成为被告有一定关系[26]。但从依法纠错的复议决定案件数量（占案件总数的比例）看，Z 省除 2015 年因案件基数大而没有呈增长趋势外，其他都有明显增长。H 省虽然没有呈增长趋势，但 2014—2018 年平均每年依法纠错的复议决定案件数量占 17%，这说明不少行政机关未依法履行信息公开义务的行为通过行政复议得到了纠正，公众受侵害的行政知情权得以补救。当然，反过来也说明在行政实践中，行政机关还存在一些不履行信息公开义务的情况。这还只是具体行政行为的情况，未涵盖抽象行政行为的信息公开问题。

（三）行政诉讼状况

自《政府信息公开条例》实施以来，信息公开行政诉讼案件数量出

〔26〕 参见《行政诉讼法》第 26 条。

现增加趋势。[27] 那么近年来情况是否如此，同样以Z省和H省为例进行分析，以管窥我国行政知情权的行政诉讼保障情况。Z省和H省2014—2018年此类案件的基本情况如表6－10和表6－11所示：

表6－10　Z省2014—2018年受理政府信息公开行政诉讼案件情况

年份	案件总数量/件	驳回原告诉讼请求案件		被依法纠错案件		其他情形案件	
		数量/件	占比/%	数量/件	占比/%	数量/件	占比/%
2014	500	343	69	64	12	93	19
2015	1459	924	63	123	9	412	28
2016	1023	740	72	57	6	226	22
2017	1134	734	65	78	7	322	28
2018	1528	1058	69	106	7	364	24

资料来源：Z省人民政府官网发布的政府信息公开年度工作报告。

表6－11　H省2014—2018年受理政府信息公开行政诉讼案件情况

年份	案件总数量/件	驳回原告诉讼请求案件		被依法纠错案件		其他情形案件	
		数量/件	占比/%	数量/件	占比/%	数量/件	占比/%
2014	267	180	67.4	41	15.4	46	17.2
2015	710	458	64.5	99	13.9	153	21.6
2016	1092	704	64.5	113	10.3	275	25.2
2017	1167	806	69.1	113	9.7	248	21.2
2018	1462	966	66.1	247	16.9	249	17.0

资料来源：H省人民政府官网发布的政府信息公开年度工作报告。

从表6－10和表6－11可以看出：其一，从案件受理情况看，政府信

---

〔27〕 参见程琥：《〈政府信息公开条例〉的修改》，载《国家检察官学院学报》2016年第3期。

息公开行政诉讼案件数量在Z省和H省都基本呈逐年增长趋势，尤其是H省完全呈增长态势。这一方面说明法院对符合受案范围的政府信息公开争议一般能依法立案，公众行政知情权有司法保障；另一方面表明公众对行政知情权的保障还不太满意。其二，从判决情况看，一方面，两省驳回原告诉讼请求的案件占比基本都在60%—70%，这说明政府机关在信息公开工作中基本上能够依法履行义务，同时社会公众可能存在不少信息公开的无理甚至非法要求；另一方面，这5年中平均每年被依法纠错案件数量Z省约占8.2%，H省平均每年占13.2%，这表明行政机关还存在一些未依法履行保障公众行政知情权义务的情况，H省相对更多一些，这都有待进一步改进。同样，这里也不包括抽象行政行为的信息公开救济，未涵括抽象行政行为中的信息公开问题。

（四）行政知情权救济保护义务履行情况小结

在行政知情权的救济保护中，涉及具体行政行为的知情权侵权，权利人可以通过行政复议或行政诉讼进行救济。自《政府信息公开条例》（2007）实施以来，我国公民因政府信息公开的行政复议案件和行政诉讼案件基本呈现逐年增长态势，其中被依法纠错的案例占有不小的比例。一些行政机关不履行信息公开义务被依法纠正，公众受侵害的行政知情权得到一定补救，这说明行政复议机关和人民法院履行了对行政知情权的救济保护义务。但这不包括抽象行政行为的信息公开救济，涉及抽象行政行为知情权的侵害，公众一般只能通过举报和投诉予以补救，然而这种救济方式的可得性不是特别理想。也正因此，抽象行政行为实践中的信息公开问题相对而言更为突出一些。

总之，通过对上述行政机关保障公众行政知情权义务履行的综合分析可知，虽然政府信息公开取得了长足进步，公众行政知情权得到较大满足，但是从公众行政知情权的确立、行使与保护现状来看，在行政实践中，公众尚未全面、彻底、准确地知悉与获取政府信息，公众的行政知情权的实现面临一定困境。

第二节 本体性权利——狭义行政参与权的政府保障义务之履行现状

一、狭义行政参与权的立法确认义务之履行实践

(一)宪法确认

在我国《宪法》中,虽然没有“参与权”之类的话语表达,但在不少条文中,包括公民基本权利和义务一章,都含有公民参与权的内容,而狭义行政参与权蕴于参与权之中。我国《宪法》确认参与权的路径为:

其一,总纲确立参与权保障的国家目标条款。其中,第 2 条和第 27 条规定了公民参与权的国家目标条款。[28] 这些国家目标条款具有宪法规范效力,能拘束国家机关履行保护公民参与权的义务,包括立法机关立法确认义务、行政机关执法实现义务和司法机关救济保护义务。

其二,在基本权利规范中确立权利保障原则并表达了权利内容。其中,第 33 条规定,国家尊重和保障人权。该条款确立了人权保障原则,是国家保障参与权义务的总括性条款,肯定了基本权利的客观价值秩序。第 41 条第 1 款列举了公民的政见表达权和监督权,[29] 同时第 2 款明确了国家相应的回应和处理义务,即对于公民的申诉、控告或者检举,有关国家机关必须查清事实,负责处理,任何人不得压制和打击报复。

总的来说,我国宪法没有明文表述参与权,作为整体意义上的参与

---

[28] 《宪法》第 2 条规定:“中华人民共和国的一切权力属于人民……人民依照法律规定,通过各种途径和形式,管理国家事务,管理经济和文化事业,管理社会事务。”第 27 条规定:“……一切国家机关和国家工作人员必须依靠人民的支持,经常保持同人民的密切联系,倾听人民的意见和建议,接受人民的监督,努力为人民服务。”

[29] 《宪法》第 41 条第 1 款规定:“中华人民共和国公民对于任何国家机关和国家工作人员,有提出批评和建议的权利;对于任何国家机关和国家工作人员的违法失职行为,有向有关国家机关提出申诉、控告或者检举的权利,但是不得捏造或者歪曲事实进行诬告陷害。”

权蕴含在国家目标条款中，虽然在公民基本权利规范中进行了个别列举，但这种列举式权能内容不够完整。参与权的保障需要更为明确的宪法规范要求，将来还需要加强宪法解释或者在条件成熟时修改宪法，对公众行政参与权的政府保障义务予以更加明确的宪法表达。

（二）狭义行政参与权的法律、法规、规章确认

对狭义行政参与权的法律确认之分析，选取的法规范样本基本同于行政知情权的法律确认，其范围涵括行政立法、行政决策、行政执法三大行政活动以及公众参与较为典型的环境行政领域，既有国家层面的立法，又有地方的典型立法。这些法律制度具有代表性，从中基本能洞悉我国政府对狭义行政参与权的权能内容立法确认义务履行情况。

1. 行政立法法律文本中狭义行政参与权的确立情况

我国行政立法的法律制度包括国家层面立法中的《立法法》《行政法规制定程序条例》《规章制定程序条例》和地方立法中的有关行政立法规定。这些关于行政立法的法律文本主要通过规定行政立法机关的相关义务，对公众行政立法参与权进行确认。

其一，《立法法》(2000、2015)。《立法法》从法律层面通过确立行政立法机关开门立法和听取意见的义务，确认公众行政立法的介入权和行政立法意见表达权。公众参与的范围主要是行政法规和规章的起草阶段。“听取”的含义也应当蕴含“采纳”的意涵，但是由于没有明确规定行政机关的采纳义务，加之《立法法》不是专门的行政立法规范，只是从总体上确立公众行政立法参与权，因此，对公众意见获合理回应权以及合法合理意见获采纳权没有明确规定。

其二，《行政法规制定程序条例》(2001、2017)。该法规赋予公众行政介入权始于立项环节，贯穿起草与审查过程，止于决定阶段。其规定了在立项、起草和审查各个阶段公众各种方式的立法意见表达权：有对整体立法草案和特定问题的单向开放式意见征集，也有针对立法所涉重要问题的互动论辩式座谈会、论证会和听证会。不过，前者对应的是行政机关“应当式”义务，后者则是行政机关“可以式”裁量。该条例规定了立法机关未履行保障公众行政立法介入权和表达权义务的法律后果，

肯定了上述两种立法参与权的权能的效力：行政法规送审稿未按照本条例有关规定公开征求意见的，国务院法制机构可以缓办或者退回起草部门。国务院法制机构负责审查“是否正确处理有关机关、组织和公民对送审稿主要问题的意见”“国务院法制机构应当认真研究各方面的意见”等规定，隐含了公众意见获合理回应权和合法合理意见获采纳权。但该条例没有提及公众在行政法规决定阶段的参与权。

其三，《规章制定程序条例》（2001、2017）。该法规在规定规章制定机关保障公众行政立法参与权的义务上，与《行政法规制定程序条例》基本相同，确立了行政立法介入权、意见表达权，在一定程度上认可了公众意见获合理回应权和合法合理意见获采纳权，参与范围及于立项、起草和审查环节，止于决定阶段。不同的是，有些立法机关保障义务要求更具刚性，也更具体，而个别义务又有些弱化。

其四，《山东省政府规章制定程序规定》（2015）。作为关于规章制定的地方立法样本，该文本对规章制定机关保障公众狭义参与权的义务确认较为具体完整，而且刚性较强，大多数义务条款为“应当”模式，且确立了规章制定机关保障公民参与立法的原则。公众参与范围不但包括立项、起草、审查环节，而且延伸至规章实施阶段（监督和评估），同时也直接赋予了公众一些参与权权能。当然，该文本仍有一些不足之处，如对公众意见获合理回应权和合法合理意见获采纳权仍未直接规定，对规章决定环节的公众参与权也没确认，尤其没有根据国务院发布的两部条例对行政立法机关不履行征求公众意见义务的法律后果进一步加以具体确定。虽然就下位法而言，上位法已经作了规定的，可以不加规定，但作为对公众行政参与权效力确认的重要条款，下位法应当加以强调，或者至少应当从立法技术上，在总则部分安排“本规章未规定的，适用上位法有关规定”的条款。

其五，《广州市规章制定公众参与办法》（2006、2010、2020）。这是地方政府专门规定行政立法公众参与的法律规范。该文本不但从原则上确立了行政立法机关保障公众参与的义务，明确了责任主体，也更为刚性、具体、明确地确立了规章制定机关在立法各个环节保障公众参与权的义务；公众参与的范围涉及立项、起草、审查、实施等环节，对公众行政立法参与权的各种基本权能都有所确认，尤其是通过具体规定立法机关对公众意见进行反馈和采纳义务，确认了公众意见获合理回应权以及合法合理意见获采纳权；还设定了立法机关的促进性义务，即赋予了公众参与促进权；在规章公布环节要求公布公众参与情况说明。可见，该规章是比较完善的确认公众行政立法参与权的法律制度。当然不足之处仍然存在，如2020年修订后未明确表达市政府保障公众的立法参与权，对决定环节公众参与权则未提及。

上述行政立法法律文本对公众狭义参与权与行政机关保障义务确立的具体情况如表6－12所示：

表6－12　行政立法法律制度中公众狭义参与权与行政机关保障义务确立情况

法规范文本	公众狭义参与权权能						行政机关保障义务
	行政介入权	意见表达权	意见获合理回应权	合法合理意见获采纳权	参与决定权	参与实施权	
《立法法》（2000、2015）	有	有	无	无	无	无	1. 规定“保障人民通过多种途径参与立法活动”； 2. 行政法规与规章起草阶段应当保障公众介入和表达意见
《行政法规制定程序条例》（2001、2017）	有	有	隐含	隐含	无	无	1. 应当在立项、起草和审查阶段保障公众介入权与意见表达权； 2. 确定立法机关未履行保障公众行政立法介入权和表达权义务的法律后果； 3. 要求立法机关应当认真研究各方面的意见

续表

法规范文本	公众狭义参与权权能						行政机关保障义务
	行政介入权	意见表达权	意见获合理回应权	合法合理意见获采纳权	参与决定权	参与实施权	
《规章制定程序条例》（2001、2017）	有	有	体现	体现	无	无	1. 在保障公众行政立法参与权的义务上，与《行政法规制定程序条例》相同； 2. 不同的是，多数立法机关保障义务要求更具刚性，也更具体，个别义务又有些弱化
《山东省政府规章制定程序规定》（2015）	有	有	体现	体现	无	有	1. 保障公众参与权的义务确认较为具体完整，而且刚性较强，大多数义务条款为“应当”模式； 2. 确立了保障公民参与立法的原则； 3. 保障义务范围及于立项、起草、审查和实施阶段； 4. 没有确定对行政立法机关不履行征求公众意见义务的法律后果
《广州市规章制定公众参与办法》（2006、2010、2020）	有	有	有	有	无	有	1. 从原则上确立了行政立法机关保障公众参与的义务； 2. 更为刚性、明确和具体地确立了保障公众参与权的义务； 3. 具体规定了对公众意见进行反馈和采纳的义务； 4. 规定了促进性义务； 5. 在规章公布环节要求公布公众参与情况说明

综观我国有关行政立法的法律制度可知：(1)整体上对公众行政立法参与权的基本权能都有所确认，一般是通过确立行政立法机关的义务赋予公众参与权，也有直接规定参与权的部分条款；(2)对于政府义务的表述大多数是“应当”强制模式，但也有不少“可以”裁量模式，显得刚性不足；(3)对公众介入权和意见表达权都进行了肯定，而公众意见获合理回应权和合法合理意见获采纳权只有专门立法才有明确规定，其他立法则是间接体现，需通过立法解释予以明确，这也导致这两种权能的保障有所虚化，对行政参与权两种特殊(加强)权能之一的“参与实施权”地方立法有一定认可，而对另一特殊权能“参与决定权”则没有规定。专门的行政立法公众参与法律制度比较完整明确地确认了公众行政立法参与权及政府保障义务。

2. 行政决策法律文本中狭义行政参与权的确立情况

(1)《价格法》(1997)。该法律颁布时，公众参与行政在我国刚刚兴起，所以该文本中有关公众狭义参与权以及行政机关保障义务的规定较少，只确定了重要价格决策中政府举行听证的义务，从而保障公众介入重要价格决策过程表达意见并进行论辩的权利。

(2)《城乡规划法》(2007、2015、2019)。该法律颁布时，我国的行政参与已经蓬勃发展，因此，赋予了公众较大的城乡规划决策参与权，确立了规划部门相应的保障义务。公众介入权及于规划制定和实施阶段，公众行使意见表达权的方式包括论证会、听证会、举报及其他方式，公众意见获采纳权也有所确认，还赋予村民对村庄规划一定的参与决定权，对规划部门未履行保障公众参与权的义务之法律责任也有所规定。但是，该法律文本未规定规划起草阶段的公众参与权，未明确表达公众意见获合理回应权，对规划部门意见获采纳权的保障义务的确定还不够具体，法律责任也只限于“同意修改修建性详细规划、建设工程设计方案的总平面图前未采取听证会等形式听取利害关系人的意见的”情形。

(3)《重大行政决策程序暂行条例》(2019)。2019 年 4 月 20 日国务院颁布，2019 年 9 月 1 日起实施。这是国家层面首次专门对行政决策进行立法，有诸多有关公众参与的亮点，对推进行政决策的公众参与具有重要意义。但在公众行政参与权的全面确立上仍有所欠缺。该文本的基本立场是加强行政决策公众参与，推进民主决策，重视公众参与权保障，强化决策机关保障义务。主要立法贡献有：第一，设专章规定公众参与。第二，对公众狭义参与权权能的确立较为全面，除参与决定权外，对狭义参与权的其他权能都进行了确认，包括决策动议权（主动介入权）、意见表达权、意见获合理回应权、合法合理意见获采纳权、参与决策实施权等，这也表明公众参与重大行政决策的范围较广，几乎贯穿全部决策过程。第三，对行政决策机关的保障义务规定较为充分和明确，且大部分义务属于刚性要求。强调采取便于公众参与的方式广泛征求意见，明确重大决策听证范围，细化听证会程序，要求合理意见应当采纳。

不足之处表现为：第一，参与环节主要集中于决策草案征求意见阶段，未明确赋予重大决策起草阶段和合法性审查环节公众的参与权；第二，未规定公众参与决定权；第三，是否举行听证仍是裁量模式；第四，未明确设定决策机关未履行保障公众参与权义务的法律责任。

（4）《浙江省重大行政决策程序规定》（2015）。该文本对公众重大行政决策参与权及行政机关保障义务作了较全面规定。相关内容有：第一，明文表达了"保障参与权"；第二，确立保障参与权的总体义务和公众参与决策的程序原则；第三，确认公众决策制定介入权和意见表达权及其行使方式；第四，确定应当听证的决策事项和风险评估环节决策机关保障公众介入权和意见表达权的义务；第五，间接确定了决策机关一定的采纳公众合理意见义务；第六，规定了实施环节决策机关通过征求公众意见等方式，对实施效果、存在问题等进行总结评估的义务。

不足之处在于：第一，未规定决策动议权，意见获合理回应权和合法合理意见获采纳权只是一定的间接表达；第二，未明确规定决策机关不履行公众参与权保障义务的法律责任。

（5）《上海市重大行政决策程序规定》（2020）。该文本作为地方政府规章，除了确立民主决策和"四权"保障原则外，在确立决策机关保障义务方面还有以下可称道之处：第一，规定了决策草案引起社会关注的情形，可以召开听证会；第二，规定了实施环节决策机关听取公众意见、对实施效果进行评估义务；第三，确立对公众意见进行合理反馈（回应）的义务，尤其确立了决策机关对公众提出的有关重大行政决策及其实施的问题进行及时研究并予以反馈的义务；第四，对公众意见采纳义务有一定表达。

但《上海市重大行政决策程序规定》（2010）也有以下不足之处：第一，合法合理意见获采纳权不够具体明确；第二，关于举行听证的重大决策事项的规定是"可以"这种裁量方式；第三，也未明确规定决策机关不履行公众参与义务应当承担的法律责任。

（6）《云南省重大行政决策程序规定》（2016）。该文本未明文表述"四权"保障，但确定了公众参与原则，赋予公众决策动议权及决策部门的处理义务；确立决策部门促进公众参与的义务，强化了决策部门对公众意见的采纳和回应义务，对此规定不但具体明确，而且及于草案意见征求、风险评估、提请政府讨论决定材料和实施后评估的各个环节；明确规定未公开征求意见则"不得提交政府讨论决定"的法律后果。但未明文规定保障公众参与权，公众参与也未及于全部决策环节，且未明确规定决策部门不履行各种保障参与义务的法律责任。

（7）《安徽省人民政府重大行政决策公众参与程序规定》（2017）。这是专门规定重大行政决策公众参与的行政规范性文件，虽不是狭义行政立法，但可算作广义行政立法，故而也将其作为政府立法确认文本加以分析。作为专门规范重大行政决策公众参与的准行政立法，其对公众参与权及政府保障义务的确立更为全面、具体和明确，很多方面都可成为未来立法完善的参照。该文本对公众行政决策参与权的权能的确认最为全面，涵摄所有的公众参与权的权能，包括各个决策环节的介入权、意见表达权、公众意见获合理回应权、合法合理意见获采纳权、参与决策决定权和参与决策实施权，而且对应的决策部门保障义务也较为精细与明确。

当然，从更高的立法确认义务要求而言，《安徽省人民政府重大行政决策公众参与程序规定》（2017）还存在一定缺陷：首先，该文本不是严格意义的立法，其效力有限；其次，未确立公众介入决策的动议权和起草环节参与权;最后,对决策部门保障公众参与义务虽然设置了法律后果及监督考核,却未规定相应法律责任。

以上行政决策法律文本对公众狭义参与权与行政机关保障义务确立情况如表6-13所示:

表6-13 行政决策法律制度中公众狭义参与权与行政机关保障义务确立情况

法规范文本	公众狭义参与权权能						行政机关保障义务
	行政介入权	意见表达权	意见获合理回应权	合法合理意见获采纳权	参与决定权	参与实施权	
《价格法》(1997)	有	有	无	无	无	无	只确定重要价格决策中政府举行听证的义务,其他义务未有规定
《城乡规划法》(2007、2015、2019)	有	有	隐含	隐含	有	有	1. 查处公众举报; 2. 保障村民参与决定村庄规划、部分环节征求公众意见并充分考虑公众意见、特定情形下听证; 3. 未规定起草阶段公众参与权; 4. 法律责任限于不履行义务的特定情形
《重大行政决策程序暂行条例》(2019)	有	有	有	有	无	有	1. 保障义务规定较为充分和明确,且大部分义务属于刚性要求; 2. 采取便于公众参与的方式广泛征求意见; 3. 听证合理意见应当采纳; 4. 决策评估阶段征求公众意见; 5. 公布特殊决策结果时说

续表

法规范文本	公众狭义参与权权能						行政机关保障义务
	行政介入权	意见表达权	意见获合理回应权	合法合理意见获采纳权	参与决定权	参与实施权	
							明公众主要意见的采纳情况； 6. 未确立起草阶段参与权和合法性审查环节参与权，未规定公众参与决策决定，听证义务仍是裁量模式，未明确规定决策机关不履行保障公众参与权义务的法律责任
《浙江省重大行政决策程序规定》(2015)	有	有	蕴含	蕴含	无	有	1. 明文确立了保障参与权的总体义务和公众参与原则； 2. 确定应当听证的决策事项，听证义务具有一定刚性； 3. 确定一定的采纳公众合理意见义务，规定了实施环节和风险评估环节公众介入权和意见表达权，强调决策机关与公众深度交流与沟通义务； 4. 未规定决策动议权，意见获合理回应权和合法合理意见获采纳权只是一定的间接表达，也未规定决策机关不履行保障参与权义务的法律责任

续表

法规范文本	公众狭义参与权权能						行政机关保障义务
	行政介入权	意见表达权	意见获合理回应权	合法合理意见获采纳权	参与决定权	参与实施权	
《上海市重大行政决策程序规定》(2020)	有	有	有	有	无	有	1. 确立参与权保障原则； 2 规定了决策草案引起社会关注情形的听证义务； 3. 确立对公众意见进行反馈义务，尤其确立了决策机关对公众提出的有关重大行政决策及其实施的问题进行及时研究并予以反馈的义务； 4. 对公众意见采纳义务有一定表达； 5. 听证事项属于裁量模式，未明确规定不履行公众参与义务的责任
《云南省重大行政决策程序规定》(2016)	有	有	有	有	无	有	1. 确定公众参与原则； 2. 赋予公众决策动议权及决策部门处理义务，规定决策部门促进公众参与的义务； 3. 除涉密涉安外，未限制公众参与决策事项范围； 4. 强化了决策部门对公众意见的采纳和回应义务； 5. 明确规定未公开征求意见的法律后果； 6. 未明文规定保障公众参与权，公众参与未涵盖全部决策环节，未明确规定决策部门不履行各种保障参与权义务的法律责任

续表

法规范文本	公众狭义参与权权能						行政机关保障义务
	行政介入权	意见表达权	意见获合理回应权	合法合理意见获采纳权	参与决定权	参与实施权	
《安徽省人民政府重大行政决策公众参与程序规定》(2017)	有	有	有	有	有	有	1. 对公众参与权及政府保障义务的确立较为全面，狭义行政参与权的六项权能都有所确认，保障义务也比较具体； 2. 明文确立“参与权保障”原则； 3. 决策草案事项参与未限定范围； 4. 具体规定决策机关各种意见征求方式的义务，确立听证强制义务，对听证义务的规定进行精细化； 5. 明确公众合法合理意见获采纳权及公众意见获合理回应权和对应的决策部门义务； 6. 明文规定不履行保障公众参与义务的法律后果； 7. 赋予了公众参与决策决定的权利，公众代表列席审议会议、发表意见，并供省政府参考； 8. 赋予公众一定的参与决策实施权； 9. 确立专门的公众参与主管监督机关，加强对决策承办单位的指导、监督与考核； 10. 未确立公众介入决策的动议权和起草环节参与权，对决策部门保障参与义务虽然设置了法律后果及监督考核，却未规定相应法律责任

综观行政决策法律制度确认公众参与权和行政机关保障义务情况，整体上比行政立法法律制度有所推进，权利赋予更为明确与全面，义务设定更加具体和刚性。行政决策法律制度之间相互比较来说，行政决策立法对参与权保障义务的确认随着时代发展不断进步，行政决策公众参与的专门规定最为完善，这也是今后制度建构方向，这样更有利于保障公众参与权和落实行政机关保障义务。存在的问题主要有：(1)比较全面地确认公众参与权及行政机关保障义务的法规范位阶偏低，有的规定甚至不是严格意义的立法；(2)较高位阶行政决策法律制度对公众参与权和行政机关保障义务的规定还有一定缺失；(3)即使低位阶的法规范也还有遗漏参与环节和参与的权能现象；(4)有些义务确立尚不够具体和刚性，且决策部门不履行各种保障公众参与权义务的法律责任普遍不够明确。

3. 行政执法法律文本中狭义行政参与权的确立情况

行政执法主要是针对相对人的处理行为，虽然涉及公共利益，但主要是对当事人权益的处分，所以行政执法参与主要是基于相对人保护个体利益目的之参与。故而在参与权与保障义务的内容设计上，行政执法一般只是针对相对人参与权利的保障，只有少数情况对一般公众参与权有所规定。下面将从国家立法到地方立法、专门行政执法领域立法到一般行政执法程序立法，观察与分析几部典型的行政执法法律文本对公众(主要是相对人)参与权及行政机关保障义务的确立情况。

其一，《行政处罚法》(1996、2009、2017、2021)。《行政处罚法》颁行于1996年，2009年、2017年、2021年作了三次修改，在对公众参与权及行政机关保障义务的确立上，有如下一些值得称道之处：(1)规定了补充设定行政处罚，应当通过听证会广泛听取意见；(2)赋予了相对人行政处罚决定作出前的陈述权和申辩权(行政介入权和意见表达权)；(3)规定了行政机关告知参与权的义务，尤其是确立了行政机关必须充分听取当事人意见和应当采纳正确意见，不得因当事人陈述、申辩而给予更重处罚的义务；(4)规定了行政机关在作出行政处罚决定之前，不依法告知或者拒绝听取当事人的陈述、申辩，不得作出处罚决定；(5)规定了重要处罚的听证义务，且要求根据听证笔录作出决定；(6)赋予了对行政机关实施行政处罚的相对人申诉权和一般公众的检举权，并确立了行政机关的处理和采纳义务。但是该法也还存在一些不足：(1)未明确规定行政机关对相对人意见的回应义务；(2)未明确规定行政机关没有履行公众参与保障义务的法律责任；(3)对一般公众的参与权确认较少，只规定了对行政机关实施行政处罚的检举权和对补充设定行政处罚的一定参与权，而对违法行为的举报权和处罚建议权、列席重要行政处罚决定会议或听证会的权利等尚未明确规定。

其二，《行政许可法》(2003、2019)。由于该法颁布于公众参与勃兴时期，且对公共利益影响较大，故而在确认参与权及行政机关相应保障义务方面有不少亮点。(1)赋予相对人对实施行政许可的陈述权和申辩权、规定行政机关对重要许可的听证义务；(2)确认了一般公众在起草法规范草案拟设定行政许可情形下，参与听证会、论证会发表意见的权利，且规定制定机关有义务听取和采纳意见；(3)规定一般公众可参与行政许可的设定和实施，提出意见和建议；(4)确立一般公众的举报权和行政机关的处理义务；(5)设定了行政机关未履行告知参与权利的义务和依法应当举行听证而不举行听证的法律责任。可见，该法律文本赋予一般公众更多参与权的权能以及行政机关更严格的保障义务，且强调根据听证笔录作出许可决定。但该法也未明确设定行政机关对公众意见的回应义务。

其三，《行政强制法》(2011)。一方面，基于行政强制与行政处罚都可能对相对人合法权益产生较大消极影响，为保护相对人的合法权益，《行政强制法》与《行政处罚法》都比较重视对相对人的参与权规定。如赋予相对人对行政机关实施行政强制的陈述权、申辩权，强调相对人有权陈述和申辩，要求行政机关应当充分听取相对人的意见并采纳其正确意见。另一方面，行政强制对公民权益影响更大，同时对公共利益也产生较大影响，因此，《行政强制法》与《行政许可法》一样赋予一般公众较多参与权。例如，赋予公众对行政强制设定和实施提出意见和建议的权利，而且还增设了行政机关对公众提出设定和实施强制意见的处理与反馈义务。此外,该法也概括规定了行政机关违反法定程序实施行政强制的法律责任。但该法未赋予一般公众举报权,基于行政强制特征,未规定行政机关听证义务。

以上通过对我国行政法律中具有典型代表性的“行政三法”进行分析,基本可以洞悉国家立法确认公众行政执法参与权义务的履行情况。我国地方立法中有专门规范行政执法程序的立法实践,下面按照立法时间进程对几部规章文本进行观察,以发现其履行确认公众行政执法参与权义务的基本样态。

其一,《福建省行政执法程序规定》(1992)。这是地方政府较早颁布的专门规范行政执法程序的规章,时值1989年《行政诉讼法》颁行不久,但行政参与在我国尚未广泛兴起,因此,该规章主要着眼于传统法定程序(包括内部程序)对行政权的控制,促进依法行政,对公众参与规定较少。该规章第5条规定,行政执法人员实施具体行政行为,应听取相对人的意见。虽然该条规定间接确认了相对人对具体行政行为的介入权、意见表达权和参与实施权,但该规定过于笼统,参与范围也只及于具体行政行为的实施阶段,且未规定行政机关的回应和采纳义务,而对一般公众的参与权及行政机关保障义务则没有规定。

其二,《辽宁省行政执法程序规定》(2011)。该行政执法程序的专门地方立法颁行于我国行政参与盛行的21世纪10年代,对公众尤其是相对人行政执法参与权及行政机关保障义务进行了比较完备的确立。首先,明文确立了保障相对人参与权。其次,赋予了相对人在行政执法活动启动、调查取证、决定各个阶段的介入权、知情权、意见表达权和意见获合理回应权。尤其在以下方面有所开创:赋予了当事人对作为行政执法决定依据的证据发表意见、提出异议的权利,要求行政机关对不予采纳的陈述、申辩意见,应当书面说明理由;赋予了一般公众参与涉及重大公共利益的行政执法听证会的权利,规定行政机关根据听证笔录提出处理建议。但该文本也有一些不足:对一般公众的执法参与权只限于出席听证会,其他权利未有规定;行政执法决定书无公众参与内容;只规定违反法定程序的行政执法决定(可以补正除外)应当撤销,未规定行政执法（尤其是处罚）没有听取陈述、申辩即无效的法律后果；未规定行政执法机关不履行保障参与权义务的法律责任。

其三，《黑龙江省行政执法程序规定》（2019）。该规章是新近颁布的专门规范行政执法程序的法规范，随着政府保障公众参与权意识的不断提高，立法保障也在不断进步，故而在履行立法确认公众执法参与权的义务方面相对最为全面，赋予一般公众、相对人更多参与权和行政机关更多保障义务。除跟《辽宁省行政执法程序规定》一样赋予行政相对人证据调查、作出处罚决定阶段的介入权和意见表达权、合理意见获采纳权、听证权及行政机关相应保障义务外，其在立法上还有以下推进：（1）赋予一般公众行政执法的发起权，要求行政执法单位收到公众对违法行为的投诉、举报的，应当进行立案审查，符合立案条件的，依职权启动行政执法程序；（2）规定行政执法单位应当根据听证情况作出行政执法决定；（3）规定一般公众有权监督行政执法活动，并提出意见和建议，且要求行政执法单位应当依法保障公民、法人或者其他组织的监督权，采纳其提出的合理意见和建议；（4）确立公众对行政执法违法行为的投诉权、举报权和获处理与回应权，以及行政执法机关的处理回应义务；（5）概括性规定了行政执法机关违反法定程序（含公众参与程序）的法律责任。但该规章在履行确认执法参与权义务上仍有以下瑕疵：没有明文确立保障参与权；未规定不予受理相对人申请的说明理由和听取陈述、申辩义务；行政执法决定书无公众参与内容；未规定不履行保障参与权义务的法律后果。

以上行政执法法律文本公众狭义参与权及行政机关保障义务的确立情况如表 6－14 所示：

表 6 – 14　行政执法法律制度中公众狭义参与权及行政机关保障义务确立情况

法规范文本	公众狭义参与权权能						行政机关保障义务
	行政介入权	意见表达权	意见获合理回应权	合法合理意见获采纳权	参与决定权	参与实施权	
《行政处罚法》（1996、2009、2017、2021）	有	有	隐含	有	无	有	1. 确立了行政机关必须充分听取当事人意见、应当采纳正确意见的义务，规定了重要处罚的听证义务； 2. 赋予了对行政机关实施行政处罚的相对人申诉权和一般公众的检举权，并确立了行政机关的处理和采纳义务； 3. 未明确规定对相对人意见的回应义务； 4. 未规定不履行公众参与保障义务的法律责任，对一般公众的参与权确认较少，只规定了对行政机关实施行政处罚的检举权和对补充设定处罚的一定参与权，而对违法行为举报权及处罚建议权、列席重要行政处罚决定会议或听证会的权利都尚未明确规定
《行政许可法》（2003、2019）	有	有	隐含	有	无	有	1. 赋予相对人对实施行政许可的陈述权和申辩权； 2. 规定重要许可的听证义务，强调根据听证笔录作出许可决定； 3. 确认一般公众对起草法规范草案拟设定行政许可发表意见的权利，且规定制定机关有义务听取和采纳意见；

续表

法规范文本	公众狭义参与权权能						行政机关保障义务
	行政介入权	意见表达权	意见获合理回应权	合法合理意见获采纳权	参与决定权	参与实施权	
							4. 规定一般公众可对行政许可的实施提出意见，确立一般公众的举报权和行政机关的处理义务； 5. 设定了依法应当举行听证而不举行听证的法律责任； 6. 未明确规定对相对人意见的回应义务
《行政强制法》(2011)	有	有	有	有	无	有	1. 赋予相对人陈述权、申辩权，要求行政机关应当充分听取相对人的意见并采纳其正确意见； 2. 确立一般公众对起草法规范拟设定行政强制发表意见的权利及行政机关听取和采纳意见的义务； 3. 赋予一般公众对行政强制实施提出意见的权利，增加了对一般公众提出设定和实施强制意见的处理与反馈义务； 4. 规定了行政机关违反法定程序实施行政强制的法律责任； 5. 未赋予一般公众举报权

续表

法规范文本	公众狭义参与权权能						行政机关保障义务
	行政介入权	意见表达权	意见获合理回应权	合法合理意见获采纳权	参与决定权	参与实施权	
《福建省行政执法程序规定》(1992)	有	有	无	无	无	有	这是地方政府较早颁布的专门规范行政执法程序的规章,对公众参与规定较少,只规定了行政执法人员实施具体行政行为,应听取相对人的意见,间接确立了相对人的行政介入权、意见表达权和参与实施权,无一般公众的参与权及行政机关保障义务的规定
《辽宁省行政执法程序规定》(2011)	有	有	有	有	无	无	1. 明文确立保障相对人参与权; 2. 赋予了相对人在行政执法活动启动、调查取证等阶段的介入权、知情权、意见表达权和意见获合理回应权,确立了行政执法机关作出不准予申请的书面决定时,应听取申请人的陈述和申辩的义务,规定"未经当事人发表意见的证据不能作为行政执法决定的依据"; 3. 要求不予采纳的陈述、申辩意见,应当书面说明理由; 4. 赋予一般公众参与涉及重大公共利益的行政执法听证会的权利; 5. 对一般公众的执法参与权只限于出席听证会,对包括举报权(参与实施权)在内的其他权利未有规定,也未规定行政执法机关不履行保障参与权义务的法律责任

续表

法规范文本	公众狭义参与权权能						行政机关保障义务
	行政介入权	意见表达权	意见获合理回应权	合法合理意见获采纳权	参与决定权	参与实施权	
《黑龙江省行政执法程序规定》(2019)	有	有	有	有	无	有	1. 确认相对人行政执法启动及证据调查环节的介入权、意见表达权、合法合理意见获采纳权及行政机关相应保障义务，规定行政执法单位应根据听证情况作出执法决定； 2. 赋予一般公众行政执法的发起权，要求公众符合立案条件的对违法行为的投诉、举报，应依职权启动行政执法程序； 3. 规定一般公众对行政执法活动的监督权和建议权，且要求行政执法单位应当依法保障公众的监督权，采纳其提出的合理意见； 4. 规定了行政执法机关违反法定程序的责任； 5. 未明文确立保障参与权，未规定不受理相对人申请的说明理由和听取陈述、申辩义务，未规定不履行保障参与权义务的法律后果

综观我国行政执法法律制度对公众行政执法参与权及行政机关保障义务的确立情况，公众行政执法参与权立法确认义务的履行随着时代发展不断进步，行政参与权权能的确立逐渐增加，除无参与决定权外，其他权能内容都有所表达，行政执法机关义务刚性要求也逐步加强。与行

政立法、行政决策相比,行政执法性质决定了公众行政执法参与权的主体和权能内容有所区别,所以,在参与权保障的广度上不及行政立法和决策,没有参与决定权及相应保障义务要求,参与环节也不如行政立法和决策全面,但在保障强度上则高于行政立法和决策,义务模式全是"应当"模式,甚至出现"必须"模式。在行政执法制度之间相互比较来说,国家法律层面的三部典型行政法律,由于不是专门的行政执法程序立法,因此,对行政参与权及行政机关保障义务的确立没有一些后期专门行政执法程序的地方立法全面。这也说明对行政参与权及行政机关保障义务的立法确认,宜采用专门立法模式。但地方政府专门行政执法程序立法仍然存在确认行政参与权及行政机关保障义务的疏漏,尚需进一步完善。也因为它们还不是公众参与的专门立法。还需按照更高的行政参与权保障标准,转换为专门的行政执法公众参与的立法,这样才更能全面、具体、精准地履行立法确认义务。

4. 环境行政法律文本中狭义行政参与权的确立情况

环境行政是我国公众参与制度较完善的行政领域,不但在基本法律《环境保护法》设专章规定了公众参与,而且从中央到地方都进行了公众参与的专门立法,对这些法律文本进行分析,可以洞悉我国公众行政参与权及行政机关保障义务的立法成功经验和存在的不足,为建构完善的行政参与权保障法制提供借鉴。

其一,《环境保护法》(2014)。这是环境保护的基本法律,其相关规定不但对权利行使与义务履行具有规范价值,同时对下位法有关环境行政公众参与的具体规定也具有指导意义。该法律文本确立环境保护公众参与原则,专章规定信息公开和公众参与,明文确认公众环境行政知情权、参与权和监督权以及环境管理部门保障信息公开、公众参与和监督环境的义务;赋予公众对建设项目环境影响评价的介入权和意见表达权,确定了建设单位和审批部门的保障义务;确立公众对环境违法行为和环境管理部门不依法履行职责的举报权及接受举报的机关保密义务。但未具体规定公众参与权的范围,也未规定处理、回应和采纳义务,亦即没确认回应权和采纳权等权能。这些权能及范围当然可从确立的公众参与原则及参与权保障总体义务进行解释推定，但一般对参与权的理解限于参入与意见表达，因此，进行明确规定有利于公众参与权的全面保障。

其二，《环境保护公众参与办法》（2015）。该部门规章是《环境保护法》颁布后，随即颁行的专门规范环境保护公众参与的法规范，不但秉承《环境保护法》确立的保障公众参与基本理念，而且对公众环境参与权及行政机关保障义务进行了更为具体明确的规定。但该文本在立法确认义务履行上还有需要进一步完善之处：(1)对公众合理意见的采纳不够明确，只是要求环保部门在作出环境决策时予以充分考虑；(2)对提供公众参入环保公共事务及表达意见途径的义务，仍用“可以”裁量模式表达，刚性不足；(3)对听证意见未明确采纳和反馈要求。

其三，《环境影响评价公众参与办法》（2018）。这是关于专项规划和建设项目环境影响评价公众参与的专门立法。该部门规章属于《环境保护法》的下位法，又是《环境保护公众参与办法》的特别法，加之颁行于2018年，所以对公众上述两项活动环境影响评价的参与权及相应保障义务的确立比较完整，且保障义务的确定皆为“应当”模式。但该文本也有不足：行政机关保障义务内容不够全面，强度也明显比建设单位弱，且只规定建设单位不履行保障公众参与义务的法律后果及责任，对行政机关责任则未提及。行政机关虽然对建设单位的公众参与而言是监督者和管理者，这也是对公众参与权保障的体现，但对自己的公共事务而言，也有义务保障公众参与，若不履行相应义务，也应当承担法律后果和责任。

其四，《沈阳市公众参与环境保护办法》（2005）。这是地方政府制定的专门规范环境保护公众参与的规章，是我国地方立法中较早专门规范环境公众参与的法规范。该法虽然颁布较早，但有许多规定体现了公众环境行政参与权保障的法制化要求，较早从权利行使范围视角列举了公众环境参与权的内容，这些权利内容包含狭义参与权的介入权、意见表达权等权能，也包括广义参与权中的知情权和监督权；在公众参与的具体规定中确认了公众意见的获合理回应权和采纳权，明确了义务主体及其义务内容。这些义务包括奖励义务、信息公开义务、征求公众意见义务、采纳公众合理意见义务，而且采取了必须公开模式和应当采纳模式，这是非常刚性的义务要求。此外，明确设置了行政机关不履行相关义务的法律后果与责任。该规章的不足之处主要有：确定的公众参与方式不够丰富；未明确规定听证义务；公众意见获回应和采纳权范围较窄；未赋予公众一定的参与决定权；法律责任和后果规定虽然具体明确，但不够全面。

其五，《河北省环境保护公众参与条例》(2014)。这是省级人大制定的专门规范环境保护公众参与的地方性法规，立法主体的中立使其确认公众参与权与行政机关的保障义务更为全面、具体和明确。该条例有许多值得称道的亮点：(1)公众参与权权能之确认比较完整，涵括介入权、意见表达权(含举报权、监督权)、合法合理意见获采纳权和回应权、参与实施权等；(2)权利行使范围广泛，及于环境立法、决策、执法、监督等环境公共事务；(3)义务主体明确，义务内容具体，义务要求刚性。该法规虽然比较完备，但仍存瑕疵：(1)环境决策中公众意见的合理回应还属裁量性义务；(2)未规定未开展公众参与的环境行政行为的法律后果；(3)未确立公众一定的参与环境事务决定权；(4)承担法律责任的不履行义务行为有遗漏之处，如应当举行听证未举行听证等。

上述环境行政法律文本对公众狭义参与权及行政机关保障义务确立的基本情况如表6－15所示：

表6－15　环境行政法律制度中公众狭义参与权及行政机关保障义务确立情况

法规范文本	公众狭义参与权权能						行政机关保障义务
	行政介入权	意见表达权	意见获合理回应权	合法合理意见获采纳权	参与决定权	参与实施权	
《环境保护法》(2014)	有	有	无	无	无	有	1.确立公众参与原则，明文表述参与权和保障公众参与的义务；

续表

法规范文本	公众狭义参与权权能						行政机关保障义务
	行政介入权	意见表达权	意见获合理回应权	合法合理意见获采纳权	参与决定权	参与实施权	
							2. 赋予公众对建设项目环境影响评价的介入权和意见表达权，并确定相应保障义务； 3. 确立公众对环境违法行为和环境管理部门不依法履职的举报权及接受举报的机关保密义务； 4. 未具体规定公众参与权的范围，也未规定回应和采纳义务，亦即没确认回应权和采纳权等权能，需从参与权保障总体义务推定，无参与决定权的规定
《环境保护公众参与办法》(2015)	有	有	有	有	无	有	1. 确立了保障参与权及环境管理部门的保障义务； 2. 明确了公众参与权的范围，赋予了公众对环境公共事务的介入权、意见表达权、一定的合法合理意见获采纳权和意见获合理回应权，同时也分别确定了环保部门相应的保障义务； 3. 赋予公众对环境违法行为和环保部门不依法履职的举报权（蕴含参与实施权），同时确立了环保部门的保密、处理和回应反馈义务； 4. 规定了环保部门促进公众参与义务； 5. 对公众合理意见的采纳不

续表

法规范文本	公众狭义参与权权能						行政机关保障义务
	行政介入权	意见表达权	意见获合理回应权	合法合理意见获采纳权	参与决定权	参与实施权	
							够明确，对提供公众参入环保公共事务及表达意见途径的义务，仍用“可以”模式，听证意见未明确采纳和反馈要求，无参与决定权的规定
《环境影响评价公众参与办法》(2018)	有	有	有	有	无	有	1. 明文确立了包含狭义参与权在内的“四权保障”立法目的； 2. 较为具体地确认了公众环境影响评价活动的介入权、意见表达权、意见获采纳反馈权、举报权（蕴含参与实施权）和建设单位的保障义务，对规划编制机关和环境主管部门的保障义务也有一定确立； 3. 确立了国家及生态环境主管部门对公众参与的促进义务； 4. 设定了建设单位不履行公众参与义务的法律后果和责任； 5. 行政机关保障义务内容不够全面，强度也明显比建设单位弱，未规定行政机关不履行公众参与义务的责任，未赋予公众一定的参与环保决策决定权

续表

法规范文本	公众狭义参与权权能						行政机关保障义务
	行政介入权	意见表达权	意见获合理回应权	合法合理意见获采纳权	参与决定权	参与实施权	
《沈阳市公众参与环境保护办法》(2005)	有	有	有	有	无	有	1. 从权利行使范围视角列举了公众环境参与权的内容； 2. 明确了义务主体及其义务内容。其中特别强调环境保护行政主管部门在审批环境影响报告书时必须公布该建设项目信息，应当采纳公众的合理意见，而且采取了必须公开模式和应当采纳模式； 3. 确定行政机关不履行相关义务的法律后果与责任，表明未经过公众参与的行政行为无效； 4. 未明确规定听证义务，公众意见获回应和采纳权范围较窄，未赋予公众一定的参与决定权，法律责任和后果规定虽明确，但不够全面
《河北省环境保护公众参与条例》(2014)	有	有	有	有	无	有	1. 明文规定保障公众参与权； 2. 明确公众参与权范围； 3. 较为全面确定行政机关信息公开、征求公众意见、及时答复公众的意见、建议和举报，为公众参与提供便利、强制性听证、对公众意见的采纳和回应、向公众反馈采纳或者不予采纳的意见，不予采纳应当说明理由、公众参

续表

法规范文本	公众狭义参与权权能						行政机关保障义务
	行政介入权	意见表达权	意见获合理回应权	合法合理意见获采纳权	参与决定权	参与实施权	
							与的保障和促进措施等义务； 4. 确立部分不履行公众参与义务行为的法律责任； 5. 公众意见的合理回应还属裁量性义务，未规定没有开展公众参与的环境行政行为的法律后果，未确立公众一定的参与环境事务决定权，承担法律责任的不履行保障义务行为有遗漏之处，如应当举行听证未举行听证等

综观我国环境行政参与权及行政机关保障义务确立情况，总体上，环境行政法律制度对公众参与权及行政机关保障义务的规定较为全面、具体和明确。如公众狭义参与权权能除参与决定权外都有所规定，尤其是有些法规范文本对公众合法合理意见获采纳权进行充分肯定，要求将其作为行政决策的重要依据，体现了对公众参与权的实质性保障要求；对行政机关保障义务规定也较为严实，基本上是"应当"要求，甚至出现"必须"表达模式，而且有不履行公众参与义务则行政行为无效的明文规定。当然从充分保障公众参与权的更高标准要求，也还存在不足，国家层面立法规定仍比较谨慎，对行政参与权及行政机关保障义务的确立还欠全面。地方立法也存在不少疏漏，如行政参与权的权能规定不够周延和具体，行政机关保障义务和责任未完全夯实。整体而言，各级政府还需进一步树立权利本位观念，正确认识行政参与权的内涵与价值，提升行政机关义务与责任意识，推进行政参与权保障制度的不断完善。

当然,公众行政参与权的法律制度确认,只是行政参与权保障的其中一环,即完成了行政参与权由应有权利到法定权利的转化。行政参与权价值得以实现,最重要的是由法定权利“变现”为实有权利,即公众在行政实践中有效行使的权利。这还需要行政机关在行政实践中履行行政参与权的实现义务。

二、狭义行政参与权的行政实现义务之履行状况

对于此问题,以下将通过观察行政立法、行政决策、行政执法中公众参与的典型场域,运用正反两个方面的典型案例分析,总结政府履行实现狭义行政参与权义务的成功经验,进而发现存在的困境。

(一)行政立法实践中公众狭义参与权的实现义务

行政立法与权力机关立法一样,涉及社会多元利益的分配,并为相对人设定具体的权利义务,且具有普遍约束力和持久效力,但是其制定程序却不像人大立法一样具有公民代表的表决程序,其最终决定程序是少数政府精英意志的表达,从而欠缺民主性和科学性。所以,更需通过赋予公众行政立法参与权弥补其不足,以实现民主立法和科学立法,促进行政立法的合法性与正当性。〔30〕 如前所述,在我国,党和政府积极倡导公众参与立法,许多纲领性文件一直强调科学立法和民主立法,要求立法结果充分体现民意,这其中统摄了对行政立法的要求。同时,在我国法律制度中确立公众参与行政立法的规范,把公众参与权及行政机关保障义务嵌入法规范之中,为行政立法参与权的实现提供法制保障。制度设计完成了行政参与权的法定化,并为行政机关设定了实现公众行政参与权的义务。基于行政参与权实现对行政机关义务的依附,公众行政立法参与权的实现,更需要行政立法机关根据法律制度的安排,全面履行保障义务。

综观我国行政立法实践,各级政府基本能够按照民主立法施政要求以及公众参与法制原则履行保障公众参与权的义务。

---

〔30〕 参见刘小妹:《公众参与行政立法的理论思考》,载《行政法学研究》2007 年第 2 期。

1. 公众行政立法参入权和意见表达权能得到较充分地保障

这两种权能密切联系，所以一并阐述。行政立法参入权是浅度参与权的权能，也是最基本的权能，是其他权能实现的基础。它要求行政立法机关开门立法，吸纳公众参入行政立法过程，而不能由行政部门单独造法，将公众拒于立法过程之外。行政立法意见表达权则是公众参入行政立法活动以后，表达立法建议和诉求的资格和能力。此权能是参与人的必备权能，也是公众参与立法的直接目的，如果，参与人出席不表达，只是旁观者，而不是参与者，参与便失去意义。公众参入行政立法一般能够表达立法意见，但二者也不完全同步，如，公民能进入立法意见门户网站征集系统，但可能因为网络原因或操作技术所限，不能完成意见表达；公民有机会参加立法座谈会、论证会以及听证会，但也不一定有发言机会。所以，政府除保障公众参入行政立法过程外，需要进一步实现公众的立法意见表达权。

行政立法机关实现公众参入权和意见表达权的具体义务是创设各种途径和方式让公众，尤其是对其权益有直接影响的相对人，能够参加立法的各个环节，发表立法建议。这些方式和途径包括通过网站、报纸、邮件、信函、电话、民意调查等方式公开征集意见，举行公共论坛、座谈会、论证会、听证会等开展立法磋商、沟通和辩论等。这些公众参入与表达方式应当贯穿行政立法的立项、起草、审查、决定及评估等环节，当然各个环节行使权能的具体方式和要求有所不同。

在上述两种权能的保障中，公开征求意见是行政立法机关履行比较到位的义务，除了通过报纸、信函、电话等传统方式，行政立法机关主要通过政府门户网站和法制信息网向社会公众征集意见。从国务院到各级地方政府都建立了政府门户网站和法制信息网（现在在司法行政部门官网内），设置了意见征集系统和平台。打开这些网站，点开“政民互动”或“互动交流”中的意见征集系统或平台，能浏览各种正在公示等待公众提出意见的草案及其说明。目前，意见征集的时间一般为30日。国务院自从2002年将《物业管理条例（草案）》全文公布向社会公众征求意见开始，每一部行政法规草案都能做到通过中国政府法制信息网以及其他方式向公众广泛征求意见，绝大部分部门规章都能通过上述方式公开征求意见，几乎所有地方政府也通过政府法制信息网或门户网站公布规章草案向公众征求意见。如上海市政府自 2004 年至今，规章草案在上海市政府门户网站公开征求意见的公告和全文无一缺漏。[31] 这虽是描述 2004—2014 年的情况，但基本也是现今状况的反映。这种通过网络征求意见的方式，能够保证大部分公众参入行政立法过程，当然也存在需要网络设备条件、意见表达不一定实现、意见质量难以保障、处理难度较大且成本较高等不足。

论证会是行政机关常用的吸纳公众参入行政立法方式。由于论证会一般就立法中较为专业的问题进行专门分析研讨，参与者一般是专家，普通民众则较少。专家参与行政立法有两种身份：如果是行政机关聘请的法律顾问或立法咨询委员，此时专家是“行政助手”角色，[32] 代表政府提出论证意见，这种情况不属于狭义的公众参与；若是以普通民众身份参加立法论证，则属于狭义公众参与。当然有的行政立法，行政机关尝试举行了“公众论证会”，扩大参与论证会的一般公众范围，取得了不错的参与效果。[33]

听证会是行政机关选择性地吸纳公众参入行政立法的方式。我国行政立法制度中对于立法听证会的规定一般使用的是“可以”裁量模式。个别地方规章虽然用了“应当”模式，但需要听证范围的规定较为原则，其判定权仍属于行政机关，故而最终是否举行听证，仍然取决于行政机关意志。行政机关基于行政成本考量，举行立法听证会往往较为谨慎，所以，公众通过参加听证会参入行政立法的机会不多。行政法规制定，较少以举行听证会方式开展公众参与，相对而言，地方政府规章制定在逐步开展立法听证实践，尤其是广东省开展得较好。1999 年 7 月 16

[31] 参见沈启帆：《地方政府规章制定过程中的公众参与研究》，上海交通大学 2014 年硕士学位论文，第 35 页。

[32] 参见方世荣：《论行政立法参与权的权能》，载《中国法学》2014 年第 3 期。

[33] 参见陈里程主编：《广州公众参与行政立法实践探索》，中国法制出版社 2006 年版，第103～104 页。

日，深圳市法制局举行了“建筑材料核准制”听证会，这是全国第一次行政立法听证会。经过多年实践，立法听证会已经成为广东省行政立法的重要环节。[34] 但是作为行政立法公众参与典范的《广州市商品交易市场管理规定》的制定却未举行立法听证会。可见，通过听证参入行政立法方式尚缺乏有力保障，实践中行政机关立法听证义务履行不够充分，是否开展不确定，即使开展选择谁作为参入代表具有随意性，参入人数有限，相当部分公众失去参入听证会机会。

座谈会、立法调查等方式也是行政机关常用方式，但是这两种方式适用专门问题的意见讨论和调查，参加的公众人数有限。

在公众参入行政立法的各个环节中，行政机关吸纳公众参与机会最多的是立法环节草案形成后的意见征集阶段。例如，在政府门户网站或法制信息网开展意见征求的都是起草完成后的法规规章草案稿。起草草案阶段，不少行政机关并未吸纳公众参与，各级政府在网络征集意见的草案说明中，只有少数起草部门说明起草时曾征求过公众意见。立项阶段行政机关也赋予了公众一定的立法动议权（发起权）——一些旧法规和规章的废止及取而代之的新法制定来自公众的发起。例如，《城市房屋拆迁管理条例》的废止与《国有土地上房屋征收与补偿条例》的制定源于学者“上书”和普通民众倡议。近年来地方政府在制定立法计划和规划时，一般也会主动向社会公众征集立法项目建议。审查阶段，法制机构一般会就草案涉及的重要问题开展座谈会或进行专门现场调查，听取专家或利害关系人的意见和建议。实施环节，公众也具有一定的参入机会，实践中行政立法实施后，行政机关主要是邀请专家参与法规规章实施后效果评估，提供评估报告，同时也会在一定范围内进行立法调查，了解民众对行政立法实施效果的评价。例如，山西省政府自 2009 年就已启动了规章立法后评估工作，并对公众提请立法后评估的规章项

---

〔34〕 参见黄涛涛：《广东推行公众参与行政立法的实践与前景》，载袁曙宏主编：《公众参与行政立法中国实践与创新》，中国法制出版社 2012 年版。

目,在年度立法后评估工作中给予研究和关注。[35] 在立法决定环节中,行政机关一般未吸纳公众参与。

行政立法机关对实现公众立法意见表达权义务履行较好的立法环节当然也是草案形成后的意见征集阶段,主要方式是提供网络表达机会。座谈、论证、调查方式也较常用,即就立法中的重要问题举行座谈会、论证会或者进行重点调研,但此环节行使立法意见表达权的主要是专家,参与表达立法意见的社会公众人数有限。如《环境影响评价公众参与办法》制定的审查环节,曾就立法中的关键问题进行了专家论证,对部分重点地区进行了实地调研。听证义务的履行则较弱,立法机关裁量权太大,一般公众很难有机会出席并充分表达意见。就立项阶段公众立法动议表达而言,如上所述,行政法规层面主要体现在对法规修改废止及相应替代法规的提议上,而规章层面,尤其是地方规章立项阶段,公众可在政府法制机构制订五年规划和年度计划进行立法项目征集时,就某项行政事务提出立法建议。对于起草阶段意见表达权来说,如上所述,在很多行政立法中未履行该保障义务,但一些部门规章和地方政府规章的制定对此有所重视。前者如《环境影响评价公众参与办法》的制定,在草案形成前,生态环境部组织了社会组织和专家的专题讨论;后者如《广州市商品交易市场管理规定》的制定,草案形成阶段实践行政立法的"预公开",在起草部门形成草案基本框架和主要内容后,即向社会发布了关于公开征求立法建议的公告,向公众征求立法建议,并及时对立法建议进行公布、评价和回应,进而形成规章草案。审查阶段,部分公众可以通过参加法制机构举行的座谈会或开展的专项调查发表意见或提出建议。评估阶段,政府愈发重视公众对法规范实施效果的评价,往往邀请专家对已经实施的法规范进行调研与评估,赋予专家对法规范实施效果充分表达的机会;社会公众则可以通过参加座谈会和实地调查对实

[35] 参见杨近泉、杨泽鹏:《法律是全体人对全体人的规定——对完善公众参与政府立法的制度和机制再认识》,载袁曙宏主编:《公众参与行政立法中国实践与创新》,中国法制出版社 2012 年版。

施效果发表意见,也可通过信函、邮件向相关部门提出评价意见。决定阶段由于立法机关一般不会吸纳公众参与,故而公众没有发言权。

整体而言,根据行政立法制度中确认的公众行政立法参与权,公众参入行政立法并进行意见表达的权利基本得到实现,但就各个环节的参入与表达不够均衡,有些环节参与的广度不够,部分公众会失去参入表达的机会,所以,以上两种权能尚未完全得到实际保障。

2. 公众立法意见获合理回应权和公众合法合理意见获采纳权能够得到一定保障

这两种权能也密切相关,且都属深度参与权的权能,其中公众意见获采纳权更能表征实质参与。行政机关对其实现义务表现为合理反馈和采纳合法合理意见。透视行政立法实践全景,国务院及其部门立法中,基于参与主体广泛,受时空限制,对回应不能提出过高要求,往往通过网络集中回应。地方政府立法时空限制较小,根据义务保障要求,理应进行合理反馈。观察地方行政立法实践,一些立法机构较为负责地对立法意见处理情况进行反馈,使行政立法参与形成了意见的良性互动,表明了政府对公众参与的积极尊重。例如,《广州市商品交易市场管理规定》的制定,广州市政府法制办能做到主动回应公众意见,收集的意见全面公开,采纳和不采纳意见及其理由都统一通过网站公开反馈,且意见的回应贯穿始终,不过遗憾的是,没有针对个体的重点回应。〔36〕再如,《上海市市场监督管理投诉举报处理程序规定》的制定,在草案审查意见征集阶段,上海市政府法制办将主要的意见的吸收采纳情况在政府门户网站和法制信息网进行了统一反馈。〔37〕对于公众合法合理意见,行政立法机关应当采纳,这体现了民主立法和实质参与要求,一定程度上实现公众参与立法之目的,促进了立法的科学性与可行性,亦即促进

〔36〕 参见陈里程主编:《广州公众参与行政立法实践探索》,中国法制出版社2006年版,第110~112页。

〔37〕 参见《上海市市场监督管理投诉举报处理程序规定(草案)公众意见采纳情况反馈》,载上海市政府网"政民互动"栏目2017年12月21日,http://hd.sh.gov.cn/inter/#/draft/view?id=177。

了良法的形成。在中央行政立法方面，例如，《国有土地上房屋征收与补偿条例》的制定，经过二次网络公开征求意见，召开45次各类座谈会、论证会，广泛听取中央各部门、地方政府、被征收人以及相关专家的意见，选取40多个有代表性的城市进行专项调查研究，组织力量对社会高度关注的重点难点问题逐一研究论证，经过一年多的努力，在充分吸取公众意见的基础上，国务院正式公布了《国有土地上房屋征收与补偿条例》。再如，《环境影响评价公众参与办法》的制定，起草阶段吸纳部分社会组织和专家建议形成了征求意见稿，在征求意见稿审查修改阶段，在对公众数百条很好的意见，进行了认真研究和统筹考虑的基础上，对征求意见稿进行了修改完善，最后还就立法关键问题进行了专家论证和实地调研，听取了相关方面的意见，进一步完善了相关内容。[38] 其他中央行政立法中，中国政府法制信息网公示的一些草案意见征求稿中对采纳公众意见情况也有所记载。地方规章中，例如，《广州市商品交易市场管理规定》制定中，预公开阶段，共反映了34项立法建议，大部分建议在规章草案中得以体现；草案征求意见阶段，共征得意见123条，全部意见得到充分考虑，大部分意见得到吸纳，增加了规章草案的科学性和可操作性。[39] 再如《上海市市场监督管理投诉举报处理程序规定》制定中，草案意见征集阶段共收到意见29条，其中采纳了公众关于管辖和消费者身份证明两方面的合理意见，同时也对未采纳的意见及其理由进行了说明。[40]

综上所述，以上两种权能的实现环节仍然主要集中在草案审查阶段，起草草案阶段也有一定体现，而立项和评估阶段有所欠缺，决定阶段由于无公众参入表达，也就没有采纳和回应。同时各行政立法机关在公

---

〔38〕 参见《环境影响评价公众参与办法》公布的说明。

〔39〕 参见陈里程主编：《广州公众参与行政立法实践探索》，中国法制出版社2006年版，第95页。

〔40〕 参见《上海市市场监督管理投诉举报处理程序规定（草案）公众意见采纳情况反馈》，载上海市政府网“政民互动”栏目2017年12月21日，http://hd.sh.gov.cn/inter/#/draft/view? id=177。

众意见采纳程度上存在差异,没有统一的标准。

3. 参与立法决定权未曾行使

一般而言,行政立法决定阶段,公众不宜过度参与,这是因为:其一,行政立法决定权属于行政立法机关;其二,此前行政立法已经进行充分参与,立法结果基本能反映民意。但是决定环节存在修改法规范草案可能,公众应当能进行一定的参与或监督,所以,参与人中的代表可以列席草案审议会议。若发现修改部分明显对公众不公平的,此前经过法定程序认可的条款,参与代表可以提出异议,即可以行使一定的参与决定权。因此,行政立法机关应当保障公众代表出席审议会,而实践中此义务还少有履行。部分地方政府在重大行政决策决定环节开始施行公众代表出席制度。

4. 公众参与立法实施权有一定实现

行政立法实施过程中,政府往往通过组织立法后专家评估、座谈会、问卷调查等方式向专家和普通民众了解法规规章的实施效果。专家可以提供相对专业的评估报告,民众则可在座谈会或问卷调查中对法规范实施情况进行评价,提出书面或口头的修改或废止建议。上述意见可成为政府修改或废止旧法的参考。如上所述,山西省较早开展了行政立法后评估,当下,各级政府普遍比较重视公众参与立法实施效果的评价。例如,南京市城乡建设委员会于 2020 年 5 月 28 日—6 月 30 日就《南京市国有土地上房屋征收与补偿办法》实施情况开展了公众参与立法后实施评估,公开向社会征集实施情况的意见和修改建议。[41] 但该权利行使的公众范围有限,而且能否实现取决于行政机关的裁量。

(二)行政决策实践中公众狭义行政参与权的实现义务

行政决策是指行政机关为了实现一定行政目的,依法对社会公共事务作出决定和采取相关措施。一般而言,行政决策对适用对象具有普遍

---

〔41〕 参见《〈南京市国有土地上房屋征收与补偿办法〉立法后评估公开征求意见公告》,载南京市人民政府网 2020 年 5 月 28 日,http://www. nanjing. gov. cn/hdjl/zjdc/yjzj/202006/t20200609_1908440. html。

约束力,属抽象行政行为,但有些行政决策影响特定相对人的利益,属具体行政行为。无论哪种行政决策对适用范围内的公众利益都会产生比较直接的影响,而且往往涉及公众切身利益。可见,行政决策的公众参与非常重要。尤其是属抽象行政行为的行政决策具有行政立法性质,且对公众的影响非常直接和密切,所以,应特别重视公众参与,以增强其合法性、科学性和可行性。当然,由于行政决策也具有及时性、适应性与效率性特征,故而从公众参与范围而言,应当有一定限缩:一般行政决策如果对公众利益不会产生不利影响,又必须及时作出的,可以不吸纳公众参与,重大行政决策则必须全面保障公众参与权。

如前所述,基于行政决策公众参与的重要价值,在我国,党和政府非常重视科学决策与民主决策,在各种纲领性文件中,大力倡导和宣示行政决策公众参与,并逐步要求将其作为重大行政决策的必经程序,且增强公众参与实效。近年来,为回应党和政府对公众参与行政决策以及保障公众参与权的要求,许多地方政府先行先试,出台了有关行政决策公众参与的规章,国务院也开始在国家层面制定专门的重大行政决策程序法规,颁布了《重大行政决策程序暂行条例》。这些法规范对公众行政决策参与权及政府保障义务进行了基本确认,有的还规定得较为全面。这样,公众行政决策参与权不但有了顶层政策宣示,更成为法律权利,为公众在行政决策实践中行使权利提供了法律依据,也依法赋予了行政机关实现义务,亦即公众行政决策参与权有了实现的法制保障。

透视我国行政决策实践,尽管公众参与权的行使还面临一定困境、公众参与行政决策的应有功能尚未完全发挥,但是总体上,行政决策机关在不断完善参与机制、创造各种参与途径和机会,推进行政决策公众参与的广度、深度和效度,公众行政决策参与权的多数权能得到了较为切实的保障。下面对较有代表性的环境、价格、规划(含不动产征收拆迁)、交通等决策领域的公众参与实践进行分析,总结公众行政参与权的实现状况。

1. 环境决策实践

如上文述介,我国环境行政法律制度对公众参与权及环保部门保障义务的确立比较全面和充分,这为环境行政实践中公众行使权利以及行政机关履行义务奠定了良好的法制条件。但由于环境行政存在多元利益博弈,地方政府基于经济发展指标压力、企业追求利润最大化、居民邻避效应等因素叠加,带来环境决策的利益冲突和较大风险。这种利益冲突和风险一方面需要扩大公众参与决策,另一方面政府因担忧决策受阻,影响经济目标完成而规避公众参与。所以,观察我国环境决策的公众参与图景,尤其是在规划和建设项目环评场域中,公众环境行政参与权的实现是喜忧参半。

欣喜的是,政府基于利益平衡、风险化解以及法制约束,一般能公布环境决策相关信息,吸纳公众参与,通过网上意见征集系统、论证会、座谈会、问卷调查等方式听取公众意见,公众参入权和意见表达权基本能够实现。有的甚至能够认真研究公众意见,采纳合理意见,将其纳入决策依据,化解决策矛盾和风险,得到公众的认可与支持,既进一步实现了公众合法合理意见获回应与采纳权等权能,又实现了决策的合法性、科学性与可行性。

例如,厦门"PX 事件"环评后期的公众参与。厦门市环保局吸取前期规划环评未能公开征求公众意见的教训,认真组织环评座谈会,确定公众代表人数超过专家和公职人员,保障参与民众的广泛性,公开选拔参与座谈会的公众代表,并进行电视直播,保障参与机会的公平性,且给予参与代表充分发表意见机会,吸纳公众合理意见,并实现"PX 项目"迁址,保障公众参与的实质性,使公众参与权的各种基本权能得以有效实现。这是公众参与行政决策的"标本"。[42]

再如,2014 年"余杭中泰垃圾焚烧厂群体性事件"爆发后,政府开展了深度的公众参与,确保公众知情权、参入权、意见表达权以及合法合理意见获回应与采纳权等权能的实现,使项目得到了当地居民的理解、认可与支持,并最终于 2016 年 4 月开始在原址正式施工,如今焚烧厂已经

---

〔42〕 参见王锡锌:《公众参与和中国新公共运动的兴起》,中国法制出版社 2008 年版,第 168~169 页。

建成并高效运行。该项目的公众参与基本过程如下：自中泰事件爆发后，当地政府及时承诺后续该项目的决策和建设全程进行信息公开和公众参与，定将垃圾焚烧厂做成“最大公约数”的项目。在随后将近三年的时间中，余杭区政府、中泰街道以及南峰村委的干部和工作人员通过走访交流、召开项目答辩会、进村入户实地调研、让群众进入施工现场进行监督等方式，使当地居民能够深入参与决策过程和项目实施过程。在此期间，共征集充分反映民意的意见500多条，一些合理意见被采纳落实。最终行政部门和民众的误会和矛盾得以消解，且获得了民众的信任与支持。[43]

但环境决策公众参与权实现也有令人担忧的情况。一些地方政府过于追求经济指标，加之有的官员民主行政意识淡薄，习惯“拍脑袋”决策，不重视吸纳公众尤其是受影响的相对人参与决策，限制甚至剥夺公众的环境决策知情权和参与权。有的虽然基于法律约束，具有一定正当程序意识，象征性开展了一些公众参与形式，一些居民能够参入环境决策发表意见，但决策机关只听不取，使公众合法合理意见获采纳权等实质性参与权利旁落。由于决策机关忽视公众环境决策参与权，使公众失去法制化参与的可能，从而走向非理性参与，也因此爆发了不少群体性事件，激化了社会冲突和矛盾，不但使环境决策受阻，影响行政效率，破坏环境保护甚至社会秩序，对政府形象也产生了消极影响。

例如，上文提及的余杭中泰垃圾焚烧厂筹建后期虽然开展了有效的公众参与，但前期确因忽视了对公众参与权的保障而在一定程度上助推了群体性事件的发生。这起事件的发生虽然邻避效应和不法分子煽动是主要原因，但与项目公示前规划编制阶段和项目审批阶段未有效组织利益相关人开展决策参与从而导致居民对该决策的误解也有一定关系。好在政府及时吸取教训，对居民承诺“没有履行完法定程序不开工，没有征得群众充分信任不开工”，且后期认真践行承诺，充分展开了各种形式

---

〔43〕 参见王慧敏、江南：《杭州解开了“邻避”这个结（人民眼·社会治理创新）》，载《人民日报》2017年3月24日，第19版。

公众参与，保障了群众对项目施工的知情权，尊重并吸纳群众的合理意见，才消解了矛盾，获得了民众的“信任票”。

而2015年“天津特大爆炸事件”更暴露出公众参与的缺位。其环评报告中“公众参与结论”部分表明“在主要保护目标处进行现场公示，并采用发放调查表的形式进行公众参与。公示期间没有收到任何反馈意见，发放调查表130份，收回128份，发放的主要对象为项目周边的主要环境保护目标，调查表调查结果表明100%的公众认为项目位于北疆港内选址合适”。这里就对公众参与的有效性疑问重重：到底都是对哪些人发放的调查表，是否具有代表性？他们是否对项目风险具有充分的、真实的了解？是否将调查结果对周边足够多的人群进行广泛公示，公示期限有多长？等等。如果公众参与能够科学有效、规范到位，能够实事求是进行抽样调查，让利益相关的周边居民和具有专业知识的专家学者等公众参与充分的讨论和建议，项目的选址、对周边居民的迁移、项目运营本身的防护措施等工作可能就会更加谨慎到位，一场惨案就可能避免。[44]

2. 价格决策实践

价格决策既是我国开展公众参与较早和较广的行政领域，也是争议较多之地，尤其是关于听证会的开展。价格决策实践中听证会开展得较为普遍，涉及风景区门票价格、铁路票价、出租车租价以及水、电、天然气定价等听证，一度成为我国行政参与实践中引人注目的风景线。通过这些听证活动，公众具有一定参入上述价格决策过程，并发表意见和表达诉求的机会，亦即价格决策介入权和意见表达权得以一定满足。但是这些听证会的效果普遍不太令人满意，甚至被认为是一种形式和过场的听证“表演”：参与的公众代表大多数由决策部门自行确定，其意见并未真实反映利益相关者的意愿，听证结果往往如决策部门所愿；有时虽然参与听证的代表意见具有代表性，但又未被决策部门最后定价时吸纳。前

---

〔44〕 参见黄德生：《天津特大爆炸事件暴露出公众参与的严重缺位》，载《环境战略与政策研究专报》2015年第30期。

者如2006年北京出租车调价听证会,[45]后者如2009年深圳出租车调价听证会。[46] 另外,还涌现出更为形式化的“快闪听证会”,如2015年兰州市物价局召开全市居民生活用气阶梯价格听证会,这项涉及300多万居民冬季供暖成本的听证会,居然仅用时35分钟,听证代表的发言,连客套话在内用时只有17秒。[47] 这些问题的实质都是公众意见获回应与采纳权、参与决定权等深度权能难以有效实现。其原因则是我国举行的价格听证会主要还是完全行政主导型的公众参与机制,而不是公众自发型的公众参与机制。[48]

3. 规划决策(含不动产征收拆迁)实践

规划决策公众参与中最有代表性的是城市规划领域。我国《城乡规划法》《城市规划编制办法》对城市总体规划编制和控制性详细规划编制中的公众参与权及规划部门保障义务有一定的制度规范确认,其中控制性详细规划编制的规定相对完善。实践中,规划部门根据相关法律规定,在编制规划过程尤其是编制控制性详细规划中,通过举行论证会、协调会、听证会、现场调研等方式,给予公众特别是直接利益相关者介入规划决策过程发表意见的机会,直接利害关系人和部分社会公众能够行使一定的介入权和意见表达权。但是,总览整个城市规划公众参与活动,都还不同程度存在参与规划编制的阶段有限、能够参入的人数较少、意见表达不够充分、规划部门回应不够积极、参与人意见对规划决策结果难以产生实质影响等问题。有学者曾对“北京秀水市场拆迁事件”和

---

[45] 北京市发改委确定了25名听证代表为北京市发改委的价格听证常设代表,其中北京市运管局推荐的出租经营企业代表8人,消费者和司机代表分别8人、9人,多数具有领导职务或行政职务,很多人不是出租车调价的利益相关者。参见王锡锌主编:《行政过程中公众参与的制度实践》,中国法制出版社2008年版,第104～107页。

[46] 参见郑朋树:《我国价格听证制度的不足与完善——基于20起典型案例的实证分析》,载《前沿》2013年第24期。

[47] 参见《价格听证岂容形式主义》,载《经济日报》2015年8月31日,第9版。

[48] 参见王锡锌主编:《行政过程中公众参与的制度实践》,中国法制出版社2008年版,第103～104页。

“广州小谷围艺术村事件”进行了深入剖析,得出“商户和公众被排除于规划过程之外、座谈会问题结构化、无回应、无信息公开,无权力让渡”等结论。[49] 其实质是在规划决策实践中,公众参与权,尤其是意见获回应与采纳权、参与决定权等实质权能未得到有效实现。

如今这种情况在相关征收决策中有一定改观,如 2018 年珠海市国土资源局进行的《珠海市征收(征用)土地青苗及地上附着物补偿办法》修订听证,对参与听证的公众代表大部分意见进行了现场回复,对部分合理意见进行了采纳,对未采纳意见进行了介绍。但公众参与权还是未能完全实现,例如,参与听证的 27 名代表中个人代表只有 2 人,对未采纳意见的理由未进行说明等。[50] 可见,城市规划以及相关房屋拆迁决策中,公众的话语权分量仍然不足。

4. 交通决策实践

交通问题是近来城市治理的难题,涉及城市环境污染和交通拥堵等关系市民生活质量的问题,相关政策出台还会涉及公民权利的限制,因而,无疑属于地方政府重大行政决策范畴,需要重视公众参与,以提升决策的正当性、科学性和可行性。实践中,地方政府对城市交通问题的解决之道,往往体现为出台限行限牌政策。在这些政策制定过程中,一些政府也能通过公开征求意见等方式进行民主决策,得到社会支持后才颁行,公众参与交通决策的权能有一定实现。但也有不少遮蔽公众参与的“半夜鸡叫式”决策——一些城市的限牌决策都是在深夜突然颁行的,这些决策方式受到了社会广泛批评和质疑,对市民执行政策不公,导致决策执行不畅,政府公信力受到一定影响。另外,有些决策虽然在方案形成后,管理部门面向社会公开征求意见,但由于决策方案(草案)形成阶段是由管理部门单方完成,未开展公众参与,没有与公众沟通协商,故

---

〔49〕 参见王锡锌主编:《行政过程中公众参与的制度实践》,中国法制出版社 2008 年版,第194~202 页。

〔50〕 参见《〈珠海市征收(征用)土地青苗及地上附着物补偿办法〉修订听证报告》,载中国珠海网 2019 年 4 月 16 日,www.zhuhai.gov.cn/zw/tdzs/zdtz/content/post_1824171.html。

导致决策不够科学，受到社会批评，当然也难以获得民众支持。例如，2018 年西安废旧汽车报废决策事件。2018 年 7 月 23 日，西安市公安局和环保局联合发表了"关于《西安市公安局西安市环境保护局关于禁限行高排放老旧汽车的通告（征求意见稿）》（以下简称《征求意见稿》）征求意见的公告"，面向社会公开征求意见。由于《征求意见稿》中，以车辆注册年限（汽油车 10 年，柴油车 5 年）代替国家阶段性排放标准（汽油车国二标准、柴油车国三标准），受到西安市民的普遍质疑与批评。后来，在舆论倒逼下，副市长公开对"出台征求意见之前相关部门考虑不周全和征求意见时对公众意见回应时不到位"表示道歉，并诚恳接受大家的批评。[51] 可见，在交通决策实践中，目前公众参与权的实现还不完整和充分，公众介入权和意见表达权未贯穿决策全过程，意见获合理回应和采纳权较难实现，但是政府已经意识到行政决策充分保障公众参与权的重要意义，已在不断提高加强保障公众参与权的要求。

（三）行政执法实践公众狭义参与权的实现义务

在我国行政执法法律制度中，除无参与决定权外，其他参与权权能都有所确立，行政执法机关保障义务的设定也较为刚性，尤其是"行政三法"以及地方专门的行政执法程序立法对相对人的陈述、申辩权，听证权，合法合理意见获采纳权，回应权，以及行政执法机关的保障义务规定较为具体和明确。同时，对普通公众的行政执法建议权、举报权也有一定确认。

行政执法实践中，对于相对人而言，基于其当事人身份，除个别情况外（也存在相对人不知情情况下被处罚现象），参入行政执法过程的权利之实现问题不大。同时，随着严格依法执法深入推进，加之行政执法参与权实现义务的刚性规定，行政机关一般也能在行政执法调查阶段听取相对人的陈述申辩，但能否采纳，则取决于执法机关的裁量。整体上，行政机关对相对人意见和诉求愈发尊重和认真对待，执法公正意识不断

---

〔51〕 参见《西安出台一汽车禁限行政策征求意见惹争议》，载《工人日报》2018 年 7 月 31 日，第 4 版。

增强,对合法合理意见有所采纳,不采纳意见有时也能进行理由说明。另外,执法机关对于法定听证的执法事项,基本上能依法通知当事人和利害关系人申请听证权,[52]通知方式包括直接书面送到、邮寄、电话以及网络公告等,此外,在政府执法部门的门户网站或者百度搜索,能发现一些执法听证公告和举行听证会事件。尤其是环评行政许可、企业行政处罚以及房屋强制征收等三个领域的执法听证,近年来较为常见。例如,2015 年 2 月 11 日嘉兴市秀洲区举行首例房屋行政强制拆迁听证会、2018 年 11 月 26 日广州市天河区文化广电新闻出版局举行行政许可听证会、2018 年 12 月 19 日合肥市庐阳区市场监管局首次召开行政处罚听证会等。这三大行政领域执法涉及相对人重要权益,表明了政府对公民重要合法利益的保障不断加强。就行政执法听证会的效果来说,相对而言,优于行政立法及决策听证,但对于听证意见的采纳还是没有可靠保障,尤其是《行政处罚法》(1996)未明确规定听证笔录对行政机关作出处罚决定的约束力,导致行政处罚听证会中相对人意见经常受到执法部门的怠慢甚至忽略。好在将于 2021 年 7 月 15 日施行的新修订的《行政处罚法》对此进行了矫正。

对于相对人之外的一般公众而言,其执法建议权(动议权)、举报权的表达可以通过执法部门办公场所的意见箱、举报箱以及门户网站的举报专栏得以实现。但是,能否获得执法机关的处理及反馈不够确定。笔者曾就上述权利行使情况向一些执法部门领导与一般执法人员进行过调查,得到的回答是:对于一般公众通过线下途径举报相对人违法行为并请求执法机关进行处理的建议,执法部门会认真处理,有一定证据证明违法行为存在的,一般会立案启动执法程序;而对行政机关违法执法行为的检举,处理则相对较为谨慎,一般没有充足证据,不会启动处理程序。笔者也常常浏览执法机关门户网站的举报栏目,发现较少有网民留言和执法部门的反馈。按照公众参与及信息公开的要求,若有公众举

---

[52] 但依职权的裁量性听证则较少举行,下文行政复议和行政诉讼案例分析进一步予以佐证。

报，执法机关在保护举报人隐私的前提下，应当将举报内容和处理结果公开。没有相关信息则说明：要么没有公众举报，要么公众举报了，但执法机关未作处理，或者执法部门虽处理了却未履行信息公开义务。此外，一般公众有时能作为旁听者参入行政执法听证会，这时，公众只是行使介入权，不行使其他权利，对听证会起到一定监督作用。

综上分析，在行政执法公众参与实践中，相对人行政执法介入权和意见表达权在执法调查阶段能通过陈述、申辩以及参加法定听证会等方式较为充分地行使，陈述和申辩的合法合理意见获采纳权与获回应权能基本实现，听证会上的意见获采纳与回应权也有一定实现，但还缺乏可靠保障。对于一般公众而言，其执法建议权（动议权、发起权）和举报权（参与实施权、执法监督权）的实现离应然要求还有差距。

三、狭义行政参与权的救济保护义务之履行情形

如前所述，行政参与权的保障以立法确认为基础，行政实现为根本，救济保护为后盾，三者形成行政参与权保障的"闭合回路"，缺一不可。而且从权利最终保障而言，"无救济保护则无权利"已经不言自明。行政参与权既有理论正当性，又有规范依据，其保障的义务主体及要求同样已经证成并法定，那么，当义务主体违法履行义务或不履行义务时，权利人应当可以获得公力救济，从而受到保护。行政参与权由应有权利转化为实有权利过程中，义务主体不履行义务，包括不履行立法确认义务和行政实现义务两种情形。救济机关对这两种情形的救济保护情况如何，下面分别进行阐述。

在我国，立法机关不履行确认义务包括权力机关不履行立法确认义务和行政立法机关不履行立法确认义务。对权力机关违法立法的监督救济制度安排中，主要是由上级权力机关和最高权力机关予以纠正。实践中，因公民申请最高权力机关或上级权力机关进行审查并纠正下级权力机关违法地方性法规的案例已经出现，例如，2016 年《杭州市道路交

通安全管理条例》的纠错。[53] 通过这种纠错促进了科学立法和公正立法,从而实现了保障公民权利之目的。这需要人大立法监督救济能够成为常态的制度实践,并且对公众行政参与权立法确认的人大监督也能付诸实现。对行政立法机关违法立法,现有制度安排由同级人大和上级行政机关备案审查进行监督。实践中,监督机关主动通过备案审查制度撤销或废止行政法规和规章的原因多为已经有新法替代,或者行政法规、规章已不符合时代发展要求,而主动发现违法而撤销或修改行政法规和规章的情形较少。国务院曾经废止《城市流浪乞讨人员收容遣送办法》《城市房屋拆迁管理条例》等行政法规,也是因公民"上书"申请合法性审查而发生。近年来,立法监督机关已开始加大行政立法的合法性备案审查力度,有的地方规章因与上位法抵触,或者违法克减公民权利、增加公民义务,被同级人大或上级行政机关责令改正。但目前还未出现行政立法因克减或否认公众行政参与权而被责令改正的情形。另外,行政参与权立法确认义务未履行到位,往往更多的是因为立法不作为,但对于立法不作为的救济,我国还未建立相关制度,所以实践中自然难以救济与追责。

虽然我国立法对行政参与权的确认还不够全面,但对行政立法、决策和执法三大行政领域的公众介入权和意见表达权基本予以规定,意见获回应与采纳权也有一定体现,且在多数情况下通过设定行政机关的实现义务保障公众行政参与权。然而,一些行政机关在行政实践中常常怠于履行或者仅部分履行这些义务,从而导致公众行政参与权无法有效行使与实现。所以,应当加强公众行政参与权行使的救济保护,促使行政机关履行实现义务,从而保障公众行政参与权的真正实现。

行政参与权是公众的行政法权利,而行政机关在行政活动中不履行实现义务的行为无疑属于违法行政行为。目前,我国对于行政违法行为侵权的救济制度主要是行政复议和行政诉讼。无论是从行政法权利保

---

〔53〕 参见《一辆电动自行车牵动全国人大常委会》,载新华网 2017 年 2 月 26 日,http://www.xinhuanet.com/2017-02/26/c_1120531540.htm。

护角度，还是从监督违法行政行为层面，行政参与权在行政行为中被侵犯，理应纳入行政复议和行政诉讼救济保护范畴之中。主要原因有：

其一，从公众权利保护角度分析。就权利性质而言，行政参与权具有主观公权利性质，当受到行政机关侵犯后，权利人可以向复议机关和司法机关请求救济；从权利内容看，行政参与权兼有程序权利和实体权利，通过解释《行政诉讼法》保护的相对人“合法权益”及权利保护范畴的“等”的意涵，可以推断其保护的行政法权利不再限于人身权和财产权，应当涵盖行政参与权等新型权利。〔54〕

其二，从行政机关履行义务行为的司法监督层面阐释。显然，行政机关履行公众参与义务蕴含于行政立法、行政决策和行政执法等行政行为之中，例如，行政许可举行听证无疑是行政行为，而且不仅是程序性行为，也包含实体性行为，其中，告知听证权、通知听证时间地点、制定听证笔录等属于程序性行为，而采纳听证意见则具有实体内容。故而行政机关违法履行（含不履行）实现公众行政参与权义务的行为应当可以纳入司法审查范畴。

其三，从法规范维度解析。我国《行政诉讼法》明确规定，程序违法与实体违法都属于行政合法性审查范围，因而都可以成为相对人诉讼请求。尤其是《行政诉讼法》规定程序轻微违法对原告权利不产生实际影响的行政行为也可判决确认违法。〔55〕 可见，即使是程序性行政参与权（具体化为程序性参与行为），也可纳入复议和诉讼救济范畴。学界有种观点认为，履行公众参与义务的行为不是独立的行政行为，所以不可单独起诉。这种观点实际上是混淆了诉讼案由和诉讼标的。对行政参与权进行救济，行政复议或行政诉讼标的是蕴含侵犯公众参与权的行政

〔54〕 根据目的解释，《行政诉讼法》第 2 条中的“合法权益”应当涵括公民、法人或其他组织的行政参与权；第 12 条第 1 款第 6 项中“等”应当解读为“等外等”，即权利保护范畴应当延伸至人身权、财产权之外的其他权利，其中包含行政参与权。行政诉讼法保护的公民合法权益不限于人身权和财产权在学界已经达成共识，司法实践对此也有不少判例。

〔55〕 参见《行政诉讼法》第 74 条。

行为,案由才是未履行公众参与义务。例如,应当举行听证的行政许可未举行听证,未举行听证是案由,而不是复议和起诉听证,而是通过复议和诉讼行政许可行为,请求保护听证权利。又如,在广义的行政参与权——行政知情权救济保护中,《政府信息公开条例》明文规定,公民对不履行信息公开义务的行政行为可以提起行政复议或行政诉讼,同样在这里审查的不是信息公开行为,而是包含信息公开的行政行为,信息公开是案由,并可转化为申请人复议请求或原告诉讼请求。

实践中受制于现行规范,能够提起行政复议或行政诉讼的行政行为一般限于具体行政行为,且有关公众参与的行政复议和行政诉讼案例主要集中于环评行政、规划许可、行政征收等领域。由于涉及公众行政参与权救济保护的行政复议和行政诉讼案件,很难通过关键词全部加以检索,一些有关行政参与权行使的行政纠纷不会在案件中明确出现“行政参与权”“公众参与权”“行政参与”等关键词。所以,下面对一些典型案例进行简要分析,以管窥我国公众行政参与权的复议和诉讼救济基本情况。〔56〕

(一)行政复议典型案例分析

1. 潘某某等不服河北省环保厅环境影响批复复议案

2010 年 8 月 25 日,潘某某等以环境影响评价及其审批工作严重违反有关法律规定,没有公示相关环境信息,没有征求和听取广大村民群众的意见等理由,向环境保护部(现在的生态环境部)对河北省环保厅《关于浙江伟明环保股份有限公司秦皇岛西部生活垃圾焚烧发电项目环境影响报告书的批复》(以下简称《环境影响批复》)申请行政复议,要求撤销上述《环境影响批复》。环境保护部认为,《环境影响批复》认定事实清楚,证据确凿,适用依据正确,程序合法,内容适当,作出维持批复的复议决定。〔57〕 该案涉及被申请人环评程序公众参与是否合法的问题,

〔56〕 这些代表性案例材料都来自北大法宝和中国裁判文书网。

〔57〕 该案案情介绍还可参见《浙江伟明环保股份有限公司首次公开发行股票招股意向书摘要》,载《证券时报》2015 年 5 月 11 日,A053 版。

复议机关作出了维持批复的决定，因为复议机关根据《秦皇岛西部生活垃圾焚烧发电项目环境影响报告书》“公众参与”部分的记载，肯定了被申请人开展了法律规定的公众参与。而从申请人起诉后，河北省环保厅因收到反映秦皇岛项目公众参与弄虚作假的信访件，河北省环保厅要求公众参与调查工作必须按规定期限完成，并决定撤销《环境影响批复》来看，环评过程的公众参与是存在问题的。这说明复议机关仅对被申请人的公众参与问题进行了形式审查，倾向于行政机关只要开展了法定的公众参与形式，就认为其履行了义务，而不管实质上是否满足了公众参与，亦即一般不进行实质审查。

2. 邓某某不服哈尔滨市人民政府行政批复复议案

2008 年 4 月 24 日哈尔滨市城市规划局制定《哈尔滨市城市部分区域（江南）控制性详细规划》，2008 年 7 月 29 日哈尔滨市人民政府对请示作出批复[《哈尔滨市人民政府关于对哈尔滨市部分区域（江南）控制性详细规划的批复》，以下简称《哈尔滨市批复》]。申请人邓某某不服哈尔滨市人民政府的批复，向黑龙江省人民政府申请行政复议，认为该批复存在法律依据错误、程序违法、内容不合理，所以请求复议机关撤销哈尔滨市人民政府的《哈尔滨市批复》。复议机关审查后认为，哈尔滨市城乡规划局在组织编制城市控制性详细规划过程中依法履行了专家论证、规划法定核准图审查委员会审核、征求规划地段内社会各界的意见、并在官方网站及新闻媒体进行公告等程序，保障了相关地块社会公众的知情权、陈述权、申辩权等权利。故被告哈尔滨市人民政府作出的本案被诉《哈尔滨市批复》符合法律规定，作出维持的行政复议决定。本案复议的结果仍是维持决定，而且该案曾经过行政诉讼，法院也是驳回原告诉求。复议机关和法院都认为，该案的公众参与适用《城乡规划法》第 26 条，而不适用第 48 条，所以，哈尔滨市城乡规划局在呈请被告哈尔滨市人民政府批准前已依法履行征求公众意见等相关职责。该案表明，公权力救济机关对政府保障公众行政参与权义务的审查只限于法定义务，不审查裁量义务，行政机关只要依照法律规定开展公众参与即可，而不具体审查相关义务是否完全履行，即只要求征求了公众意见，而不具体审查征求哪些公众意见,哪些公众参与权未能保障。而保障的公众行政参与权一般理解为知情权、陈述权、申辩权等浅度权利,一般不包含实质的意见获合理回应权和合法合理意见获采纳权等。其实本案中,即使按照《城乡规划法》第26条规定,从全面保障公众行政参与权的权能而言,行政机关还需要充分考虑公众意见,并采纳公众合法合理意见,不采纳的意见应当说明理由,亦即行政机关需要满足公众的意见获合理回应权和合法合理意见获采纳权。

3. 北京六里屯垃圾焚烧发电厂项目环评审批复议案

2007年,北京六里屯市民以《北京市环境保护局关于海淀区垃圾焚烧发电和综合处理项目环境影响报告书的批复》的公众参与不合法为由,向国家环保总局(现在的生态环境部)提起行政复议。复议机关经审理作出决定:该项目应进一步组织论证,扩大征求公众意见范围,论证和征求公众意见的结果必须报送北京市环保局核准并发布公告,然后报国家环保总局备案,在此之前,该项目不得开工建设。〔58〕 这是公众参与行政复议案件中少数作出确认被申请人公众参与程序违法(未完全履行满足公众行政参与权的义务),并责令重新开展公众参与的复议决定案例。该复议决定有一定的实质审查内容,认定行政机关未能完全履行法定的公众参与义务,〔59〕亦即复议机关认为行政机关不但需要履行法定的公众参与义务,而且应当完全履行义务。

(二)行政诉讼典型案件分析

1. 上海市杨浦区正文花园(二期)业主委员会等诉上海市环保局环境影响报告审批决定案〔60〕

2012年8月6日,上海市环保局对国网上海市电力公司提交的

〔58〕 参见郑卫:《我国邻避设施规划公众参与困境研究——以北京六里屯垃圾焚烧发电厂规划为例》,载《城市规划》2013年第8期。

〔59〕 参见朱芒:《公众参与的法律定位——以城市环境制度事例为考察的对象》,载《行政法学研究》2019年第1期。

〔60〕 参见上海市黄浦区人民法院行政判决书,(2013)黄浦行初字第163号;上海市第二中级人民法院行政判决书,(2013)沪二中行终字第576号。

《500kV 虹杨输变电工程环境影响报告书》（以下简称《环评报告》）拟作出批准决定，并在"上海环境网"就该工程拟批准情况进行公示。2012 年 10 月 22 日，市环保局作出《关于 500kV 虹杨输变电工程环境影响报告书的审批意见》，同意项目建设。上海市杨浦区正文花园（二期）业主委员会、乾阳佳园业主委员会认为，居民小区附近不应建高压变电站项目，被告开展的公众参与不符合法定要求，向上海市黄浦区人民法院提起行政诉讼。法院认为，被告受理电力公司申请后，就相关情况进行了公示，委托有关单位对《环评报告》进行了技术评估，并组织召开专家咨询会，在审查《环评报告》、技术评估报告等文件后，作出环评审批决定，履行了法定程序，《环评报告》有相关公众参与的记载，但作出审批时间超过了法规规定时间，属程序瑕疵。据此，一审判决驳回原告诉讼请求。原告上诉后，上海市第二中级人民法院二审判决驳回上诉，维持原判。该案经过一审、二审，结果都是不支持"原告（上诉人）认为被告（被上诉人）未保障其行政参与权"的主张，认为被告履行了相关公众参与义务，其理由都是被告环评材料和审批材料中有公众参与情况的记载，倾向尊重行政机关履行公众参与义务的裁量权。可见，有些案件，法院审查只是形式的而非实质的，只要法律规定行政机关"可以选择公众参与方式"，无论行政机关采取哪种形式，法院都认为是合法的，而无论该参与形式是否合理、是否实际满足了公众参与需要、是否取得公众参与的实际效果。该案同样说明，救济机关对公众行政参与权的救济保护不够有力。

2. 韦某某诉杭州市萧山区环境保护局、杭州市环境保护局行政批准案〔61〕

2014 年 7 月 8 日，杭州市萧山区环境保护局（以下简称萧山环保局）同意杭州靓爽清洗有限公司（以下简称靓爽公司）关于企业拆扩建的项目申请。韦某某不服，以环境影响报告表编制过程缺少公众参与及

〔61〕 参见杭州市下城区人民法院行政判决书，（2015）杭下行初字第 64 号；杭州市中级人民法院行政判决书，（2016）浙 01 行终 122 号。

萧山环保局环评批复过程中公众参与程序违法为由向杭州市下城区人民法院提起行政诉讼。一审法院认为，根据萧山环保局提交的材料，靓爽公司在编制环境影响报告表过程中，已经尽到了必要提示和告知义务。萧山环保局受理了靓爽公司的环评申报申请，并于当日将受理、拟审批情况进行了公示，并告知了利害关系人听证等权利，公告期间未收到反对意见，其做法符合相关法律规定，韦某某对该问题的异议主张不能成立。由此一审法院驳回原告诉求。原告不服，以“一审判决认定事实有误，环评批复过程中公众参与程序违法”为由向杭州市中级人民法院提起上诉，认为：环评表编制中公众参与违法，没有任何人参与过该环评报告以及环评批复的公众参与环节，萧山环保局没有告知其已经接收环评报告，也没有透露其批复，作为该项目利害关系人的居民无一人享有听证的权利，被上诉人也未履行告知听证和举行听证的义务，属于程序违法行为，其结果不具有法律效力。故请求撤销一审判决以及杭州市萧山区环境保护局的批复。二审法院认为，法律法规并未强制规定在编制环境影响评价文件中必须进行公众参与。况且，靓爽公司在编制环境影响报告表过程中，对案涉项目进行了环境保护公示；萧山环保局在行政审批中分别对靓爽项目环境影响评价文件受理和拟作出的审批意见进行了公示，被诉批复的程序并无不当。因此驳回上诉，维持原判。

本案一审、二审都是确认行政机关履行了公众参与的程序义务，否定了原告和上诉人撤销未履行保障其参与权的行政行为的主张。理由都是认为萧山环保局和项目建设单位依法履行了公众参与义务。法院判决的事实根据是被告（被上诉人）提交的环评及审批的书面公众参与材料，而在法规范依据上，当时还生效的《环境影响评价公众参与暂行办法》规定不是所有的建设项目环评都需经过公众参与，而是确定三种特殊情形。[62] 这三种特殊情形的判断权在建设单位和主管部门，亦即他们对其具有裁量权，而从二审法院认为法律法规并未强制规定在编制环

〔62〕 参见《环境影响评价公众参与暂行办法》第2条。该法于2019年1月1日《环境影响评价公众参与办法》施行起废止，但案件审理时尚未失效。

境影响评价文件中必须进行公众参与的态度而言，是尊重其裁量权的。而且认为他们只要尽了通知和公示义务，就算履行了应尽的义务，而不考量公众是否实际参与，更遑论保障公众其他实质参与权的权能。但这与该法规定的“国家鼓励公众参与环境影响评价活动”[63]有些相悖。也正因如此，后来颁行的《环境影响评价公众参与办法》取消了限定三种情形的适用范围，而是规定适用所有依法应当编制环境影响报告书的建设项目的环境影响评价，同时保留了“国家鼓励公众参与环境影响评价”的规定。[64]

3. 王某某等诉南京市规划局规划行政许可案[65]

该案经过二审。2010 年 7 月 21 日，南京市规划局向第三人颁发了涉案建设用地许可证，上述规划许可证均在规划局网站进行了公示。原告（上诉人）王某某等诉称：南京市规划局颁发规划许可证的具体行政行为违法，被告的许可行为违反程序要求，由于涉案规划许可直接涉及原告的重大切身利益，与其有重大利害关系，被告应向利害关系人严格履行法定告知义务。而本案被告在作出涉案规划许可前，根本没有依法履行告知义务，剥夺了原告等利害关系人依法享有的陈述、申辩及申请听证的权利。一审法院认为，根据《行政许可法》第 46 条、第 47 条规定，行政机关对行政许可事项是否举行听证具有判断和裁量权。本案建设项目虽然没有法定听证义务，但考虑到被告的许可行为对利害关系人现实利益的影响，根据正当程序原则，被告应采取适当方式听取利害关系人的意见，被告在作出行政许可行为前未听取利害关系人的意见，程序上存在瑕疵，被告今后工作中应予改正，但考虑到被告的行为不会直接产生土地使用权人、房屋所有权人丧失相关权利的法律后果，该瑕疵不

[63] 参见《环境影响评价公众参与暂行办法》第 4 条。该法虽已于 2019 年 1 月 1 日起失效，但于 2019 年 1 月 1 日起实施的《环境影响评价公众参与办法》第 3 条继续规定了“国家鼓励公众参与环境影响评价”。

[64] 参见《环境影响评价公众参与办法》第 3 条。

[65] 参见南京市鼓楼区人民法院行政判决书，（2013）鼓行初字第 115 号；南京市中级人民法院行政判决书，（2014）宁行终字第 110 号。

足以构成确认被诉规划行政许可行为违法或撤销的违法事由。因而判决驳回原告诉讼请求。原告不服,将被告作为被上诉人提起上诉(原告则成为上诉人),认为被上诉人对涉案规划许可滥用《行政许可法》第46条,是对该法条的错误解读或故意曲解,故请求二审法院撤销原审判决。二审法院认为,本案涉及的建设用地规划行政许可,因不属于法定行政许可应当听证事项,是否需要告知听证权、是否需要举行听证,行政机关具有判断和裁量权。原审法院已认定被上诉人在作出行政许可行为前未听取利害关系人的意见,程序上存在瑕疵,但因该瑕疵并不导致利害关系人丧失相关权利,故该瑕疵不足以认定被上诉人的行政许可行为违法。因此驳回上诉,维持原判。

本案一审、二审判决结果表明:部分法院完全尊重行政机关对行政许可听证的裁量判断权,对裁量决定是否合理不进行实质审查,不关注利害关系人的听证权是否应当得到保障,亦即法院对行政机关裁量性义务不支持强制履行。

4. 任某某等诉新乡市城乡规划局(以下简称市规划局)建设用地行政许可案[66]

2013年1月17日,任某某等通过政府信息公开得知新乡市规划局为世富公司颁发了建设用地规划许可证,该建设用地范围包括任某某等人的房屋,任某某等人认为市规划局在颁证前未通知并听取其意见,没有履行相关法律程序,颁证行为侵犯了其合法权益,故向法院起诉,请求撤销市规划局为世富公司颁发的建设用地规划许可证。法院认为,本案建设用地涉及旧区改建,需要进行拆迁安置,对周边群众实际生产、生活影响较大。规划部门在履行规划行政许可的法定职责时,应当根据行政许可法的规定,积极公开征求相关权益人、社会公众对建设项目的意见,并将该意见作为规划方案修改、审批的重要参考依据,以此健全建设项目规划的科学性、合理性、可操作性。新乡市城市规划局未经上述程序径行颁证属于程序违法。由此被诉颁证行为认定事实不清、程序违法,

---

〔66〕 参见济源市中级人民法院行政判决书,(2014)济中行初字第21、22号。

应予撤销。鉴于涉案土地已经开发完毕，撤销已无实际意义，故应确认违法。

该案是为数不多的法院对行政机关履行保障公众参与权义务的认可，而且对行政机关履行保障公众参与义务进行实质审查，从而救济保护公众实质性参与权利。其判决结果直接源于法院对《行政许可法》第36条作出的有利于相对人的解释，其解释与王某某等诉南京市规划局规划行政许可案不同。规划部门在履行规划行政许可的法定职责时，应当积极公开征求相关权益人、社会公众对建设项目的意见，且应当将该意见作为规划方案修改、审批的重要参考依据。这不但支持保障公众的行政介入权和意见表达权，而且包括合法合理意见获采纳权。

5. 山西省安业集团有限公司（以下简称安业公司）诉山西省太原市人民政府（以下简称太原市政府）收回国有土地使用权决定案〔67〕

安业公司对太原市政府2014年4月4日收回迎泽大街以南、中心街以北部分国有土地使用权的决定不服提起诉讼，请求依法撤销太原市政府收回其国有土地使用权的行为。〔68〕一审法院认为太原市政府确因公共利益收回土地，作出决定前，相关单位办理了用地规划手续，并报请太原市政府批复同意，其收回程序符合法律规定。发布的批准通告中也明确了收回上述国有土地使用权涉及的拆迁补偿事宜按照有关规定依法进行。因此一审法院驳回起诉。原告上诉后，二审法院以相同理由维持原判。之后，安业公司提起再审。申诉人再审诉由包括太原市政府没有听取安业公司的陈述和申辩。再审法院认为，太原市政府与相关职能部门收回国有土地使用权应当遵循法定的程序和步骤并依法及时解决补偿问题。在本案中，太原市政府收回安业公司拥有使用权的749.5平方米土地时，既未听取安业公司的陈述申辩，也未遵守其他法定程序，依

〔67〕参见太原市中级人民法院行政判决书，（2014）并行初字第43号；山西省高级人民法院行政判决书，（2015）晋行终字第50号；最高人民法院行政判决书，（2016）最高法行再80号。

〔68〕相关案情概述可参见徐博嘉：《我国行政规范性文件司法审查标准研究》，西南政法大学2017年博士学位论文，第101页。

法应予以撤销。但考虑到相关道路建设改造工程确属公共利益需要，因此根据《行政诉讼法》第 74 条第 1 款第 1 项规定，对太原市政府以通告形式收回安业公司 749.5 平方米国有土地使用权的行政行为应确认违法。

此案共经过一审、二审和再审。一审、二审法院都不支持原告和上诉人的诉讼请求，最高人民法院再审则最终支持了原告诉讼请求。主要原因是，一审二审法院主要审查行政行为目的的正当性和履行审批程序的合法性，而不考量行政机关是否履行公众参与义务，不重视对公众行政参与权的救济保护。这可能跟其认为该程序违法只是轻微的形式合法性瑕疵，而不影响行政行为实质合法性有关。最高人民法院的判决则表明了其支持保障公众行政参与权的立场。虽然该案行政机关不履行保障行政参与权义务的责任最终得以承担，但也说明了行政参与权司法救济之不易。

（三）行政复议和行政诉讼典型案例分析结论

通过上述典型案例分析，我们不难发现，对于行政参与权实现义务不履行救济的复议和诉讼范围主要限于环评、规划许可和征收等具体行政行为的公众参与，而且主要进行形式合法性审查，而非实质合法性审查。[69] 申言之，复议机关和法院一般只审查行政机关是否按照法律规定履行了法定义务开展了公众参与。只要行政机关开展了法定的公众参与形式，一般认定为合法而维持原具体行政行为或驳回原告诉讼请求，对公众要求行政机关履行裁量性公众参与义务的，一般不会支持。然而现行法律规定的裁量性义务往往是实质性的公众参与要求，如听证、采纳和反馈意见等。所以，现行行政复议和行政诉讼审查一般不是实质性的，只有少数情况是实质审查。这说明无论上级行政机关对行政实现义务的监督救济还是司法救济，基本上持谨慎态度，比较尊重行政机关的裁量权。这样也造成了对行政参与权救济效度不够，一般只有形式性、浅度的行政介入权和行政意见表达权能够获得救济，而实质性、深

〔69〕 参见陈海嵩：《国家环境保护义务论》，北京大学出版社 2015 年版，第 170 页。

度的意见获采纳和反馈权等权能较难得到救济。

随着法治进步和民主行政的发展，应当不断加强公众行政参与权的救济保护，为此，今后应当将形式审查与实质审查并重，这样才有利于公众参与的有效开展。令人欣喜的是，从以上少数实质审查和支持保护公众行政参与权的案例管窥，行政复议和行政诉讼实践在一定程度上有了从形式向实质转向的趋势。[70] 当然，更希冀上述救济能够及于抽象行政行为的公众行政参与权保护。

第三节　补救性权利——参与监督权的政府保障义务之履行现状

参与监督权一方面是指公众在行政活动中对行政机关不履行公众参与义务向该行政机关请求补正，以及当该行政机关仍不补正时，进而向其上级行政机关举报、申诉和控告，请求其责令下级行政机关补正的权利，另一方面也包含公众对政府违法履行公众参与义务的行为提起行政复议和行政诉讼的权利。其政府保障义务在我国也得到一定履行。

一、参与监督权在我国法律制度中有所确立

其一，我国公众的参与监督权具有宪法依据，亦即得到了宪法确认。我国《宪法》第 41 条规定了公民对国家机关违法行为的检举、申诉和控告权。其中的国家机关违法行为应当包括各国家机关违法履行或不履行公众参与义务的行为，对此，公民具有监督权。同时，第 27 条设定国家机关及其工作人员接受人民监督的义务。这意味着行政机关也必须接受人民对其履行公众参与义务的监督。

其二，公众参与监督权在我国一般法律规范中也有一定的确定。

---

〔70〕 参见朱芒：《公众参与的法律定位——以城市环境制度事例为考察的对象》，载《行政法学研究》2019 年第 1 期。

《立法法》《行政法规制定程序条例》《规章制定程序条例》以及一些地方立法规范中赋予了公众对违法立法行为的纠错建议权。《行政处罚法》赋予了公民对行政机关实施行政处罚的检举权,《行政许可法》确立了公民对行政机关违法行为的举报权。公民对行政机关具体行政行为未履行公众参与义务的行政复议和行政诉讼权利,也可从《行政处罚法》《行政许可法》《行政强制法》等法律的相关规定中推定。《政府信息公开条例》赋予了公众对政府信息公开较完整的监督权,涵括批评、投诉和举报,并且还可依法申请行政复议或提起行政诉讼,[71] 从广义上来说,这也是对公众参与监督权的肯认。

二、参与监督权在行政实践中有部分保障

参与监督权行使的目的在于能够通过公众监督参与,促使行政机关自觉履行满足公众参与的义务。因此,当公众行政参与权受到行政人员侵犯后向义务机关检举,义务机关能够及时意识到问题所在,并立即补正公众参与程序,从而保护公众的合法权益,同时促进行政活动的合法性、正当性和效率,是最佳的参与监督权实现效果。这种参与监督权行使方式往往还发生在行政活动中,其实现在我国行政实践中已有部分保障。各级行政机关在一些办公场所和门户网站设有意见箱、举报箱、举报电话和电子邮箱等,接受公民的举报和投诉。大部分举报和纠错请求,也能得到行政机关的回复与处理,体现了行政机关较好的责任行政意识。例如,各级政府及行政部门根据《政府信息公开条例》的有关规定,一般在其门户网站的政务公开或信息公开一栏的信息公开指南中载有接受公民监督的途径和方式,有的公布了接受公民对政务信息公开举报、投诉的电话和电子邮箱等,有的甚至建立了专门接受公民举报、投诉的统一政务咨询平台。而早在《政府信息公开条例》(2007)刚实施时,在被称为“河北省政府信息公开第一案”中,就有律师对政府信息公开

[71] 参见《政府信息公开条例》第9条、第51条。

举报权的行使，得到了有关行政部门的高度重视，并予以解决和答复。[72] 但除了政府信息公开方面的举报外，对于其他公众参与方面的检举，很多情况下还得不到相应处理与反馈，这说明一些监督机关对行政机关履行满足公众参与义务的监督意识还不够强，也导致对公众行政参与举报权的保障还相对薄弱。

三、参与监督权的救济保护义务有一定落实

政府对参与监督权的救济保护义务主要包括：对公民就有关行政机关不履公众参与义务的举报进行及时处理与回复；对包括公民不服举报的答复行为在内的行政复议进行及时受理、公正审理和作出决定；在涉及公众参与纠纷的行政诉讼中，积极应诉和自觉履行裁判中有关公众参与义务。在实践中，公众参与监督权受侵犯能获得一定救济保护。首先，对于公民举报权的保障而言，近年来，公民举报行为一般能得到行政机关的处理和反馈，受理公民投诉举报事项的行政复议案件也不断增加，有不少公民检举的违法行为得到纠正的案件，但是，目前还没有发现有关公民举报行政机关不履行公众参与义务的案例。其次，对于不履行公众参与义务的行政复议权和行政诉讼权的保障而言，一般情况，公民有关行政参与（权）纠纷的具体行政行为争议的复议申请和起诉，能得到复议机关和人民法院的受理，并且基本能够获得公正的处理决定和裁判，也出现了复议机关作出确认被申请人（行政机关）的公众参与程序违法（未完全履行满足公众行政参与权的义务），并责令重新开展公众参与的复议决定和认为被告（行政机关）未完全履行公众参与义务的行政行为属于程序违法，从而予以撤销的判决，一些行政机关也能及时根据复议决定和法院判决纠正自己未履行公众参与义务的行为。但对行政机关的公众参与保障义务不履行救济的行政复议和行政诉讼范围主要还限于环评、规划许可和征收等具体行政行为的公众参与，而且审查

---

〔72〕 参见王明浩：《河北信息公开第一案跟踪——律师建议获有关部门认可》，载《人民日报》2009 年 5 月 14 日，第 10 版。

多为形式审查，实质审查较少，这样也导致对公众参与监督权救济保护的效度还不够。

公众参与监督权的政府保障义务履行存在明显的不足，最主要的原因是，法律制度中没有明确表达狭义的参与监督权，只有《政府信息公开条例》对政府履行信息公开义务的公众监督权有明文规定。狭义的参与监督权一般只能通过法律解释间接推定，这样在实践中会发生该权利实现与救济等保障义务的不完全履行，甚至不履行。

此外，关于政府促进公众行政参与权最优实现的义务，是对政府提高公众参与效率的更高要求，属于倡导性义务。下面就该义务的履行情况作简单阐述。

首先，立法确认方面，政府促进性义务在我国法律制度中已有所确立，尤其在环境行政参与制度中，作了较完备的规定。例如，《环境保护法》确立了对政府促进公众参与环境保护义务的总要求，规定环境行政机关应当为公众参与和监督环境保护提供便利。[73]《环境保护公众参与办法》对此作了进一步要求，内容包括：(1)对参与环境保护取得显著成绩的公众奖励和设立有奖举报专项资金；(2)通过宣传教育科普等活动增强公众的环保意识；(3)支持、引导社会组织参与环境保护活动等。[74]《河北省环境保护公众参与条例》更详细地规定了行政机关对公众参与的促进措施，主要内容有：建立健全相关协调和奖励机制；为公众提供参与的咨询服务；对举报人予以奖励；在财政预算中安排经费用于环境保护公众参与工作；支持、引导和鼓励社会组织参与环境公共事务。[75]

其次，行政实现方面，在行政实践中，各级政府在参与经费支持方面已经作了较多努力，开展各种参与活动的相关费用都由政府承担，公民参加听证会、座谈会、论证会等都无需负担任何费用。网络参与平台也

---

〔73〕 参见《环境保护法》第53条。

〔74〕 参见《环境保护公众参与办法》第15条、第17条、第18条。

〔75〕 参见《河北省环境保护公众参与条例》第8条、第30条、第34条、第35条、第38条。

在不断完善,给公众参与提供了很多便利。对于专家提供有价值的论证意见,政府还会给予一定报酬或奖励,有些行政机关对参与环境保护有突出贡献的公民奖励也开始兑现。但在开展公众参与教育培训、提高公众参与意识和能力、积极引导公民和社会组织有效参与行政活动等方面还有待加强。

最后,救济保护方面,由于政府促进公众行政参与权最优实现的义务属于倡导性义务,行政机关具有较大裁量性,基于司法权一般不宜干预行政裁量权,行政裁量权宜通过行政内部自制机制控制,故而,裁量性义务不履行不宜通过行政诉讼解决,但可进行行政调解。

第四节　行政参与权的政府保障义务履行之困境及缘由

一、行政参与权的政府保障义务履行之困境

通过对行政参与权的政府保障义务履行现状在立法确认、行政实现、救济保护等方面的多维透视,可以得出一个基本结论:虽然公众行政参与权的确认、实现和保护已经有了较大进展,但尚未得到全面保障,其倚重的政府保障义务履行尚面临一定困境。下面将详细论述。

(一)行政参与权尚未得到全面确立而难以形成完整权利保障体系

我国现行行政法律制度虽然有行政参与的相关规定,行政参与在规范层面上有一定彰显和体现,但总的来说,这些规定主要表现为一种行政手段的制度化,不但确立不够完整,也未能充分体现权利的色彩。有学者曾经通过分析我国行政立法制度中的公众参与而得出"我国行政立法中的参与并未真正成为公众的权利"[76]的结论。这种情况至今尚未

---

〔76〕 参见朱芒:《行政立法程序调整对象重考——关于外部效果规范与程序性装置关系的考察》,载《中国法学》2008 年第 6 期。

完全改变。

1. 哪些公众享有行政介入权未明确认定，从而使公众行政介入权难以获得可靠保障。目前，我国相关法律虽然规定了行政机关向公众征求意见的义务，有些还确立了公众参与原则，亦即确认了公众行政介入权。但具备哪些条件的公众能够介入行政活动表达意见，法律并没有明确界定。而且，对那些获得参与资格的公众如何进入行政程序（进入期限、场所、方式等），法律也没有具体规定。至于哪些公民或组织具有主动发起行政活动的权利，更是鲜有法律提及。因此，公众的参与主体地位并未得到法律的全面认可。这导致在行政实践中，实际参与行政的公众由行政机关任意选择，公众参与行政可能陷入这样的困境：应参与的公众和想参与的公众未参与，而不应参与的和不想参与的公众被指令参与，一些公众的行政介入权失去保障。〔77〕

2. 行政意见表达权规定虽较为具体但实际享有并不充分。应该说，对于行政参与权权能内容的制度确立而言，行政意见表达权的规定是相对较多的，在不少行政领域中都规定了向公众征求意见的座谈会、论证会、听证会等公众可以表达意见或诉求的方式。但是不少法律规范采用的是行政机关的裁量权模式，而非强制义务模式，而且也没有规定举行座谈会、论证会、听证会的具体要求。行政机关作出行政决定时是否征求公众意见，是否举行听证会、座谈会、论证会并不确定，从而导致行政实践中公众表达意见的机会无切实保障，即使有机会表达，也多为缺乏互动性和回应性的网上留言，公众能够面对面与行政机关进行有效博弈、交流和协商的机会较少。

3. 公众行政参与权实质权能的确认不足。具体表现为：现有行政法律制度对于公众意见获合理回应权、合法合理意见获采纳权等重要权能规定较少，而对于参与决定权、参与实施权等加强权能更是鲜有规定。

---

〔77〕 当然对于开放式征求意见形式（如网络征求意见，通过电子信箱、意见箱等形式征求意见等），不少公众有参与的机会，但这种参与的效力是欠缺保障的，而座谈会、论证会、听证会等直接与行政机关对话博弈的有效参与方式，很多公众因行政机关随意选择参与主体而失去参与机会。

4. 行政参与权的权利范围难以覆盖全部行政领域，即权利涉及的公共行政范围不周延。我国尚未制定统一的行政程序法典，只有各种单行的行政程序规范，因此，即使在程序意义上，不少行政领域也没有规定公众参与。行政立法对公众参与的规定还算比较全面，《立法法》《行政法规制定程序条例》《规章制定程序条例》等对行政法规和规章制定中的公众参与都有一定规范。但行政执法中，只有行政处罚、行政许可和行政强制等少数领域对公众参与进行了一定规范。国家层面统一行政决策立法中的公众参与规定只限于重大行政决策，一般意义上的行政决策公众参与只有规划、价格和环评等领域有所规定。因此，不少行政领域中的公众参与并未法制化，从而导致公众在这些行政领域失去了主张参与的权利。

（二）政府保障义务的设定不够刚性、全面且难以落实

首先，政府保障义务的立法模式较多使用裁量模式。我国行政法律制度中，对公众行政介入权和意见表达权的规定较为具体，对应的政府征求公众意见义务也有所规定，但立法表达多为“可以”“或者”的裁量模式，而较少使用“应当”“必须”的强制模式，这与其说是规定政府义务，还不如说是授予政府裁量权，即行政过程中行政机关是否征求意见以及采用何种方式征求意见取决于自己的自由选择。

其次，有些政府义务在立法上语焉不详。如对公众意见与诉求的回应与反馈义务、合法合理意见的采纳义务、影响公众切身利益的行政决策的协商决定义务等。

最后，不少政府保障义务难以实际履行。政府保障义务规范的疏漏导致了行政实践中一些行政官员满足公众行政参与权的义务与责任意识的缺失，在行政实践中不完全履行公众参与义务，甚至对公众参与加以规避与排斥，行政行为在相对封闭的情况下进行，行政相对人和其他社会主体难以参与行政行为这个过程，[78] 最终导致公众行政参与权难以获得充分保障。

---

〔78〕 参见关保英：《行政相对人介入行政行为的法治保障》，载《法学》2018 年第 12 期。

（三）行政参与权受侵犯未能得到充分有效的救济

行政参与权的救济保护在救济方式、受案范围、审查内容、救济效果等事项上还存在局限，具体表现为以下两个方面。

1. 立法行为侵犯行政参与权的监督救济制度有些虚化

我国对立法行为无法进行诉讼，权力机关违法立法由最高权力机关和上级权力机关予以纠正，行政立法机关违法立法则主要由同级人大和上级行政机关备案审查进行监督。但实践中，由于制度可操作性有待加强，很少有监督机关主动发现违法的法规规章而将其撤销或修改，主动纠正的往往是一些不合时令的法规范，目前还未发生已制定的法规范因苛减或否认公众行政参与权而被立法监督机关责令改正的情况。一些被纠正的违反法规和规章主要由公民申请合法性审查而引起的，但具有法治及维权意识并付诸行动的公民毕竟是少数，而且由于纠错周期和成本较高，很多公民都会望而却步。对于立法不作为的救济，我国还未建立相关制度，实践中更是难以监督与救济。

2. 对于行政实现义务不履行的行政复议和行政诉讼广度、深度和效度不够

（1）受案范围有限。现有受案范围只限于具体行政行为的公众参与，而对于行政立法和部分行政决策不吸纳公众参与，无法提起行政复议和行政诉讼。

（2）审查深度不足。即使对具体行政行为的公众参与的行政复议和行政诉讼，也主要进行形式合法性审查，而较少进行实质性审查。

（3）救济效度不够。现有救济措施对行政参与权实现阶段受侵犯的救济效度不够。如前所述，一般只有浅度的行政参与权的权能能够获得救济，而深度的实质权能很难得到救济。

二、行政参与权的政府保障义务履行困境之缘由

通过对我国行政参与权政府保障义务履行现状的全景式观察与综合性分析，可以得出如下基本结论：政府在立法确认、行政实现和救济保护三方面的义务都有一定履行，公众行政参与权的权能能够部分实现，

但义务履行还面临一定的困境，公众行政参与权尚未完全得到切实可靠的保障，行政参与的功能还未完全实现，公众参与实践的实效仍不够理想。究其原因，主要有以下三个方面。

（一）行政参与的正确理念尚未完全形成

黑格尔强调，认识事物应当把握事物的全面，即理念。〔79〕理念是制度理性的来源，也是制度实践的先导，会影响良好制度的生成与执行。有学者就认为，行政理念强烈影响和支配行政人员的行为，决定政府的行为方式及其政策的价值取向。〔80〕可见，行政人员尤其是行政官员树立正确的行政参与理念，对行政参与权的权能是否在制度上完整确立，以及能否在行政实践中受到政府尊重和保障而得以实现十分重要。然而，我国传统行政文化的一些弊端，塑造了我国现代行政观的消极面，也影响了政府官员正确行政参与观的形成，使行政参与理念的普及遭受阻碍。具体表现为以下特征。

1. 行政专断观念尚存——与行政参与的民主特质相悖

我国古代传统行政的重要特点就是行政官员独掌行政权，政府行政事务完全由官员作主，主张"替民作主"，而不是"让民作主"。显然，这种思想与行政参与的民主特质相背离。行政参与是现代民主政治的产物，以人民主权为政治基础，是政治民主在行政领域的具体化，亦即具体的行政民主，其特质是"让民作主"。它由公众直接参与行政活动，并影响行政机关的行政决定。诚然，在当代中国，古代专制行政已然被剔除，但对一些政府官员行政观念的影响并未完全消弭。受其影响，有些政府官员养成专断思想，缺失行政民主观念，不但排斥公众参与，甚至也不实行行政内部集体决策，而习惯"一言堂"或"拍脑袋"决策。例如，有官员

〔79〕参见吕世伦主编：《西方法律思潮源流论》，中国人民公安大学出版社1993年版，第157页。

〔80〕参见宋源：《转型期公共行政模式的变迁——由管制行政到服务行政》，载《学术交流》2006年第5期。

靠"一言堂"上马180亿元项目。[81] 另有官员在广州小谷围艺术村拆迁事件中公然声称,"此事虽然阻力不小,但政府决心很大,腰杆很硬"。[82] 言外之意则是不管群众是否反对,政府决意不可撼动。这种官员的声音在行政实践中仍不时能听到。

2. 行政封闭意识犹在——与行政参与的开放要求抵牾

封闭性行政也是我国古代行政文化的显著特征。"在自给自足的自然经济基础上形成的传统行政文化,具有明显的封闭性、保守性、排他性的特点。"[83] 民可使由之,不可使知之,便是我国古代行政封闭观的真实写照。而且,行政专断必然形成行政封闭,二者可以说是孪生兄弟,相伴左右。但行政参与首先意味着公民必须能参与公共行政过程之中、行政大门向社会敞开,亦即开放行政过程,公众才能介入其中,否则,公众根本无法实现参与目的。公开行政也是现代行政的基本原则,它不但是加强对行政权监督、防止权力腐败的需要,更是公众参与行政的必然要求。目前我国政府无论在实践还是制度上,都在不断落实行政公开要求,尤其是《政府信息公开条例》的制定、修改与执行,使政府官员公开行政理念不断增强。但是,由于传统行政文化的影响以及个人理性的差异,一些行政官员习惯独断专行,自然也就养成了封闭行政意识,认为行政决定权是领导固有权力,百姓只需履行行政决定的义务,不能参与行政决定过程,由此导致实践中遮蔽行政过程,"暗箱操作"的现象时有发生。

3. 行政官本思想残余——与行政参与的民本意识冲突

古代传统行政文化具有浓厚的官本思想:倡导权力本位,推崇行政权威;喜好形式主义,不讲实际效果;唯上思维主导,注重执行领导意志,忽视基层民意。而行政参与的基本价值理念是民本,要求政府把公民当

---

〔81〕 参见《对"拍脑袋"决策要终身追责》,载新华网2017年8月8日,http:www.xinhuanet.com/local/2017-08/08/c_1121451246.htm。

〔82〕 参见王锡锌主编:《行政过程中公众参与的制度实践》,中国法制出版社2008年版,第202页。

〔83〕 唐冰开、赵连章:《责任政府视阈下的行政文化建设》,载《东北师大学报(哲学社会科学版)》2009年第1期。

作行政的主人——行政参与主体，而不是将其作为纯粹的管理客体。而且需要行政官员在作出行政决定时，尊重并实际采纳公民合法合理意见和建议，满足公民正当利益诉求，实实在在做到行政为民。可见，行政官本思想与行政参与理念格格不入，可是，这种官本行政观在我国当下一些政府官员中仍然存在，在行政实践中具体表现为：只迷信自己权威或以执行上级指示为上策，不吸纳公众参与；将公众参与当作行政合法性背书，只搞形式参与，实际根本未把公众意见当回事。这当然不是正确的行政参与观，也阻碍了行政参与正确理念的养成。

4. 公民义务本位理念难以根除——与行政参与的权利化矛盾

传统行政观认为：行政是行政机关运用行政权对公民的管制，行政机关是行政管理者和权力主体，公民是服从者和义务主体。行政过程即为行政机关制定管制政策、公民履行政策义务的活动。即使为了政策更好执行，提高政策实施效率，有时吸纳社会公众参与政策制定，也是把公众参与视为提高政策可行性的手段，公众只是征求意见的对象，行政机关可以召之即来，挥之即去。至于公众意见与诉求，合乎行政机关预设结果则采纳，与行政机关意志相左则弃之不用。在这种行政观里，公众没有主动参与行政的权能，公众参与只是一种行政工具，行政机关作出行政决定更不会受其约束，这当然不利于行政参与的权利化。

5. 正当程序观念比较淡薄——与行政参与的正当程序原则相左

在我国传统行政文化中，也具有一些朴素的民本主义思想，[84]行政人员在谋求政绩与官位过程中，将为民谋利作为行政目标之一。现实中，一些行政官员受其影响而养成了这种朴素的民本行政观。但正因为这是带有功利目的之民本思想，所以必然会使这些官员为达所谓合理目的，就觉得可以“为民作主”，从而轻视行政过程的正当性，亦即产生“只要目的正当，手段可以违法”的行政观念。其主要表现为正当程序观念丢失。这无疑与行政参与的正当程序原则相冲突，也会使这些行政人员

〔84〕 参见唐检云、胡慧：《传统行政文化对服务型政府理念塑造的影响》，载《西北大学学报（哲学社会科学版）》2006 年第 4 期。

在实践中为片面追究行政效率,而不履行公众参与的义务。

(二)行政参与权保障规范有所缺漏

现行行政法制度无论是行政参与权的确认,还是政府保障义务的确立,都还有所缺漏。例如:行政知情权保障的政府信息公开义务规范不够全面和彻底;狭义行政参与权保障的深度权能少有确认,浅度权能虽有规定,但对应的政府义务又不够刚性;参与监督权一般没有立法明确赋权,只能通过法律解释和实际判例进行推定;等等。这既是行政参与权立法确认义务履行本身的不足,也是行政实现义务履行不到位的原因。制度规范缺漏的具体情况在上文已有分析,在比不再赘述。

(三)行政参与权政府保障义务履行机制不够健全有效

行政参与权保障规范的疏漏必然带来政府保障义务履行机制的不够健全有效,存在履行障碍。这也是政府保障义务履行陷入困境从而使行政参与权难以获得可靠保障的直接原因。健全有效的行政参与权保障义务履行机制应当涵盖明确的权利义务主体、全面的行政参与范围、可得的参与方式、实质的参与效力、具体明确的义务内容、权利受侵害的救济渠道、不履行义务的责任追究制度等。而我国行政参与权保障义务履行机制在上述方面都不同程度地存在不足。

1. 权利与义务主体不够明确

首先,明确行政参与权主体,能决定义务主体向谁履行义务、保障谁的权利,包括吸纳谁参与、听取谁的意见、向谁反馈意见、采纳谁的合理意见、谁有权利参与决定和实施等。其次,确定政府保障义务主体,能明确政府哪个机关和部门应当履行上述义务,这一点尤其重要,是义务履行和责任落实的基本前提。

权利主体的确定方面,理论上,与行政行为具有利益关系的公众都应具有参与权。据此,利益关系人应具有参与权;无利益关系人一般没有参与权,只有特殊情形下才赋予参与权,如专家参与。同时根据利益关系的不同,又可将行政参与权主体(行政参与人)划分为行政相对人和一般公众。前者与行政行为具有直接利益关系,其中涉及的利益是个人利益或群体利益;后者与行政行为具有间接利益关系,其中涉及的利益是公共利益。而且，根据利益关系不同，参与人的权能有所不同，利益关系越密切，参与权的权能越大，这也决定了不同的行政行为、不同参与方式都有不同的权利主体。在行政行为方面，具体行政行为的参与人主要是相对人，一般公众也有一定的参与权；而抽象行政行为，除相对人外，一般公众也有较大参与权。在参与方式方面，开放式征集意见方式，一般公众都具有参与权；而听证会、论证会等深度参与方式，应当主要由直接利益关系人（行政相对人）或利益关系更为密切的公众参加。以上确定权利人的情形都应在行政法制度中加以体现。但综观我国有关公众参与的法律制度，在行政执法方面，主要规定的是行政相对人参与权，而有些忽视一般公众的参与权；行政立法与决策制度中，则没有具体区分不同利益关系的参与人的权利，也没有细分不同参与方式的参与人要求，尤其是没有确定参加听证会、座谈会、专题调研的参与人（代表）的资格条件和选取办法，从而导致应当参与的权利主体没有参与，没有参与权或者不宜参与的权利人又获得了参与机会。

义务主体的确定方面，总体上，政府无疑是行政参与权保障的主要义务主体，并兼有确认、实现与救济义务，其中实现义务最为关键。此外，立法机关和司法机关也负有一定的保障义务。为此，也存在义务主体的确定问题。立法确认义务主体应当通过宪法和立法法授权予以确定，行政实现义务主体应当在各种行政领域的法律制度中加以规定，救济保护义务主体则应当在行政监督救济制度中设定。以上义务主体及相应的责任主体都需要在我国的法律制度中加以明确规定。透视我国宪法与行政法制度体系，立法确认义务在宪法与立法法中有所规定，可通过宪法解释与法律解释进一步确定。但由于我国宪法解释制度尚不够完善，所以，导致有些重要的行政参与权保障制度的立法主体不够明确，实践中立法主体层级不高，比如，相关行政参与法规范很多属于行政立法，另外，还容易造成立法不作为。行政实现义务一般实行“谁行为谁负责”原则，所以，相对较好确定。但是，一方面，如果行政行为主体是行政机关，则需要行政机关具体确定负责公众参与的机构；另一方面，当行政行为主体不是行政机关时，还需确定负责开展公众参与的行政主体。

但我国现行行政参与法律制度中，对上述两种情况的义务主体的规定都还有所缺失，从而导致行政实现义务履行不到位，需要追究责任时，也无法落实。对救济保护义务主体的确定，现行法律制度中，若行政参与权纠纷能够进行行政复议和行政诉讼，义务主体当然清楚无疑，但由于现行行政复议和行政诉讼制度救济保护的行政参与权范围有限，因此，二者的义务主体有些虚置。其他行政救济的义务主体也不够明晰。有些法律制度赋予参与人举报权和投诉权，如对政府信息公开、环境公众参与的投诉和举报等，但权利人具体向哪个机构举报和投诉、谁负责答复和处理，尚不具体明确，这样显然不利于行政救济保护义务的履行。

2. 参与范围不够全面

参与范围不够全面主要体现在：其一，宏观行政领域方面。行政参与是公共行政应当遵守的基本原则。[85] 据此，公众参与应当覆盖全部行政领域，除非行政活动处于紧急状态或者涉及国家秘密，而涉及商业秘密和个人隐私的行政活动，当事人应当具有参与权，其他公众是否能够参与，则通过适用比例原则衡量公共利益与个人权益进行确定。但我国还有不少行政领域未在制度上确认公众参与，如行政指导、行政给付等行政执法领域，政府没有法定的义务约束，是否实施公众参与由行政机关裁量。其二，具体行政程序环节。公众参与的行政领域应当贯穿全部行政过程。但在现行行政参与制度中，行政立法、行政决策和行政执法的公众参与都未贯穿全部行政过程，除个别行政法规范外，基本都未涉及决定环节，不少行政立法与行政决策制度也未赋予立项环节的公众参与权，有些行政执法制度则未规定公众执法动议权和执法决定实施监督权。

3. 参与方式不够丰富

行政参与权的充分行使需要公众能够具备多种参与方式，这样才能获得多种参与可能和机会。因此，政府应当提供丰富而能实际参与的方

---

〔85〕 参见熊文钊：《现代行政法原理》，法律出版社 2000 年版，第 62 页；周佑勇主编：《行政法专论》，中国人民大学出版社 2010 年版，第 89 页。

式,为公众参与行政创造尽可能多的机会和条件,包括传统方式和现代方式、广泛参与和特定参与方式、直接参与和间接参与方式、开放式征求意见和协商式交流、论辩式交涉、抗辩式博弈等。这些参与方式虽然在我国立法上有所拓展,但以“网络公告—评论”等浅度和间接参与方式居多,有些新颖、便捷、高效的参与方式(如社区论坛、网络在线议事会、居民议事委员会)则较少。虽然对有些方式作了规定,但实际上又无可得性,原因在于:一是立法模式以裁量居多,二是无具体落实措施。例如,听证会和部分网络意见征集系统等。这样导致许多行政机关公众参与义务的不履行或不完全履行,公众实现参与权的机会削减。

4. 参与效力不够确定

行政参与权是公众的民主性权利,故而,公众参与应具有实质效力,具体表现为对行政决定的约束力,亦即行政决定应当反映行政参与人的意见,这是民主行政的真正体现。对此效力,法律应当加以明确规定和保障。但对公众参与的效力,现有法律规定大多较为含糊和原则,导致公众参与效力有些虚化,主要体现为,政府回应与采纳公众合法合理意见的义务基本变成行政机关裁量性义务,从而造成该采纳的公众合法合理意见和诉求不被采纳,行政决定不受公众参与的影响,公众参与走向形式化和标签化。[86]

5. 保障义务内容不够具体、明确与刚性

政府保障义务虽然已蕴含在上述参与要求之中,但是为了使政府保障义务的履行具有明确的法律依据,这些义务内容需要在行政法制度中进行专门表达,使政府保障义务成为强制性要求,亦即具有刚性约束力。政府保障义务的法律规定,除少数采用裁量模式外,一般需采用应当模式,甚至必须模式。但如前所述,在我国政府保障义务的立法上,除少数浅度参与权的保障义务较为具体、明确、刚性外,对于公众实质性参与权的保障义务,大多规定比较原则,而且基本上采用可以模式表达。

---

〔86〕 参见何子张:《基于主体利益相关性的城市规划公众参与》,载《现代城市研究》2009年第6期。

6. 监督救济渠道不够畅通

义务履行的目的是保障权利。尤其是行政参与权的保障更加依赖政府义务的履行,一旦政府保障义务不履行,公众便很难真正拥有和有效行使参与权。因而应当设计可行的监督救济制度对其进行补救,倒逼不履行义务的行政机关履行义务,同时警示那些意图不履行义务的行政机关自觉履行义务,从而使公众行政参与权获得可靠保障。我国现行制度规范中,对行政机关不履行保障义务而侵害公众行政参与权(含行政知情权)可能的监督救济渠道主要有:投诉和举报、行政复议、行政诉讼、人大申诉。但并非所有行政机关不履行保障义务的行为都可通过这些救济渠道获得补救。这些监督救济渠道受制于受案范围、不履行义务的行为性质、救济机关及其工作人员的行政参与观念等因素,救济实效不甚理想。首先,投诉和举报对于权利人而言较为方便,但是往往较难得到实质性答复与处理。其次,对于不履行行政实现义务的行政机关,行政复议和行政诉讼本是最有效的救济方式,但是受受案范围的限制,往往能够复议和诉讼的是部分不履行义务的具体行政行为,可能获得救济的权利人只是具体行政行为的行政相对人,大部分抽象行政行为的行政相对人以及普通公众身份的行政参与人被排除在行政复议与行政诉讼救济之外。而且即使能够提起行政复议和行政诉讼,实际能够补救的行政参与权的权能也有限,复议机关与法院保护的权利(支持的诉讼请求)一般只是浅度的行政介入权和部分意见表达权,而一些实质性的权能,如意见获合理回应权和合法合理意见获采纳权等权利保护请求通常难以获得支持。这主要因为我国对于行政参与权纠纷的行政复议与行政诉讼审查主要是对法定义务履行的审查,尚未深入裁量义务履行的审查,而制度设计中的法定义务一般还是浅度的参与权保护,深度参与权的制度安排一般还是裁量模式。最后,虽然从理论及制度安排来说,人大救济途径可以解决立法行为以及抽象行政行为中行政机关不履行保障义务的问题,实践中,人大内部监督以及对政府行为的监督力度也有所加强,但对于这种新兴权利保障之义务,本就监督效度较弱的人大目前还无暇顾及。

7. 责任不能完全追究与落实

义务与责任就像一枚硬币的两面不可分离。责任是不履行义务应当承担的后果，也正是通过事前责任警示和事后责任追究，才能督促和倒逼义务人履行义务。因而，在义务履行机制的建构中，不履行义务的法律责任设计不可缺少。政府机关不履行公众参与义务的责任包括外部责任和内部责任。外部责任往往通过上述的救济途径追究，从以上分析来看，往往较难落实。内部责任则是行政机关通过内部监督措施，追究不履行义务的行政机关工作人员的责任。在我国现行制度安排中，除少数环保行政立法对行政机关不履行公众参与义务的法律责任及其追究有所设定外，[87]大部分立法未明文规定（尤其是对保障深度参与的义务），只能通过对“不履行一般程序义务的法律责任”条款进行法律解释加以推定，但有的立法对“不履行一般程序义务的法律责任”都未提及。因而，实践中，对前者（不履行信息公开义务和浅度参与义务）还有一定追责可能，对后者（不规定责任）则无法追责。

第五节 行政参与权的政府保障义务履行困境之突破

公民参与是国家走向政治民主和政治文明不可分割的部分。[88] 公众参与行政则是发展行政民主和通往善治的必经途径，近年来也得到了党和政府的大力倡导和宣示。然而，政策性的宣示虽能够对行政参与起到总的指导作用，但这毕竟是原则性指导，行政参与还需要以权利和义务为导向的具体明确的法规范指引。换言之，行政参与应当成为法律权利，并明确义务主体即明确政府的保障义务，通过政府依法切实履行义

---

〔87〕 参见《沈阳市公众参与环境保护办法》第 21 条、第 22 条、第 23 条；《河北省环境保护公众参与条例》第 39 条。

〔88〕 参见［美］约翰·克莱顿·托马斯：《公共决策中的公民参与》，孙柏瑛等译，中国人民大学出版社 2010 年版，“前言”第 1 页。

务，保障公众行政参与权的享有与实现。这样，行政参与才能成为公众的实有权利，继而在公共行政实践中得以有效行使，并最终实现行政参与的实效目标。可见，行政参与实效目标的达成无疑取决于行政参与权的有效保障，而后者则倚重政府保障义务的履行。然而，政府保障义务的履行遭遇了一些困境。通过对我国行政参与权保障义务履行的全景式观察与分析，我国行政参与权保障义务履行困境之原因主要包括理念偏颇、规范缺漏和机制障碍三方面，因而需要从理念、制度、机制三条进路进行努力突破，这恰好对应行政参与权理论的成熟、行政法规范的完善以及行政参与权保障机制，尤其是政府保障义务履行机制的优化。

一、行政参与理念之纠偏

如前所述，在我国，一方面，由于深受传统管制行政理念的影响，一些行政官员在思想上往往排斥和规避行政参与；另一方面，一部分具有民主意识的行政官员，基于提升行政的正当性与可行性而吸纳公众参与行政过程，但因其对行政参与存在一些误读与曲解，也并未真正尊重和认可公众行政参与权，即观念上尚未完全将行政参与权视为公众的应有权利。为此，需要对一些行政官员的错误理念进行矫正。总体上应改变一些行政官员传统的管制行政意识，增强其民主行政意识、正当行政程序意识、权利本位意识以及善治理念等，从而促使其在思想上重视行政参与。这些方面学者多有论述，在此不再赘述。但对行政参与的误读影响行政参与权利化的情况，必须加以矫正。尤其是行政参与权作为一种新型权利，更需释明其权利性质、内涵及功能等，从而矫正一些行政官员的错误认识。

（一）对行政参与含义的正确解读

一些行政官员往往混淆“行政参与”与“参加行政”两个概念，认为行政参与即为行政机关吸纳公众参加行政，只要吸纳公众加入了行政活动，满足了其参与资格，就意味着实现了公众参与。这与传统行政并无实质性区别，行政活动仍是行政机关一方之治，而不是行政机关与公众平等博弈与合作治理。因此，这些行政官员应当厘清“行政参与”与“参加行政”的区别，不能把行政参与简单视为“公众加入行政程序”，而应理解为“公众与行政机关互动治理行政事务的活动”。

（二）对行政参与的权利性的全面认知

在不少行政官员意识中，行政参与只是提升行政合法性与正当性的手段，本质上并非权利。当然，对行政官员关于行政参与的权利性的错误认知的纠偏不应仅限于此，还应当使行政官员进一步明了行政参与权应当呈现的应有权利、法定权利和实有权利的三重权利形态，以及行政参与权融程序性与实体性内容于一体的综合权利属性。

（三）对行政参与权价值功能的深入理解

受功利目的的驱使，一些行政官员一般只重视行政参与表面上的工具价值与功能，即将行政参与视为促进行政合法性和正当性的工具，把行政参与手段化，而没有深入理解其民主性价值和权利性价值等本体价值，从而影响行政参与的权利化。因此，需要行政官员实现从工具价值意识到本体价值意识的转变，行政参与的本体价值实现了，工具价值也会得到实现，行政参与的功能目标就能够实现。

（四）对公众参与主体地位的承认与尊重

一些行政官员虽然吸纳公众进入了行政过程，也给予了公众发表意见的机会，但只是把参与的公众当作意见的征集者、信息的提供者，而没有将其视为拥有行政参与权的治理主体之一。他们认为，参与的公众本质上仍是行政管理的对象，政府与公众之间仍是主客体关系，而不是主体间性关系。[89] 然而，行政参与作为现代行政程序的一种发展趋势，它要求不得将公民作为行政的客体对待，而应当作为“成熟公民”和在决定程序中具有独立权利的当事人对待，当事人享有实现自己认识、要求和观点的机会。[90] 这要求在行政参与中，行政官员应当认识到公众的

---

〔89〕“主体间性关系”是指政府与公众的关系是平等的行政法上的主体——主体关系。参见王锡锌：《行政过程中公众参与的制度与实践》，中国法制出版社 2008 年版，第 127～128 页。

〔90〕参见［德］哈特穆特·毛雷尔：《行政法学总论》，高家伟译，法律出版社 2000 年版，第 459 页。

参与主体地位,将公众由管制行政中的管制对象转变为参与式行政中具有行政参与权的参与主体,同时,行政关系也实现从行政主体与行政相对人的主客体关系到行政主体与参与主体的主体间性关系的转变。其实,只要行政机关尊重和保障了公众的行政参与权,公众也就获得了与行政机关平等博弈、合作治理的参与主体地位。

(五)对行政参与效力的认可

一些行政官员认为行政参与只具有咨询性,对行政决定没有实质约束力。由于行政官员对行政参与存在这种错误理念,加之害怕分权,担心降低效率,这些行政官员只是把参与的公众当成决策咨询的对象,把公众参与当作行政民主的标签。2008 年轰动一时的山东济宁"中华文化标志城"事件足以充分反映上述现象。这个计划耗资 300 亿元的"百年工程"规划一经公布,即招致 108 名政协委员签名反对,公众纷纷通过网络留言表示质疑。然而,时任济宁市市长表示,"中华文化标志城"此前得到了 69 位院士的签名支持,允许有争论,但是标志城肯定要建。[91]此种高调而又专断的言论足以显露一些行政官员对公众行政参与的漠视态度,行政参与也因此而沦为"形式"。为防止行政参与的虚化,行政官员应当承认行政参与对行政决定的实质约束力,这需要行政官员敢于和善于"纳谏",从而化形式参与为实质参与。

二、行政参与权保障规范之完善

行政参与的权利化要求在法律规范中全面确认行政参与的各项权利及相应的政府保障义务。然而,在我国,行政参与的前提性权利(行政知情权)、本体性权利(狭义行政知情权)和补救性权利(参与监督权)及政府保障义务都未能得到法律规范的全面确立,以致影响了行政参与的权利化。因此,我国需要通过拓补法律规范,全面建立健全保障这些权利的法律规范体系。

---

〔91〕 参见李琳:《中华文化标志城:真文化还是假古董?》,载《政府法制》2008 年第 9 期。

（一）完善全面确立行政知情权及政府保障义务的法律规范

关于行政知情权，我国2007年虽然已由国务院制定《政府信息公开条例》对其进行规定，2019年又进行了修改，使制度更趋完善。但《政府信息公开条例》（2019）对行政知情权的确立仍然存在一些不足，例如，未对保障公众行政知情权的立法宗旨进行明确宣示，即没有明确表达公民享有行政知情权；列举的行政信息公开范围不够周延，申请信息公开需经过严格的保密和安全审查等。[92] 另外，不公开行政过程性信息采用开放式列举，[93] 也容易将相对不公开信息在实践中定为绝对不公开的信息。这样，应当公开的信息可能被拒绝公开，不应被保密的行政信息，又有可能因被行政机关裁量为“危及安全、稳定的信息”而不公开，公众行政知情权可能受到侵害，而《政府信息公开条例》（2019）规定的救济途径不足且可操作性仍不够强。因此，公众行政知情权的全面确立与实现仍然遭遇法律困境，还需进一步完善政府信息公开立法。

1. 树立正确的信息公开立法理念

政务信息公开立法的核心目的是保障公众知情权，从而便于公众参与和监督政府行政，促进依法行政和最佳行政。因此，立法机关应当具有科学的目的观：以知情权保障为首要目的，兼顾监督行政和透明政府建设。进而，在此目的指引下树立正确的立法理念：以知情权为本位，将信息公开视为行政机关当然义务，树立权利保障的责任观念，消除信息公开的职权思想和工具观念。

2. 制定统一的《政务信息公开法》

为完善政府信息公开制度，2019年4月3日，国务院颁布了修改后的《政府信息公开条例》，表明国务院更好履行了立法确认公众行政知情权义务。但是，笔者认为，为了更充分有效保障公众行政知情权，今后

---

〔92〕 由于我国现行《保守秘密法》规定的定密范围较广，定密标准较宽泛，定密程序欠严格，从而可能导致一些行政机关把不愿公开的信息定为秘密，把可保密也可不保密的信息为保险起见也定为秘密；而对安全审查尚无具体明确、可操作性强的标准，可能导致一些审查机关审核的随意性。

〔93〕 参见《政府信息公开条例》（2019）第16条。

应当由全国人大制定《政务信息公开法》。这是因为:其一,提升法规范位阶,便于衔接《保守国家秘密法》《档案法》等,且防止行政立法的自我保护和趋利避害;其二,政务公开区别政府信息公开,是对行政公开的更高要求,政务公开既包括静态的政府信息公开,又包括动态的政务过程公开,[94]能够体现行政公开的全面性、彻底性和实质性,符合当代公共行政发展的需求——既满足公民作为相对人使用需要,又满足作为主权者的参与权和监督权保障要求,从而促进合法行政和最佳行政,最终达成善治目标。其主要内容包括:

第一,确定科学的立法目的。政务信息公开的首要目的是保障公众行政知情权,与此对应从整体上确立行政机关对行政知情权的保障义务,亦即政务信息公开义务,在此基础上实现建设"透明"政府之目的。如《韩国信息公开法》第1条即表达了"保障国民知情权"。[95]

第二,准确界定政府信息的内涵与外延,体现信息公开的准确性义务要求。从主体、职责、来源、产生方式、载体等方面准确界定政务信息。其中主体为行政机关和履行行政职责的公共组织;职责是指履行行政职责;来源涵盖所有履行行政职责活动;产生方式既包括主动制作和获取,也包括自然生成而拥有;载体包括纸质材料、电子数据、磁带、音像、视频等能够感知的所有物质形态。据此,政务信息可以界定为:行政机关和履行行政职责的公共组织在履职活动中,主动制作、获取以及自然生成而拥有的,以文字、文件、会议资料、音像、视频、磁带、电子数据等物质形态存在的信息。

第三,采用"总括式+否定列举"的信息公开范围界定的立法模式,体现信息公开的全面性义务要求。总括式即规定"凡是属于本法界定的政府信息一般要求公开"。否定列举则为公开原则的例外,其中包括绝对的例外和相对例外。前者主要就是国家秘密;后者包括商业秘密、个

---

〔94〕 参见练育强:《政府信息公开中的"例外规则"研究》,华东政法学院2006年硕士学位论文,第17页。

〔95〕 参见林爱珺:《知情权的法律保障》,复旦大学出版社2010年版,第81页。

人隐私、内部信息、过程性信息等。规定以上相对例外的不公开具体情形，明确判定国家秘密和其他例外情形的标准和程序。

第四，规定政务过程公开，明确过程性信息不公开的条件。首先规定行政过程（行政立法、行政决策以及行政执法政务过程）公开，体现政务公开的彻底性要求；其次，过程性信息相对不公开，亦即原则上需公开，只有满足公开后会影响行政活动正常进行或者危及当事人合法利益的条件，才不公开。

第五，科学设计依申请公开制度。其一，体现信息公开的可得性义务要求，包括简化申请程序，明确受理、答复、处理、说明理由等程序义务。其二，体现及时、准确、便民、负责要求。只要是中国公民就有信息公开申请权，区分基于个人利益保护的信息公开要求和基于公共利益目的之信息公开要求，但对基于公共利益目的之信息公开应当进行适当限制，如对申请地域和次数等的限制。

第六，责任、监督和保障。区分义务主体与责任主体，明确规定不履行信息公开义务的法律责任；加强社会监督，确立公众参与考核评议制度；建立专业性、中立性监督机构；完善举报及处理规定；扩大行政复议和行政诉讼范围；限制诉权滥用。

3. 填补其他行政法制度中的政府信息公开规定

根据政府信息公开的义务要求，将上述《政务信息公开法》的制度内容具体化于各行政领域的行政法制度中，确立行政公开原则，明确保障行政知情权目的，正确划定信息公开范围和主动公开信息的要求，明确信息公开义务主体，规定依申请公开及其处理要求，设定有效的信息公开监督与救济方式等。

（二）完善全面确立狭义行政参与权及政府保障义务的法律规范

对行政参与权的各项权能，世界各国一般都规定在行政程序法中，但行政程序法不是专门的行政参与法律，而且不少国家的行政程序法是在行政参与兴起以前颁布的，因此，行政程序法中涉及的行政参与主要是正当程序意义的参与，行政参与的权利性成分不强，行政参与权的权能不够丰富，主要是一些浅度参与的权能，如程序介入权、意见表达权和获回应权等。参照美国学者谢利·安斯坦(Sherry Arnstein)的公众参与阶梯理论,[96]行政参与不只是公众进入行政程序表达意见与诉求和行政机关对公众意见与诉求的一般回应,还应包含公众合法合理意见与诉求获得行政机关的采纳,甚至包括公众参与行政决定、参与行政决定实施等更深层次的参与。这需要充实公众的合法合理意见获采纳权、参与行政决定权、参与行政决定实施权等权能。这些深度参与的权能更难在非专门规范行政参与的行政程序法中得到全面、具体的确立。因此,为全面确立行政参与的各项权能,还需制定专门的行政参与法律。在我国,统一的行政程序法尚未出台,浅度参与的权能也只是零星散见于单行的行政立法、行政决策与行政执法制度中,缺乏完整系统的规定,而其他确立深度参与权的权能的法律制度更是有所缺失。虽然在个别行政领域已出台专门的公众参与的部门规章和地方政府规章,但对行政参与权的权能内容的规定仍然不够系统与具体。行政参与权的各项权能的全面确立无疑遭遇了法制障碍。因此,应当从以下几方面循序渐进地建构全面确立行政参与权的法律规范。

1. 修改现行关于行政立法、行政决策、行政执法的法律规范。其一,明确行政参与权的保障原则;其二,明确规定公众的行政介入权,规定能够介入行政活动的公众的条件和范围,明确哪些公民和组织具有行政活动的发起权,哪些公民和组织能够被行政主体吸纳参加行政活动;[97]其三,对这三大行政领域中的公众意见表达权、意见获合理回应权、合法合理意见获采纳权等基本权能进行拓补和完善,并明确政府的相应保障义务;其四,增设公众参与行政决定权、参与行政决定实施权这两项加强权能,并规定行使条件和相应的政府保障义务。

2. 加紧制定统一的行政程序法。在该法中对行政参与权的权能及政府的相应义务进行程序性的一般规定,为公众行政参与权的行使提供

---

〔96〕 See Amstein, S. R. , *A Ladder of Citizen Participation*, Journal of American Isitute of Planners, Vol. 35:4, p. 216 – 224(1969).

〔97〕 参见刘雅静:《依法行政视域下的公民政治参与探究》,载《中共银川市委党校学报》2016 年第 5 期。

程序上的法制保障。

3. 继续加强特别行政领域公众参与的专门立法，待条件成熟后，总结立法经验，制定统一的《行政参与法》。一方面，像环境行政公众参与立法一样，在一些公众参与实践较成熟的行政领域制定专门的行政参与法律规范，明确这些领域中的各项行政参与权的权能，为这些领域中的公众参与实践提供专门的规范依据。另一方面，总结专门行政参与立法的成功经验，立法条件一旦成熟，制定专门的《行政参与法》，[98] 对行政参与进行统一规范，全面保障公众行政参与权，实现参与式行政目标。由于行政程序法不是专门规范公众参与程序的法律规范，公众参与程序只是行政程序的一部分，而且行政参与权保障也不只是程序保障，还涵盖公众实体权益之实现和政府实体义务之履行。所以，即使行政程序法颁行后，也不能完全保障行政参与权，还应当制定专门的《行政参与法》。该法可由总则和分则构成。总则主要确立行政参与权的保障原则，规定参与主体、参与事项范围、参与方式、参与效力及效力补救等内容，同时明确规定行政参与权保障的义务主体、义务内容、义务履行原则、不履行义务的法律后果及法律责任。分则由行政立法参与制度、行政决策参与制度、行政执法参与制度以及其他行政参与制度构成，并在各项制度规范中具体嵌入行政参与权的各项权能和行政机关保障义务的具体内容。

（三）完善全面确立参与监督权及政府保障义务的法律规范

我国对参与监督权的确立存在较大的法律缺陷。一方面，现行法对公众监督行政权的规定中鲜有涉及专门的参与监督权；另一方面，受限于现有行政复议与行政诉讼法律确定的受案范围，受害人对行政参与权受到行政机关侵害的行政复议权与行政诉讼权也没有得到完全认可。因此，应当修缮和填补监督行政法律规范，全面确立参与监督权。一方

[98] 有学者曾建议制定《公民参与法》，对公民参与进行统一规范，内容涵括参与主体、参与事务、参与活动方式、策略途径、参与方法、参与任务等，但内容过于宏观，且部门法的规范性不强。参见李图强：《现代公共行政中的公民参与》，经济管理出版社2004 年版，第 272 ~ 278 页。

面,有必要增设和补充公众对行政机关履行满足公众参与义务的督促权以及行政机关未履行满足公众参与义务时公众的补救权、申诉权、控告权等参与监督权;另一方面,应当扩大行政复议和行政诉讼的受案范围,明确将行政参与权保护纳入这两种救济制度保护的权利范畴,把规章以下的抽象行政行为归入行政复议与行政诉讼的受案范围。

三、行政参与权保障机制之优化

行政参与权得以保障的最终标志是公众行政参与权得到实现,即公众在行政实践中能够有效行使行政参与权。行政参与权的实现要求在权利确立的前提下,建立权利本身的运行机制和对应的义务履行机制。然而,在我国,无论是行政参与权的行使还是对应的政府保障义务的履行都遇到了机制障碍。首先,在行政参与权行使方面,对于公众而言,谁能参与,参与什么,如何参与,参与效力如何,参与权利受侵害如何救济等还未能得到全面、具体、明确的规定;对于行政机关而言,是否应当吸纳公众参与,是否应当对参与主体的意见与诉求进行回应,如何进行回应,公众的意见与诉求是否应当采纳,如何采纳,不采纳是否应当说明理由,如何说明理由,未履行上述义务应当承担何种法律责任,如何追究法律责任等大多语焉不详。其次,在行政实践中,政府则未能充分提供公众参与的机会,尚未建立公众行政参与权行使的综合平台,也没有确定专门负责处理公众参与的行政机构及工作人员,更没有确定专门的公众参与的监督组织和救济机构。制度规范的缺失,以及权利实践平台与组织机构的缺位,导致无法形成有效的行政参与权保障机制。因此,应当从以下两方面完善行政参与权的保障机制。

1. 优化行政参与权行使机制

当下行政法制度对公众行政参与权的行使有一些规定,例如,行政立法和行政决策制度中规定公民可以通过参加座谈会、论证会甚至听证会等形式行使意见表达权,行政执法制度也规定行政相对人可以陈述、申辩和要求举行听证会等。但是,行政参与权的行使依然不充分,也得不到切实保障,因为行政参与权的行使没有形成完善的机制,需要进行拓补。首先,应当在各种行政法制度中明确行政参与权的主体和范围,扩大权利保障范围,完善参与程序,扩展参与方法与手段,明确参与效力,赋予公众监督行政机关履行满足公众参与义务的权利,以及确定行政参与权受侵害的救济途径等。其次,在行政实践中建立行政参与权行使的综合平台,落实各种参与渠道与形式,建立公众参与行政机关的绩效考评制度,以及参与行政官员的年度考核和任前考核制度,[99]提高公众对行政机关及行政官员的倒逼责任能力,保障行政参与权的行使与实现。

2. 健全政府保障义务履行机制

公众行政参与权保障之关键在于对应的义务主体即政府应当全面履行满足行政参与权的义务。如此一来,行政参与权才能真正成为公众的实在权利。而现行行政法制度除对政府满足公众行政介入权、行政意见表达权的义务有一些粗疏的规定外,对行政参与权其他权能的政府保障义务基本上付诸阙如。而且,就义务的履行机制而言,对于政府是否必须履行义务,谁来履行义务,应当履行哪些义务,如何履行义务,不履行义务应当承担何种法律责任,又由谁来追究法律责任等,都未有相应制度作出明确的规定。因此,为保障行政参与权的实现,应当建构政府满足行政参与权的义务履行机制。第一,在各种行政法制度中应当明确满足行政参与权的义务主体和义务范围,确立履行义务的方式,确立不履行义务的法律责任追究制度等。第二,在行政实践中,确定专门处理公众参与和监管行政人员义务履行的行政机构,配备专职工作人员,建立对公众意见和诉求的征集、回应与反馈制度,建立上级问责、专门机关问责和公众问责的问责体系,落实不履行满足公众行政参与权义务的行政机关及其工作人员的法律责任,确保政府义务的履行。第三,应当建立完善的行政参与权救济制度。如前所述,可构造由行政调解、行政复议、行政诉讼、人大申诉组成的行政参与权救济制度体系,当公众认为政府不依法履行相关保障义务导致行政参与权受侵害后,能够获得充分救

---

[99] 参见侯健:《论对公民表达的政府回应义务》,载《法学》2013 年第 11 期。

济和保护。其救济路径依次为:首先,进行行政救济;其次,公众不服行政救济机关的处理决定,若属于司法救济范畴的行政参与权争议,则可寻求司法保护;最后,若行政救济不能保护而又不属于司法救济范畴,公众则可向人大申诉。这样,全方位监督政府履行保障义务,保护公众行政参与权行使,从而实现行政参与权的功能。

总之,我国公众行政参与权政府保障义务履行困境的突破需要从理念、制度、机制三条进路进行努力。而这三者不管哪一方面的推进都不可能是一蹴而就的事情。尽管如此,我国行政参与实践已经在不断发展,党的十九届五中全会再次明确提出保障人民的平等参与权,我国的行政程序法在加紧制定中,各行政领域专门的行政参与法律制度也在陆续出台,待到条件成熟制定统一的《行政参与法》,对参与式行政进行全面规范,形成完善的参与式行政法制,行政参与权观念必将深入政府和公众的头脑,行政参与权及政府保障义务也将会逐步在行政法制度上得到全面确立,行政参与权行使机制和政府保障义务履行机制愈来愈健全,行政参与权行使的路径将愈来愈宽广,参与式行政必将走向规范化、常态化和实效化。

余论:走向“参与式行政”的新行政法

不断适应时代变迁、社会变革及政府转型是行政法发展之规律。新的历史时期呼唤新行政法的构建,我国行政法学界对此进行了积极回应。有的认为应当建构回归行政正当性需求的中国新行政法;[1]有的主张塑造迈向公私合作型行政法;[2]还有的倡导建立利害调整型行政法;[3]等等。笔者认为,植根本土,我国当下公共行政改革的主要模式转变是体现行政民主、达至善治目标的参与式行政,它与党和政府贯彻以人民为中心的发展理念以及提高治理能力现代化,实现良法善治以增进人民福祉的治国理政目标相契合。实践中,这种行政模式已成为我国公共行政的主流和发展趋势。它既融合了公私合作、利益调整和行政正当等新行政理念,但又未完全与经典行政法断裂,是根植于传统行政合法性基础上,通过合理配置公众参与权及政府保障义务,形成双方既制约又合作的良性互动行政,既实现行政合法,又实现行政正当、行政效率和利益均衡。

然而,参与式行政的发展改变了传统的政府与公众关系,催生了以公众行政参与权及政府保障义务为核心内容的参与式行政关系,这种参与式行政关系需要参与式行政法律制度予以确认与规范,方能实现其价值与功能。否则,将难以进行正确的行政法调整和指导参与式行政实践。参与式行政法律制度的建构又需要新的行政法理念、目标、原则、法

---

〔1〕 参见王锡锌:《行政正当性需求的回归——中国新行政法概念的提出、逻辑与制度框架》,载《清华法学》2009 年第 2 期。

〔2〕 参见章志远:《迈向公私合作型行政法》,载《法学研究》2019 年第 2 期。

〔3〕 参见王贵松:《作为利害调整法的行政法》,载《中国法学》2019 年第 2 期。

律关系、主体理论来指引,这些新理论及其指导下建构的参与式行政法律制度形成了新行政法体系。其基本图景可作如下展开。

一、行政法理念——民主、正当、合作、共赢理念的塑造

参与式行政的兴起提出了对行政法制度变革的要求,而行政法制度的变革,首先是行政法理念的变革,这种变革要求我们对行政法理念进行反思与重塑。传统与晚近的行政法理念都已无法完整地反映参与式行政语境下的行政法基本精神要求,需要重塑体现民主、正当、合作、共赢等当代公共行政基本精神要求的参与式行政理念。[4]

二、行政法目标——合法行政基础上的最佳行政

传统行政法以控制行政权、促进依法行政为基本目标。参与式行政理念下的新行政法在传承传统行政法合法行政理念的基础上,一方面通过赋予公众参与权,形成对行政权的制约,促进行政合法性;另一方面通过公众参与,形成与政府的合作,促进行政正当性,提高行政科学性和效率,实现公益和私益的双赢,达到最佳行政目标。

三、行政法原则——行政参与应成为行政法的基本原则

传统行政法基本原则不是在参与式行政兴起的背景下提炼和确定的,因此并未充分体现和贯彻民主参与理念,也没有足够重视行政参与的正当性价值和全局性地位。参与式行政的兴起和发展以及由此产生的行政法制度变革,必然要求将行政参与原则作为行政法新的基本原则,以正确指导参与式行政的制度构建和实践。其具体内涵主要涵括以下内容:(1)行政参与原则首先要求除法律有特别规定外,行政活动应当吸纳公众平等参与;(2)行政参与原则要求保障公众行政参与权的行使;(3)行政参与原则要求行政参与能够约束行政机关的行为,并影响

---

〔4〕 参见方世荣、邓佑文:《"参与式行政"视域下行政法理念的反思与重塑》,载《理论探讨》2012年第2期。

行政决定的形成;(4)行政参与原则要求行政机关不履行行政参与权保障义务的应承担法律责任。

四、行政法主体——确立行政参与主体的行政法地位

行政参与主体是参与行政活动,表达行政意见和阐述利益诉求,并影响行政决定的个人或组织。随着参与式行政实践的不断发展,行政参与主体的重要性不断凸显。但我国传统的行政法主体理论中,较少关注行政参与主体这种行政法主体,更没有认识行政参与主体所具有的独立身份和地位。行政参与主体不同于行政主体,也不同于行政相对人,而是一种具有独立身份的行政参与主体。当然,行政相对人也可以成为行政参与主体,而且是主要的行政参与主体。但行政参与主体和行政相对人有重要区别:首先,范围不同。行政参与主体涵括行政相对人,行政相对人是与行政活动有直接利益关系的参与人,而行政参与人还包括与行政行为没有直接利益关系的参与人。其次,参与目的不同。行政相对人参与行政行使参与权之目的通常是追求自身利益,即维护自己权益,而行政相对人以外的参与主体,如专家及无个人利益关系的公众,行使参与权的目的一般不是追求自身利益,而是为了社会公共利益。[5] 可见,行政参与主体应当是独立的行政法主体类型,为此,行政法学需要建立行政参与主体理论。

五、行政法制度模式——嵌入公众行政参与权与政府保障义务

参与式行政的发展需要在传统行政法制模式上嵌入公众行政参与权及政府保障义务,形成参与式行政法制的基本模式。在参与式行政法制模式中,公众增加了一项重要权利,即行政参与权,政府则增加了一项重要的义务,即保障行政参与权的义务。而且,公众享有不同层次的行政参与权,政府则需要履行保障公众不同层次行政参与权的义务。二者改变原行政法律制度中的权利义务结构,对公众权利加强了保障作用,

---

〔5〕 参见桂萍:《公众参与重大行政决策的类型化分析》,载《时代法学》2017 年第 1 期。

对政府权力则具有约束作用。参与式行政法制基本模式在不同行政活动中呈现为参与式行政立法制度、参与式行政决策制度、参与式行政执法制度三种具体模式。这需要运用行政参与权及政府保障义务原理对现行行政立法、行政决策、行政执法等行政法基本制度中的公众参与进行改进,从而建立完善的参与式行政法律制度模式。

六、行政参与权救济制度——参与式行政法律制度的必要构成

参与式行政是一种由社会公众参与行政过程并对行政决定产生积极影响的行政模式。参与式行政的稳定形成与功能实现,有赖于公众行政参与权的保障。易言之,保障了行政参与权也就基本保障了参与式行政目标的实现。这足以说明行政参与权的保障是建构参与式行政法律制度的核心。然而,无法律救济就无权利的保障。"凡权利受到侵害时应有法律救济之方法,此为权利本质。"[6] 这也是政府应当履行的保障义务。因此,为充分保障公众行政参与权,应当在参与式行政法律制度中建立完善的行政救济制度。如前文所述,可构造由行政举报、行政调解、行政复议、行政诉讼、权力机关申诉等组成的行政参与权救济体系。其救济路径依次为:公众认为行政参与权受侵害后,首先,进行行政救济;其次,公众不服行政救济机关的处理决定,若属于司法救济范畴的行政参与权争议,则可寻求司法保护;最后,行政救济不能保护又不属于司法救济范畴,公众则可向权力机关申请救济。这样,全方位保障公众行政参与权行使,促进参与式行政目标之实现。

当然,以上构想只是参与式行政法理论与制度的基本框架,欲建立系统的参与式行政法体系,还需将来根据参与式行政的发展需求,对传统行政法理论与制度进行不断改造,在上述基本框架中不断填充适应时代变迁和社会发展需要的行政法知识和制度内容,从而逐步形成成熟的参与式行政法律体系。

---

〔6〕[英]威廉·韦德:《行政法》,徐炳译,中国大百科全书出版社 1997 年版,第 95 页。

参考文献

一、中文文献

(一)中文著作

1. 蔡定剑主编:《公众参与——风险社会的制度建设》,法律出版社 2009 年版。
2. 王锡锌主编:《行政过程中公众参与的制度实践》,中国法制出版社 2008 年版。
3. 王锡锌主编:《公众参与和中国新公共运动的兴起》,中国法制出版社 2008 年版。
4. 王锡锌:《公众参与和行政过程——一个理念和制度分析的框架》,中国民主法制出版社 2007 年版。
5. 应松年主编:《外国行政程序法汇编》,中国法制出版社 2004 年版。
6. 应松年主编:《行政法与行政诉讼法》,中国政法大学出版社 2011 年版。
7. 应松年主编:《行政法学新论》,中国方正出版社 1999 年版。
8. 罗豪才主编:《现代行政法的平衡理论》,北京大学出版社 1997 年版。
9. 罗豪才主编:《现代行政法的平衡理论》第 2 辑,北京大学出版社 2003 年版。
10. 马怀德主编:《行政法与行政诉讼法》,中国法制出版社 2007 年版。
11. 方世荣:《论行政相对人》,中国政法大学出版社 2000 年版。
12. 方世荣:《论具体行政行为》,武汉大学出版社 1996 年版。
13. 方世荣、石佑启主编:《行政法与行政诉讼法》,北京大学出版社 2005 年版。
14. 姜明安主编:《行政法与行政诉讼法》,北京大学出版社、高等教育出版社 2019 年版。
15. 姜明安主编:《行政执法研究》,北京大学出版社 2004 年版。
16. 姜明安主编:《行政程序研究》,北京大学出版社 2006 年版。
17. 胡建淼主编:《行政法与行政诉讼法》,中国法制出版社 2010 年版。

18. 胡建淼主编:《公权力研究:立法权、行政权、司法权》,浙江大学出版社 2005 年版。
19. 袁曙宏主编:《公众参与行政立法:中国的实践与创新》,中国法制出版社 2012 年版。
20. 张文显主编:《法理学》(第 5 版),高等教育出版社 2018 年版。
21. 张文显:《二十世纪西方法哲学思潮研究》,法律出版社 1996 年版。
22. 张文显:《法哲学范畴研究》,中国政法大学出版社 2001 年版。
23. 郭道晖主编:《法理学精义》,湖南人民出版社 2005 年版。
24. 李龙主编:《法理学》,人民法院出版社、中国社会科学大学出版社 2003 年版。
25. 夏勇:《人权概念的起源——权利的历史哲学》,中国政法大学出版社 2001 年版。
26. 夏勇主编:《法理讲义——关于法律的道德与学问》(上),北京大学出版社 2010 年版。
27. 林喆:《公民基本人权法律制度研究》,北京大学出版社 2006 年版。
28. 桂萍:《重大行政决策中的公众参与制度研究》,苏州大学出版社 2016 年版。
29. 李卫华:《行政参与主体研究》,法律出版社 2012 年版。
30. 李卫华:《公众参与对行政法的挑战与影响》,上海人民出版社 2014 年版。
31. 刘福元:《行政参与的度量衡——开放式行政的规则治理》,法律出版社 2012 年版。
32. 杨海坤、黄学贤:《中国行政程序法典化——从比较法角度研究》,法律出版社 1999 年版。
33. 王万华:《行政程序法研究》,中国法制出版社 2000 年版。
34. 金国坤主编:《行政程序法论》,中国检察出版社 2002 年版。
35. 陈振宇:《城市规划的公众参与程序研究》,法律出版社 2009 年版。
36. 崔浩:《行政立法公众参与制度研究》,光明日报出版社 2015 年版。
37. 陈里程主编:《广州公众参与行政立法实践探索》,中国法制出版社 2006 年版。
38. 周佑勇:《行政法原论》,中国方正出版社 2005 年版。
39. 蒋润婷:《行政法视阈下的参与权解析》,南开大学出版社 2017 年版。
40. 邓海娟:《健康权的国家义务研究》,法律出版社 2014 年版。

41. 陈真亮:《环境保护的国家义务研究》,法律出版社 2015 年版。
42. 陈海嵩:《国家环境保护义务论》,北京大学出版社 2015 年版。
43. 蒋银华:《国家义务论》,中国政法大学出版社 2012 年版。
44. 刘志强:《人权法国家义务研究》,法律出版社 2015 年版。
45. 范进学:《权利政治论》,山东人民出版社 2003 年版。
46. 王周户主编:《行政法学》,中国政法大学出版社 2011 年版。
47. 熊文钊主编:《公法原理》,北京大学出版社 2009 年版。
48. 王绍光:《民主四讲》,生活·读书·新知三联书店 2008 年版。
49. 俞可平:《增量民主与善治》,社会科学文献出版社 2003 年版。
50. 孟鸿志主编:《行政法学》,北京大学出版社 2002 年版。
51. 王连昌等主编:《行政法学》,中国政法大学出版社 2002 年版。
52. 刘莘:《行政立法研究》,法律出版社 2003 年版。
53. 翁岳生主编:《行政法》(上),中国法制出版社 2009 年版。
54. 翁岳生主编:《行政法》(下),中国法制出版社 2009 年版。
55. 周佑勇主编:《行政法专论》,中国人民大学出版社 2010 年版。
56. 周佑勇:《行政法基本原则研究》,武汉大学出版社 2005 年版。
57. 章剑生:《行政听证程序研究》,浙江大学出版社 2010 年版。
58. 章剑生:《现代行政法总论》,法律出版社 2019 年版。
59. 王敬波:《政府信息公开国际视野与中国发展》,法律出版社 2016 年版。
60. 叶必丰:《行政法的人文精神》,北京大学出版社 2005 年版。
61. 罗传贤:《行政程序法基础理论》,台北,五南图书出版公司 1993 年版。
62. 林爱珺:《知情权的法律保障》,复旦大学出版社 2010 年版。
63. 张龙:《行政知情权的法理研究》,北京大学出版社 2010 年版。
64. 中国社科院国家法治指数研究中心、法学研究所法治指数创新工程项目组:《政府信息公开工作年度报告发布情况报告(2018)》,中国社会科学出版社 2018 年版。
65. 中国社科院国家法治指数研究中心、法学研究所法治指数创新工程项目组:《政府信息公开工作年度报告发布情况报告(2017)》,中国社会科学出版社 2017 年版。
66. 唐明良:《环评行政程序的法理与技术——风险社会中决策理性的形成过程》,社会科学文献出版社 2012 年版。

67. 吕世伦主编:《西方法律思潮源流论》,中国人民公安大学出版社 1993 年版。
68. 熊文钊:《现代行政法学原理》,法律出版社 2000 年版。
69. 李图强:《现代公共行政中的公民参与》,经济管理出版社 2004 年版。
70. 王和雄:《论行政不作为之权利保护》,台北,三民书局股份有限公司 1994 年版。
71. 周濂:《现代政治的正当性基础》,生活·读书·新知三联书店 2008 年版。
72. 陈贵民:《现代行政法的基本理念》,山东人民出版社 2004 年版。
73.《邓小平文选》(第 2 卷),人民出版社 1994 年版。
74. 胡建淼、金伟峰主编:《行政法与行政诉讼法》,高等教育出版社 2005 年版。
75. 胡伟:《政府过程》,浙江人民出版社 1998 年版。
76. 胡泳、范海燕:《网络为王》,海南出版社 1997 年版。
77. 贾西津主编:《中国公民参与:案例与模式》,社会科学文献出版社 2008 年版。
78. 李广宇:《政府信息公开诉讼》,法律出版社 2009 年版。
79. 李林主编:《立法过程中的公共参与》,中国社会科学出版社 2009 年版。
80. 刘文富:《网络政治——网络社会与国家治理》,商务印书馆 2002 年版。
81.《马克思恩格斯选集》,人民出版社 1969 年版。
82. 闫国智主编:《行政法与行政诉讼法》,山东大学出版社 2002 年版。
83. 沈岿:《公法变迁与合法性》,法律出版社 2010 年版。
84. 石佑启:《论公共行政与行政法学范式转换》,北京大学出版社 2003 年版。
85. 苏力:《制度是如何形成的》,北京大学出版社 2007 年版。
86. 武步云:《人本法学的哲学探究》,法律出版社 2008 年版。
87. 吴浩主编:《国外行政立法的公众参与制度》,中国法制出版社 2008 年版。
88. 魏星河:《当代中国公民有序政治参与研究》,人民出版社 2007 年版。
89. 王名扬:《法国行政法》,北京大学出版社 2007 年版。
90. 王名扬:《美国行政法》,中国法制出版社 2005 年版。
91. 王广辉:《比较宪法学》,北京大学出版社 2007 年版。
92. 王国维编著:《公民有序政治参与的途径》,人民出版社 2007 年版。
93. 杨海坤、章志远:《中国行政法基本理论研究》,北京大学出版社 2004 年版。
94. 杨建顺:《日本行政法通论》,中国法制出版社 1998 年版。
95. 郑永流主编:《商谈的再思:哈贝马斯〈在事实与规范之间〉导读》,法律出版社 2010 年版。
96. 张正钊主编,《行政法与行政诉讼法》,中国人民大学出版社 1999 年版。
97. 赵刚印:《现代化进程中的公民政治参与——一项对中国与印度的比较研究》,上海人民出版社 2010 年版。
98. 詹伟主编:《公共行政学教程》,中国人民公安大学出版社 2003 年版。
99. 许育典:《宪法》,台北,元照出版有限公司 2013 年版。
(二)中文译著
100. [古罗马]西塞罗:《论义务》,王焕生译,中国政法大学出版社 1999 年版。
101. [英]约瑟・夫拉兹:《自由的道德》,孙晓春等译,吉林人民出版社 2006 年版。
102. [日]芦部信喜、高桥和之:《宪法》,林来梵、凌维慈、龙绚丽译,北京大学出版社 2006 年版。
103. [美]约翰・克莱顿・托马斯:《公共决策中的公民参与》,孙柏英等译,中国人民大学出版社 2010 年版。
104. [美]古德诺:《政治与行政》,王元译,华夏出版社 1987 年版。
105. [美]E. 博登海默:《法理学:法律哲学和法律方法》,邓正来译,中国政法大学出版社 2004 年版。
106. [法]狄骥:《公法的变迁・法律与国家》,郑戈译,辽海出版社、春风出版社 1999 年版。
107. [德]奥托迈耶:《德国行政法》,刘飞译,商务印书馆 2002 年版。
108. [美]史蒂文・卢克斯:《权力:一种激进的观点》,彭斌译,江苏人民出版社 2008 年版。
109. [日]盐野宏:《行政法》,杨建顺译,法律出版社 1999 年版。
110. [日]美浓部达吉:《公法与私法》,黄冯明译,中国政法大学出版社 2003 年版。
111. [日]谷口安平:《程序的正义与诉讼》,王亚新、刘荣军译,中国政法大学出版社 1996 年版。
112. [英]洛克:《政府论》(下篇),叶启芳、瞿世英译,商务印书馆 2011 年版。
113. [德]施密特・阿斯曼:《秩序理念下的行政法体系建构》,林明锵等译,北京大学出版社 2012 年版。
114. [美]朱迪・弗里曼:《合作治理与新行政法》,毕洪海、陈标冲译,商务印书馆 2010 年版。
115. [德]哈特穆特・毛雷尔:《行政法学总论》,高家伟译,法律出版社 2000 年版。
116. [英]威廉・韦德:《行政法》,徐炳译,中国大百科全书出版社 1997 年版。
117. [日]大沼保昭:《人权:国家与文明》,王志安译,生活・读书・新知三联书店 2003 年版。
118. [美]理查德・B. 斯图尔特:《美国行政法的重构》,沈岿译,商务印书馆 2003 年版。
119. [德]马克斯・韦伯:《经济与社会》(上),林荣远译,商务印书馆 2006 年版。
120. [德]凯尔森:《法与国家的一般理论》,沈宗灵译,中国大百科全书出版社 1996 年版。
121. [德]哈贝马斯:《在事实与规范之间》,童世骏译,生活・读书・新知三联书店 2003 年版。
122. [德]乌尔里希・贝克:《风险社会》,张文杰、何博闻译,译林出版社 2003 年版。
123. [法]卢梭:《社会契约论》,何兆武译,商务印书馆 2003 年版。
124. [美]卡罗尔・佩特曼:《参与和民主理论》,陈尧译,上海世纪出版集团 2006 年版。
125. [美]伯纳德・施瓦茨:《行政法》,徐炳译,群众出版社 1986 年版。
126. [美]卡尔・科恩:《论民主》,聂崇信、朱秀贤译,商务印书馆 1988 年版。
127. [日]盐野宏:《行政法总论》,杨建顺译,北京大学出版社 2008 年版。
128. [日]盐野宏:《行政救济法》,杨建顺译,北京大学出版社 2008 年版。
129. [日]盐野宏:《行政组织法》,杨建顺译,北京大学出版社 2008 年版。
130. [英]恩斯・伊辛、[英]布雷恩・特纳主编:《公民权研究手册》,王小章译,浙江人民出版社 2007 年版。
131. [英]约翰・S. 密尔:《代议制政府》,汪瑄译,商务印书馆 1982 年版。
132. [英]霍布斯:《论公民》,应星等译,贵州人民出版社 2003 年版。

(三)中文论文

133. 江必新、李春燕:《公众参与趋势对行政法和行政法学的挑战》,载《中国法学》2005 年第 6 期。
134. 王慧玲:《我国立法型听证的现状及对策》,载《法律科学》2006 年第 5 期。

135. 胡斌:《行政决策公众参与的名与实——检视北京市公共交通票价改革的听证历程》,载《行政法学研究》2017 年第 1 期。
136. 王锡锌:《公众参与:参与式民主的理论想象及制度实践》,载《政治与法律》2008 年第 6 期。
137. 王锡锌:《行政正当性需求的回归——中国新行政法概念的提出、逻辑与制度框架》,载《清华法学》2009 年第 2 期。
138. 王锡锌:《利益组织化、公众参与和个体权利保障》,载《东方法学》2008 年第 4 期。
139. 王锡锌:《当代行政的"民主赤字"及其克服》,载《法商研究》2009 年第 1 期。
140. 王锡锌、章永乐:《我国行政决策模式之转型——从管理主义模式到参与式治理模式》,载《法商研究》2010 年第 5 期。
141. 叶必丰:《人权、参政权与国家主权》,载《法学》2005 年第 3 期。
142. 黄学贤、齐建东:《试论公民参与权是法律保障》,载《甘肃行政学院学报》2009 年第 5 期。
143. 闫桂芳、张慧平:《公民参与权剖析》,载《理论探索》2004 年第 2 期。
144. 方洁:《参与行政的意义:对行政程序内核的法理解析》,载《行政法学研究》2001 年第 1 期。
145. 叶平:《论行政参与》,载《河北法学》2003 年第 4 期。
146. 方世荣:《论行政立法参与权的权能》,载《中国法学》2014 年第 3 期。
147. 方世荣:《对当代行政法主体双方地位平等的认知——从行政相对人的视角》,载《法商研究》2002 年第 6 期。
148. 张晓光:《行政相对人在行政程序中的参与权》,载《行政法学研究》2000 年第 3 期。
149. 章剑生:《论行政相对人在行政程序中的参与权》,载《公法研究》2004 年第 00 期。
150. 程琥:《关于服务相对人公共服务程序参与权研究》,载《行政法学研究》2011 年第 1 期。
151. 姜明安:《公众参与与行政法治》,载《中国法学》2004 年第 2 期。
152. 姜明安:《论政务公开》,载《湖南社会科学》2016 年第 2 期。
153. 孙兵:《公众参与:服务行政的合法证成与动力供给》,载《河北法学》2010

年第 7 期。
154. 蒋剑云:《试论行政参与的理论基础、功能及其制度建构》,载《行政与法》2003 年第 6 期。
155. 骆梅英、赵高旭:《公众参与在行政决策生成中的角色重考》,载《行政法学研究》2016 年第 1 期。
156. 黄凤兰:《公众行政参与的法律应对及完善》,载《行政法学研究》2009 年第 2 期。
157. 李志强:《试论我国行政决策公众参与制度的具体建构》,载《福建法学》2009 年第 4 期。
158. 江国华、梅扬:《重大行政决策公众参与制度的构建和完善——基于文本考察与个案分析的视角》,载《学习与实践》2017 年第 1 期。
159. 曾鹏:《行政执法中公民参与的现实基础及实现路径》,载《公民与法(法学版)》2009 年第 9 期。
160. 王雅琴:《公民参与权及其保障思路》,载《理论探索》2011 年第 6 期。
161. 江必新、肖国平:《论公民的预算参与权及其实现》,载《湖南大学学报(社会科学版)》2012 年第 3 期。
162. 石佑启:《论平等参与权及其行政法制保障》,载《湖北社会科学》2008 年第 8 期。
163. 渠滢:《不动产被征收人参与权的价值定位与制度重构》,载《中国法学》2018 年第 1 期。
164. 蒋红彬、方慧:《浅论环境法中的公众参与权》,载《经济与社会发展》2008 年第 3 期。
165. 莫静:《论受教育权的国家给付义务》,载《现代法学》2014 年第 3 期。
166. 张翔:《基本权利的受益功能与国家的给付义务——从基本权利分析框架的革新开始》,载《中国法学》2006 年第 1 期。
167. 龚向和、刘耀辉:《基本权利的国家义务体系》,载《云南师范大学学报(哲学社会科学版)》2010 年第 1 期。
168. 郭道晖:《人权的国家保障义务》,载《河北法学》2009 年第 8 期。
169. 刘连泰:《针对请愿权的国家义务》,载《法商研究》2011 年第 4 期。
170. 魏建新:《论利益相关方参与行政决策》,载《河北法学》2014 年第 6 期。
171. 杨昌彪:《反思与重构:环境行政公众参与制度的二维构造》,载《安徽行政学院学报》2016 年第 3 期。
172. 侯健:《论对公民表达的政府回应义务》,载《法学》2013 年第 11 期。
173. 徐以祥:《公众参与权利的二元性区分——以环境行政公众参与法律规范为分析对象》,载《中南大学学报(社会科学版)》2018 年第 2 期。
174. 王霁霞:《公众参与与行政主体理论之变迁》,载《河北法学》2009 年第 12 期。
175. 王凌燕:《公民行政参与的困境与出路》,载《学术界》2011 年第 5 期。
176. 莫于川:《公众参与潮流和参与式行政法制模式——从中国行政法民主化发展趋势的视角分析》,载《国家检察官学院学报》2011 年第 4 期。
177. 刘芳:《论行政管理中公民参与的制度化建设》,载《辽宁行政学院学报》2007 年第 6 期。
178. 朱振:《可行能力与权利——关于法治评估之权利指数的前提性思考》,载《河南大学学报(社会科学版)》2019 年第 2 期。
179. 姚岳绒:《论信息自决权作为一项基本权利在我国的证成》,载《政治与法律》2012 年第 4 期。
180. 郭道晖:《公民的政治参与权与政治防卫权》,载《广州大学学报(社会科学版)》2008 年第 5 期。
181. 姬亚平:《行政决策程序中的公众参与研究》,载《浙江学刊》2012 年第 3 期。
182. 俞可平:《社会公平和善治是建设和谐社会的两大基石》,载《中国特色社会主义研究》2005 年第 1 期。
183. 刘洪岩:《俄罗斯法治进程中公民参与的理论解读》,载《北方法学》2010 年第 5 期。
184. 朱未易:《地方法治建设中公民参与的法理分析与制度进路》,载《南京社会科学》2010 年第 10 期。
185. 金自宁:《跨越专业门槛的风险交流与公众参与——透视深圳西部通道环评事件》,载《中外法学》2014 年第 1 期。
186. 胡杰:《论权力的权利性》,载《法制与社会发展》2013 年第 2 期。
187. 郭道晖:《试论权利与权力的对立统一》,载《法学研究》1990 年第 4 期。
188. 郭道晖:《权力的多元化与社会化》,载《法学研究》2001 年第 1 期。
189. 漆多俊:《论权力》,载《法学研究》2001 年第 1 期。

190. 湛中乐、肖能:《论政治社会中个体权利与国家权力的平衡关系——以卢梭社会契约论为视角》,载《政治与法律》2010 年第 8 期。
191. 宋安平:《论公共政策制定与公民参与权》,载《湖南行政学院学报》2005 年第 6 期。
192. 聂露:《人民主权理论述评》,载《开放时代》2002 年第 6 期。
193. 徐文星:《专家、利益集团与公共参与》,载《法律科学》2012 年第 3 期。
194. 张善根、李峰:《法治视野下公民公共参与意识的多因素分析——基于上海数据的实证研究》,载《北方法学》2015 年第 2 期。
195. 刘振磊:《自媒体时代公共参与的多元图景与路径选择——从地方危机信息管理的视角》,载《行政与法》2014 年第 8 期。
196. 刘正泉、敖双红:《论公益与私益关系的定位》,载《求索》2005 年第 5 期。
197. 莫于川:《行政职权的行政法解析与建构》,载《重庆社会科学》2004 年第 1 期。
198. 戚建刚:《行政紧急权力的法律属性剖析》,载《政治与法律》2006 年第 2 期。
199. 李国旗:《论行政决策中的公众参与权》,载《理论与现代化》2012 年第 5 期。
200. 关保英:《论行政相对人的行政创意权》,载《华东师范大学学报(哲学社会科学版)》2005 年第 3 期。
201. 王本存:《论行政法上的公法权利》,载《现代法学》2015 年第 3 期。
202. 罗豪才、崔卓兰:《论行政权、行政相对方权利及相互关系》,载《中国法学》1998 年第 3 期。
203. 门中敬:《行政软权力的特征和价值与功能》,载《法学论坛》2009 年第 1 期。
204. 徐钢:《论宪法上国家义务的序列与范围——以劳动权为例的规范分析》,载《浙江社会科学》2009 年第 3 期。
205. 汪进元:《论宪法的正当程序原则》,载《法学研究》2001 年第 2 期。
206. 张翔:《基本权利的双重性质》,载《法学研究》2005 年第 3 期。
207. 莫静:《论受教育权的国家给付义务》,载《现代法学》2014 年第 3 期。
208. 邓炜辉:《论社会权的国家保护义务:起源、体系结构及类型化》,载《法商研究》2015 年第 5 期。

209. 杜承铭:《论基本权利之国家义务:理论基础、结构形式与中国实践》,载《法学评论》2011 年第 2 期。
210. 林淡秋:《守护宪法的新模式:法国的合宪性先决机制》,载《华东政法大学学报》2018 年第 6 期。
211. 任喜荣:《国家文化义务履行的合宪性审查机制》,载《中国法学》2018 年第 6 期。
212. 公维友、张全新:《公共治理与民主行政的发展》,载《山东社会科学》2014 年第 4 期。
213. 冀鹏元、刘伟红:《民主行政视野下的公民参与浅析》,载《行政论坛》2003 年第 11 期。
214. 陈晓勤:《邻避问题中的利益失衡及其治理》,载《法学杂志》2016 年第 12 期。
215. 郁建兴、腾红燕:《政府培育社会组织的模式选择:一个分析框架》,载《政治学研究》2018 年第 6 期。
216. 王锴:《合宪性、合法性、适当性审查的区别与联系》,载《中国法学》2019 年第 1 期。
217. 马怀德:《政府信息公开制度的发展与完善》,载《中国行政管理》2018 年第 5 期。
218. 谢立斌:《论国务院的职权立法权》,载《政法论坛》2018 年第 6 期。
219. 谢立斌:《论基本权利的立法保障水平》,载《比较法研究》2014 年第 4 期。
220. 苏海雨:《地方立法的冲突规范与秩序构建》,载《甘肃政法学院学报》2019 年第 1 期。
221. 郭道晖:《知情权与信息公开制度》,载《江海学刊》2003 年第 1 期。
222. 黄德林、唐承敏:《公民的"知情权"及其实现》,载《法学评论》2001 年第 5 期。
223. 刘飞宇:《论知情权的请求权能》,载《国家行政学院学报》2004 年第 6 期。
224. 张慰:《"文化国"的秩序理念和体系——以国家目标条款带动的整合视角》,载《南京大学法律评论》2015 年第 1 期。
225. 武玮厚、汪栋:《论行政立法的性质和边界》,载《黑龙江省政法管理干部学院学报》2004 年第 5 期。
226. 王克稳:《论相对集中行政许可权改革的基本问题》,载《法学评论》2017 年第 6 期。
227. 徐亚文、涂罡:《国家治理视域下的中国环境法治困境》,载《学术探索》2016 年第 8 期。
228. 杨登峰:《论过程性信息的本质——以上海市系列政府信息公开案为例》,载《法学家》2013 年第 9 期。
229. 王敬波、李帅:《我国政府信息公开的问题、对策与前瞻》,载《行政法学研究》2017 年第 2 期。
230. 程琥:《〈政府信息公开条例〉的修改》,载《国家检察官学院学报》2016 年第 3 期。
231. 陈蕊:《相对人的行政立法动议权》,载《行政法学研究》2004 年第 4 期。
232. 刘绍宇:《公民行政立法动议权之正当化功能分析》,载《人民论坛》2012 年第 17 期。
233. 刘小妹:《公众参与行政立法的理论思考》,载《行政法学研究》2007 年第 2 期。
234. 朱芒:《公众参与的法律定位——以城市环境制度事例为考察的对象》,载《行政法学研究》2019 年第 1 期。
235. 朱芒:《行政立法程序调整对象重考——关于外部效果规范与程序性装置关系的考察》,载《中国法学》2008 年第 6 期。
236. 宋源:《转型期公共行政模式的变迁——由管制行政到服务行政》,载《学术交流》2006 年第 5 期。
237. 唐冰开、赵连章:《责任政府视阈下的行政文化建设》,载《东北师大学报(哲学社会科学版)》2009 年第 1 期。
238. 唐检云、胡慧:《传统行政文化对服务型政府理念塑造的影响》,载《西北大学学报(哲学社会科学版)》2006 年第 4 期。
239. 何子张:《基于主体利益相关性的城市规划公众参与》,载《现代城市研究》2009 年第 6 期。
240. 李琳:《中华文化标志城:真文化还是假古董?》,载《政府法制》2008 年第 9 期。
241. 章志远:《迈向公私合作型行政法》,载《法学研究》2019 年第 2 期。
242. 王贵松:《作为利害调整法的行政法》,载《中国法学》2019 年第 2 期。

二、外文文献

243. Michael D. Bayles, *Principles of law: A Normative Analysis D*, Reidel Publishing Company, 1987.

244. James L. Creighton, *The public participation handbook: Making better decisions through citizen involvement*, John Wiley & Sons, 2005.

245. Ernest Gellhorn & Ronald M. Levin, *Administrative law and process in a nutshell*, West, 1990.

246. H. W. R. Wade, *Administrative Law*, Oxford University Press, 6th, 1994.

247. Kenneth Culp Davis, *Discretionary Justice: A preliminary Inquiry*, University of Illinois Press, 1971.

248. Kenneth Culp Davis, *Administrative Law and Government*, west Publishing, 1977.

249. Langton Stuart, *Citizen participation in America : essayson the state of the art*, Lexington Books, Lexington, Mass, 1978.

250. Peter Strauss, *Administrative Justice in the United States*, Caroline Academic Press, 2002.

251. Arnstein Sherry R., *A Ladder of Citizen Participation*, Journal of American Institute of Planners, Vol. 35:4(1969).

252. Coglianese, Cary, H. Kilmartin & E. Mendelson, *Transparency and Public Participation in the Rulemaking Process: Recommendations for the New Administration*, Social Science Electronic Publishing Vol. 77:4(2008); Geo. Wash L. Rev. Vol. 77 (2009).

253. G. J. Van Hoot, *The Legal Nature of Economic, Social and Culture Rights: A Rebuttal of Some Traditional Views*, Philip Alston and Katarina Tomasvski, eds., The Right to Food 97, 1993.

254. Walter C. Farrell, Jr. & James H. Johnson, Jr., *Minority Political Participation in the New Millennium: The New Demographics and the Voting Rights Act*, North Carolina Law Review, Vol. 73, (2001).

255. Sandusky Stacy R., *Women's Political Participation in Developing and Democratizing Countries: Focus on Zimbabwe*, Buffalo Human Rights Law Review (1999).

256. D. E. Wilkins, *An Inquiry Into Indigenous Political Participation: Implications for Tribal Sovereignty*, Kansas Journal of Law & Public Policy, Vol. 9(2000).

257. Maia Sophia Campbell, *The Right of Indigenous Peoples to Political Participation and the Case of Yatama v. Nicaragua*, Arizona Journal of International & Comparative Law, Vol. 24:2(2007).

258. Baubock Rainer, *Stakeholder Citizenship and Transnational Political Participation: A Normative Evaluation of External Voting*, Fordham Law Review Vol. 75:5(2007).

259. Shaver Lea & C. Sganga, *The Right to Take Part in Cultural Life: On Copyright and Human Rights*, Social Science Electronic Publishing, 2011.

260. Samuel Stoljor, *An Analysis of Rights*, St. Martin's Press, 1984.

261. Stewart R. B., *The Reform of American Administrative Law*, Harvard Law Review, Vol. 88:8(1975).

262. Smith L. G., *Public Participation in Policy Making: The state of the art in Canada*, Geoforum, Vol. 15:2(1984).

后　记

从课题立项到结题、再从结题后专著修改到付梓，历时近八年，甚是感叹，也有些身心疲惫。此时本无书写后记的冲动，打算对要感谢的师友，待该书出版后赠书时再致谢。直到编辑建议写个后记，才让我想起“一本书有了后记才算完整”之说，觉得甚是有理，自己应当写点什么以明心迹，更表谢意。

还依稀记得自己知悉申报的“行政参与权及政府保障义务研究”获得国家社科基金一般课题立项的那一天，心情的确有些激动，这是自己博士刚毕业后申报的课题，也是自己第一个立项的国家社科基金课题。该课题的立项，一是说明其研究价值较大，二则说明博导对我读博三年的学术训练具有成效。自己心底非常感激恩师的栽培和国家社科基金规划办的支持，也暗下决心一定要在预期内高质量完成课题研究。然而，一方面，由于自己才疏学浅、思顿笔拙；另一方面，这期间恰遇我教学、行政、社会服务等各种工作事务缠身而非常忙碌，客观上投入课题研究的时间和精力受到一定影响。因此，课题研究历经六年，于 2019 年 10 月结题（还好一次性以良好等级结项），后又根据专家和责任编辑意见进行了近两年的修改，如今“丑媳妇终要见公婆”了。此时此刻，既有感慨又有些忐忑。感慨上文已有言表。忐忑的是，这个经过近八年时间孕育而出的“作品”能否达到预期目标？提出的理论观点能得到学界多大程度的认可？相关制度机制的完善建议能否给政府部门带来一些真正有益的启示和借鉴？当然，这需要留给读者评判和实践检验。

党和政府的顶层设计一直倡导公众参与，使行政参与这一命题具有持久的学术生命力。自己对行政参与的研究旨趣，则始于读博期间参与博导主持的教育部人文社科重点基地重大项目“参与式行政和中国行政法治模式的变革”，因此，可以说是恩师引领我进入这一领域的研究，并教给了我捕捉这一领域重大学术命题的视角和方法。自己先是在博导的指导下，参与完成了上述教育部人文社科重点基地重大项目的研究，合著出版著作1部，然后在此基础上，受到导师点拨及其力作《论行政相对人》的影响，从“行政相对人权利和对应的行政主体（政府）义务”的视角，提炼了论题“行政参与权及政府保障义务”，并展开研究。

如今该书即将出版，首先要感谢的是我的博导方世荣教授，恩师不仅在十几年前将我收入门下，实现了我的博士梦，更重要的是，方老师严谨的治学态度，深厚的学术功底，敏捷的学术思辨，求真务实的学术风范，不断创新的学术思想，以及力求完美的学术精神等，对学生影响深远，使学生受益匪浅。自己学术水平的任何进步都离不开在读博期间方老师的指导与教诲。而该课题研究和专著的出版直接受益于方老师的引导和启发。

感谢我在北京大学宪法与行政法研究中心访学时的指导老师姜明安教授，在姜老师的指导下，自己的学术视野得到开拓，学术能力得到提升，而在行政参与领域的研究也受到过姜老师有益的点拨。还要一并感谢王锡锌教授在我访学期间给予的教益，王教授一系列有关公众参与的著述给我的研究以很大启发。

感谢我的同门师兄弟孙才华博士和谭冰霖博士。才华师兄为我课题研究提供了不少英文资料，使课题的比较分析增加了材料支撑；冰霖师弟针对我有关该课题论文的撰写提出的一些建议，对该书的写作有所裨益。

感谢九江学院法学院和浙江师范大学法政学院的领导及同事们，虽然这些年自己工作有些繁忙，但他们尽可能地给我的课题研究提供方便。还要感谢国家社科基金规划办的资助，为我的课题研究创造了条件。也要感谢我的研究生弟子们，他们帮助我进行了书稿的文字校对和一些文献查证工作。

感谢法律出版社对本书的出版。吴昉编辑积极谋划，大力支持，郑怡萍编辑工作认真细心，对本书的修改提出了很多宝贵意见，付出许多精力,在此一并致以谢忱。

特别感谢家人的无私奉献与默默支持。妻子彭敏女士工作任务较重,但几乎一个人毫无怨言地承担了家务和培养儿子的重任,且把一切都打理得井井有条,为我的工作和课题研究提供了时间保障与精神支柱,在此要特别表达对妻子的感激与歉意。当然,儿子也越来越懂事,尤其是大学期间,学习自觉,成绩优秀,这也是对我的一种支持,颇感欣慰。

总之,该课题的完成以及专著的出版离不开所有师友、同事和家人(包括那些限于篇幅没有点名致谢的师友在内)的帮助和支持。一路走来,有他们相伴,学术之路累也快乐着,且还有继续深耕下去的决心和勇气,感激之情难以言表。

回归本书的课题研究,行政参与不仅符合宪法的人民主权原则和行政法的民主行政要求,更契合党和政府"以人民为中心"的政治理念。党的十九届五中全会再次明确提出保障人民的平等参与权,政府的行政参与实践也在不断推进。这些都有利于公众行政参与权的落实。当然,行政参与应然价值目标的充分实现和对政府治理功效的最佳达成,还需要学界从理论、制度、机制等方面更加积极地回应,从而使行政参与权观念深入政府和公众的头脑,行政参与权在行政法制度上得到全面确立,行政参与权行使机制和政府保障义务履行机制愈加健全,行政参与权行使的路径愈来愈宽广,最终行政参与能够走向规范化、常态化和实效化。但是,不管哪一方面的推进都不是一蹴而就的事情,还需要不断努力探索。作为宪法与行政法学者的吾辈责无旁贷。自己将不忌浅薄,不竭余力,继续对相关问题加以探究,也期望学界同仁多多关注,并敬请各位专家对自己尚不够成熟的研究成果加以批评指正。

最后把"古人学问无遗力"和"少年易老学难成"两句古诗,送给"虽已知天命但还在学术道路上踯躅前行"的自己,或许不很贴切,但可鞭策自己继续坚持那些还未完成的学术梦想。

邓佑文

2021年3月26日于浙江师范大学

图书在版编目(CIP)数据

行政参与权及政府保障义务研究 / 邓佑文著. -- 北京 : 法律出版社, 2021
ISBN 978 - 7 - 5197 - 5567 - 6

Ⅰ. ①行… Ⅱ. ①邓… Ⅲ. ①行政法—研究—中国
Ⅳ. ①D922.104

中国版本图书馆 CIP 数据核字(2021)第 072690 号

行政参与权及政府保障义务研究
XINGZHENG CANYUQUAN JI ZHENGFU BAOZHANG YIWU YANJIU

邓佑文 著

责任编辑 郑怡萍
装帧设计 鲁 娟

出版发行 法律出版社
编辑统筹 法律教育出版分社
责任校对 王晓萍 王语童
责任印制 胡晓雅
经 销 新华书店

开本 A5
印张 10.625 **字数** 285 千
版本 2021 年 5 月第 1 版
印次 2021 年 5 月第 1 次印刷
印刷 北京虎彩文化传播有限公司

地址:北京市丰台区莲花池西里 7 号(100073)
网址:www.lawpress.com.cn
投稿邮箱:info@lawpress.com.cn
举报盗版邮箱:jbwq@lawpress.com.cn

销售电话:010 - 83938349
客服电话:010 - 83938350
咨询电话:010 - 63939796

书号:ISBN 978 - 7 - 5197 - 5567 - 6
定价:49.00 元
凡购买本社图书,如有印装错误,我社负责退换。电话:010 - 83938349